新编国际经济与贸易专业系列教材

国际服务贸易

INTERNATIONAL SERVICE TRADE

王佃凯 主编

首都经济贸易大学出版社
Capital University of Economics and Business Press
·北京·

图书在版编目(CIP)数据

国际服务贸易/王佃凯主编. —北京:首都经济贸易大学出版社,2015.3
(新编国际经济与贸易专业系列教材)
ISBN 978-7-5638-2320-8

Ⅰ.①国… Ⅱ.①王… Ⅲ.①国际贸易—服务贸易—高等学校—教材
Ⅳ.①F746.18

中国版本图书馆 CIP 数据核字(2014)第 296677 号

国际服务贸易
王佃凯　主编

出版发行　首都经济贸易大学出版社
地　　址　北京市朝阳区红庙(邮编 100026)
电　　话　(010)65976483　65065761　65071505(传真)
网　　址　www.sjmcb.com
E-mail　publish@cueb.edu.cn
经　　销　全国新华书店
照　　排　首都经济贸易大学出版社激光照排服务部
印　　刷　北京地泰德印刷有限责任公司
开　　本　710 毫米×1 000 毫米　1/16
字　　数　277 千字
印　　张　15.75
版　　次　2015 年 3 月第 1 版　2015 年 3 月第 1 次印刷
印　　数　1~3 000
书　　号　ISBN 978-7-5638-2320-8/F·1311
定　　价　27.00 元

《新编国际经济与贸易专业系列教材》编审委员会

总 序

21 世纪是一个经济日益全球化的世纪。国际贸易的规模日益扩大,国际投资的领域空前拓展,国际商务合作的形式日益多样。历史上从未有过任何一个时代像今日中国这样迫切需要迅速融入全球化的潮流,迫切需要国际经贸领域的人才。

作为北京市重点学科的首都经济贸易大学国际贸易学专业,自建立以来一直是培养高层次国际经贸人才的摇篮。作为重要的教学研究成果,以前我们也陆续出版了一些本领域的专业教材,并且受到了广大读者的欢迎。当前,在全球化与地区经济一体化并存、国际经济秩序重构、多边体制面临挑战的背景下,中国怎样从贸易大国向贸易强国迈进,是我们每一个经贸人责无旁贷的使命,新的贸易与投资规则、新的双边、多边关系需要对原有知识体系做出相应的调整,需要把新的贸易安排与新的知识点写入教材。为了适应新时期我国经济发展的需要,培养更多更好的国际经贸领域的专业人才,我们在原有教材的基础上,根据教育部教学改革的要求,吸收近几年国内外学科发展的最新成果,反映国家对外经贸的最新变化趋势,组织中青年骨干教师编写了《新编国际经济与贸易专业系列教材》。本系列教材第一批共计 6 本,包括:《国际贸易》《国际贸易结算》《外贸函电》《国际服务贸易》《国际技术贸易》《国际贸易单证实务》。

本系列教材在结构、内容、形式等方面,都根据方便学生学习和教师授课的原则而设计,不仅理论与实务并重、知识新、内容全,而且各章后均附有复习思考题、练习题,有的还附有开篇案例和习题参考答案。本系列教材可作为高等院校国际经济与贸易专业及其他相关专业的教材,同时也可作为广大外经贸领域工作者系统学习对外经贸知识的参考书。

《新编国际经济与贸易专业系列教材》编审委员会

2015 年 1 月

前 言

由于服务产品具有无形性和不可储存性,服务常常被认为是不可贸易的。但是随着服务业在国民经济中的地位上升和科学技术进步,服务贸易在国际贸易中的比重不断提高,根据世界贸易组织的统计数据,服务贸易在国际贸易中的比重已经接近20%。各国尤其是发达国家特别重视服务贸易的发展,在世界贸易组织的推动下,国际服务贸易自由化的水平不断提高。我国的服务贸易发展也非常迅速,尤其是2001年我国正式成为世界贸易组织成员之后,我国已经成为世界服务贸易的大国。2012年我国服务贸易出口已经位列全球第六位,服务贸易进口位居全球第四位。我国成为继印度之后的承接国际服务外包最多的发展中国家。在入世之初,我国对于国内服务业的开放进行了广泛的承诺,在银行、保险、商业服务等诸多服务行业引进了大量外资,外资在国内服务业的比重不断上升。外资的进入促进了我国国内服务业的发展,也引发了国内服务业产业组织结构的变动。虽然我国服务贸易发展速度很快,但是与货物贸易相比,在贸易规模、贸易结构上都还存在着巨大的发展空间。随着我国新一轮改革开放的启动,服务业市场的进一步开放也是我国新一轮改革开放中的重要内容,服务贸易的发展必将迎来新的机遇。

本书分为八章,分别介绍了国际服务贸易的相关内容:第一章是服务、服务业与服务贸易,介绍了服务、服务业、服务贸易的概念和特征,并总结了国际服务贸易的基本特点。第二章是服务贸易理论,介绍了传统和现代贸易理论对于国际服务贸易的解释,这一章是理解国际服务贸易的基础。第三章是服务贸易政策，分别介绍了服务贸易政策的演变、各国的服务贸易政策分类、服务贸易壁垒以及服务贸易壁垒的测量。第四章是国际服务贸易规则体系，介绍了世界贸易组织的《服务贸易总协定》和主要区域组织关于国际服务贸易的各项协议，分析了各自的特点以及在全球服务贸易自由化中的作用。第五章是服务贸易自由化，介绍了服务贸易自由化的形成与发展，以及服务贸易自由化的经济和非经济影响。第六章是服务业的国际直接投资，介绍了服务业国际直接投资的发展以及理论解释，并从经济增长、产业结构和贸易发展等方面分析了服务业直接投资对于东道国的影响。第七章是国际服务外包，介绍了服务外包的概念、发展与现状，分析了服务外包兴起的原因和所产生的影响。第八章是我国服务贸易的发展与战略，介绍了我国服务贸易的发展，对我国服务业市场开放的影响进行了分析，并对我国服务贸易自由化战略的内容进行了介绍。

在我国产业结构调整的过程中，服务业的地位越来越重要，服务贸易已经成为学术研究的一个热点，本书的编写借鉴了很多学者的研究成果，在此一并感谢。本书全面介绍了服务贸易的基本内容，适合作为经管院校贸易类各专业本科学生的教材，以及相关研究人员的参考资料。由于编者学识有限，不当之处敬请各位专家、读者指正。

王佃凯

2015 年于北京

目 录

第一章　服务、服务业与服务贸易

学习目标和要求

1. 掌握服务、服务业的定义与分类。
2. 了解服务贸易的定义和分类。
3. 掌握服务贸易统计的方法。
4. 了解国际服务贸易发展的基本状况。

引导案例

我们都知道，学校教育收费往往与学生的身份注册联系在一起，而不是基于学生在学校实际能够获得的人力资本（即学生到底获得了多少知识和技能）进行收费，其他类似例子还有医疗服务、法律服务等。对于医疗服务，医疗服务提供者（医院和医生等）本质上是提供健康维护服务的，但具体结果部分取决于病人的特征，医疗服务提供者不是基于成功的结果（即真实产出）收费，而是将费用收取与中间提供的服务相挂钩（有时病没治好，医院照样收钱）。对于律师服务，服务的结果也是部分地取决于顾客案件的特点，收费并不是基于成功的结果，而是基于中间提供的服务。

请结合服务产品的本质特征，对上述现象进行解释。

第一节　服务

经济生活中对于"什么是服务"至今尚没有统一的定义。经济学把满足人们欲望的物品分为"自由物品"和"经济物品"。前者指人类无需通过努力就能自由取用的物品,如阳光、空气等,它的数量是无限的。后者指人类必须付出代价方可得到的物品,这种在人类社会生活中占有相当重要地位且数量有限的经济物品有两种基本的存在形式:实物形态和非实物形态。实物形态的经济物品就是商品或货物;非实物形态的经济物品则称做服务。

一、服务的定义

亚当·斯密在《国民财富的性质和原因的研究》第一卷中称:服务生产所使用的劳动并不"将它本身固定或实现在任何特定的物体上,这个物体在那种劳动过后仍将持续存在,随后还能够购得等量的劳动"。他把"牧师、律师、医生、文人、演员、歌手、舞蹈家"等人的劳动列入非生产劳动范畴,"像演员的对白、雄辩家的演说、音乐家的歌唱,他们这一班人的工作都是随生随灭的"①。

法国古典经济学家萨伊1803年在《政治经济学概论》一书中指出,无形产品(服务)同样是人类劳动的果实,是资本的产物。"医生、公教人员、律师、法官的劳动(这些劳动属于同一种类)所满足的需要是那么重要,以至于这些职业如果不存在,社会便不能存在","大部分无形产品都是这种或那种技能的产物,获得一种技能,总需先做一番钻研,而从事钻研就非预付资本不可"②。

巴斯夏的服务价值论对服务经济的研究做出了重要贡献。他在《和谐经济论》中指出,"这是一种努力,对于甲来说,劳务是他付出的努力;对于乙来说,劳务则是需要和满足","劳务必须含有转让的意思,因为劳务不被人接受也就不可能提供,而且劳务同样包含努力的意思,但不去判断价值同努力是否成比例"③。

1977年,希尔从服务生产入手来解释什么是服务:"服务是人或隶属于一定经济单位的物在事先合意的前提下,由于其他经济单位的活动所发生的变化",

① 亚当·斯密.国民财富的性质和原因的研究.郭大力、王亚南,译.北京:商务印书馆,1974:303~304.

② 萨伊.政治经济学概论.陈福生、陈振骅,译.北京:商务印书馆,1997:125.

③ 巴斯夏.和谐经济论.许明龙,译.北京:中国社会科学出版社,1995:第76页,第160页.

“服务的生产和消费同时进行，即消费者单位的变化和生产者单位的变化同时发生，这种变化是同一的。服务一旦生产出来必须由消费者获得而不能储存，这与其物理特性无关，而只是逻辑上的不可能”。

瑞德尔和佩蒂特在20世纪80年代分别提出了两个具有代表性的服务的定义。瑞德尔关注服务所带来的时间、地点和形态方面的效用，他于1986年在《服务引致的增长》一书中指出，“在为服务接受者带来一种变化时，服务是提供时间、地点和形态效用的经济活动”。根据《新帕尔格雷夫经济学大辞典》，佩蒂特认为，服务表示使用者的变形（在个人服务的场合）或使用者的商品的变形（在涉及商品的场合），所以享用服务并不含有任何可以转移的获得物，只是改变人或其商品的特征。

从以上的许多定义可以看出，目前还没有一致的服务定义，在国内一个普遍接受的定义是：“服务是对其他法人机构（具有法人资格的企事业单位和政府部门等）和自然人、商品或服务增加价值，并主要以活动形式表现的使用价值或效用。”例如，邮电通信、文化教育和商务会展等以活动形式表现的服务可以直接为政府部门、企事业单位和个人增加价值和效用，而保险、再保险服务则可以为金融服务、运输服务和保险服务增加价值和效用。

二、服务的基本特征

一般来说，服务具有无形性等特征，详述如下。

（一）服务的无形性

商品的空间形态是确定的、直接可视的、有形的，商品的生产、供应和消费伴随着它的空间形态而产生、转移和消失，人们通常还可根据商品的空间形态直接判断它的价值或价格。服务的空间形态基本上是不固定的、不直接可视的、无形的，其使用价值不能脱离生产者和消费者，不能独立地固定在某种具体的实物形态上。服务的无形性是指顾客与服务提供者之间抽象化的、个体化的互动关系。同有形商品不同，服务在很大程度上是不可感知的，这包括两层含义：一方面，服务提供者通常无法向顾客介绍空间形态确定的服务样品；另一方面，服务消费者在购买服务之前，往往不能感知服务，在购买之后也只能觉察到服务的结果而不是服务产品本身。

服务的无形性是相对的，它和有形商品紧密联系，但是无形性是主要的，它是服务的核心和本质。随着科学技术的发展，有些无形的服务逐渐变得“有形化”。1989 年,加拿大经济学家格鲁伯和沃克提出物化服务的概念。例如,唱片和光盘作为服务的载体,本身的价值相对其提供的整个价值来说可以忽略不计,其价值主体是服务,这就是无形服务的“有形化”和服务的物化。

(二)生产和消费不可分离

服务的不可分离性是指服务的生产与消费同时进行。如果服务是由人提供的,那么这个人就是服务的一部分,因为当服务正在生产时顾客也在场,顾客与生产者的直接接触构成了产品的一部分。比如,在医院看病,病人诉说病情,医生做出诊断并对症下药。服务是一种双向性的活动,其形成必须包括两个主体:一个是服务的消费者;另一个是服务的提供者(生产者)。服务生产者与消费者都互相平等地、主动地参与服务活动的全过程。服务的提供者或(和)购买者不能与服务在时间上或(和)空间上相分离。

具体地说,在一般情况下,服务生产和消费的同时性决定了离开服务的消费,服务的生产就无法进行。同时,只有服务的消费和生产在同一场合下相遇,服务才能完成。随着信息通信技术的发展,服务生产消费的同时性受到了冲击。例如:远距离通信系统的发展,使服务生产者和消费者同时获得了在异地服务的可能;实体化服务(如计算机软件)的出现,使得服务生产者和消费者在时间和空间上都可以分离。

(三)服务不可储存性

商品可以在被生产出来和进入消费之前这一段时间处于库存状态,而且这不一定给商品生产者带来损失。服务一旦被生产出来,一定不能长久的搁置,也就是说不可能处于库存状态。服务不被使用,既不能给购买者带来效用,也不会给提供者带来收益。随着科学技术的发展,服务有时也是可以储存的。实际上,储存既包括空间上的储存,也包括时间上的储存,或者是时空两方面的储存。服务是否可以储存,主要指时间上的储存,即服务是购买时就消费还是在购买以后的某一时点消费。

(四)服务的异质性

服务的异质性即同一种服务的质量差别。商品的消费效果和品质通常是均质的,同样品牌的食品和服装,只要不是假货,其消费效果和品质基本上没有差别,而同一种服务的消费效果和品质往往存在显著差别。这种差别来自供求双方:其一,服务提供者的技术水平和服务态度,往往因人、因时、因地而异,他们的服务随之发生差异;其二,服务消费者对服务也时常提出特殊要求,所以,同一种服务的一般和特殊的差异是经常存在的。统一的服务标准只能规定一般的要求,难以确定特殊的、个别的需要。这样,服务质量就具有很大的弹性。服务质量的差异或者弹性,既为服务行业创造优质服务开辟了广阔的空间,也为劣质服务留下了活动余地。

三、服务的分类

服务的多样性和异质性给其分类带来了困难,根据不同的分类方法,可以把服务进行不同的分类。

(一)根据消费者的参与程度来分类

1. 高接触性的服务。高接触性服务是指消费者必须全部或大部分参与到服务活动中,如果没有消费者参与,该项服务无法完成。例如,身体健康检查、理发、学校教育等活动。

2. 中接触性的服务。中接触性的服务是指消费者只是部分地参与到服务活动中,如保险服务、银行服务以及律师服务。

3. 低接触性的服务。低接触性的服务是指消费者在服务提供活动中较少参与的服务,主要是通过机器、仪器来完成的服务,如通信服务、邮寄服务等。

(二)按照服务的作用来分类

1. 核心服务。核心服务是指与商品的生产和交易无关,是市场交易的独立对象,能为消费者提供主要的使用价值的服务。核心服务又可以分成面对面服务和远距离服务两种,前者如旅游服务,后者如通信、互联网服务等。

2. 附加服务。附加服务是指伴随商品生产和交易所提供的补充性服务,本身不能为消费者提供独立的使用价值,是商品或者核心服务的附属价值。虽然不能提供单独的使用价值,但是附加服务可以影响商品或者核心服务的价值。在生产和交易的各个阶段,附加服务都发挥着重要作用。在生产的上游阶段,附加服务包括市场调研、产品设计服务等;在中游阶段,包括质量控制、设备保养检修等服务;下游阶段,包括广告运输、售后服务等。

（三）按照服务有形化程度来分类

1. 附属于商品的服务。此类服务是依附在商品之上的，消费者购买商品的同时可以获得的服务，如家用电器的维修服务。消费者购买是为了获得商品提供的效用，而服务只是为了增加商品的效用。

2. 需要商品作为辅助的服务。此类服务是消费者购买行为所需要的主要效用，但是服务活动必须依靠商品的辅助才能提供，比如购买 CD 唱片或者软件等。

3. 纯服务。此类服务可以单独满足消费者的需求，消费者在消费此类服务时不需要有商品作为载体，如家政服务、律师服务等。

第二节　服务业

第二次世界大战结束后，由于科技的进步和管制的放松，服务业的发展非常迅速，服务业在国民经济中的比重和地位都在不断上升。根据联合国贸易和发展会议的统计数据，2011 年发达国家服务业在当年 GDP 的比重平均为 70%，发展中国家平均比重为 56%，全球经济服务化的趋势非常明显。

一、服务业的定义

尽管对于服务的理解目前并没有统一的认识，但是对于服务业的内容来说，各国的理解和认识都是比较接近的。一般说来，服务业是指专门从事服务产品生产的行业和部门的总称。一个国家的产业划分基本上可以分为第一产业、第二产业和第三产业。这种划分方法是 20 世纪 30 年代提出的，后来在 20 世纪 50 年代，美国经济学家克拉克提出要用服务业来代替第三产业。这两个概念目前在各国都存在混用的现象，实际上服务业与第三产业间虽然内容上比较接近，但是仍然存在着一些不同。

首先，界定方法不同。按照费舍尔的解释，第一产业是为人们提供食品和原材料的部门，第二产业是为人们提供工业制成品的部门，除了这两个部门以外的所有部门都属于第三产业。也就是说，第三产业的定义采取的是剩余法来界定的。服务业是指为人们提供服务产品的行业和部门，这是从产品的种类来界定的，产业范围比较准确。

其次，两者的划分依据不同。三次产业的划分是依据各产业间的供给关系来划分的，即第一产业向第二、第三产业提供产品，第三产业必须依赖前两个产业才能生存。服务业的划分是以各产业间的需求来划分的,强调各产业是相互依赖的关系。

第三,两者的市场指向不同。三次产业划分中的第三产业主要是为了国内经济发展提供服务。服务业的市场指向是国内外两个市场,服务业的发展必然会要求国内外服务贸易同时并存。

二、服务业的分类

服务业是一个门类十分复杂的产业,包括的行业和部门数量众多,由于各行业间的差异较大,各国以及国际机构的分类也不尽相同。

(一)按照服务对象的不同分类

按照服务的对象来分,服务业可以分成生产服务业和生活服务业。生产服务业是指将本行业的服务产品用于生产性消费领域的服务部门,如广告业、会计师服务、审计服务等。但是很多服务部门的产品既可以用于生产性部门,也可以直接用于生活消费,如运输部门既可以运送货物,也可以运送乘客,因此不能将一个服务部门视为绝对的生产服务业。所谓生活服务业是指其服务产品主要用于生活性消费领域,如旅游服务、文化娱乐等。

(二)按照技术复杂程度的不同分类

按照技术复杂程度来分,服务业可以分成传统服务业和现代服务业。所谓的传统服务业,是指为日常生活提供各种服务的行业,如旅游、运输业等。所谓现代服务业,是指伴随着信息技术和知识经济的发展产生,用现代化的新技术、新业态和新服务方式改造传统服务业,创造需求,引导消费,向社会提供高附加值、高层次、知识型的生产服务和生活服务的服务业。现代服务业的发展本质上来自于社会进步、经济发展、社会分工的专业化等需求,具有智力要素密集度高、产出附加值高、资源消耗少、环境污染小等特点。现代服装业既包括新兴服务业,也包括对传统服务业的技术改造和升级,其本质是实现服务业的现代化。相对于传统服务业而言,现代服务业是适应现代人和现代城市发展的需求而产生和发展起来的具有高技术含量和高文化含量的服务业,主要包括以下四大类:①基础服务(包括通信服务和信息服务);②生产和市场服务(包括金融、物流、批发、电子商务、农业支撑服务以及中介和咨询等专业服务);③个人消费服务(包括教育、医疗保健、住宿、餐饮、文化娱乐、旅游、房地产、商品零售等);

④公共服务（包括政府的公共管理服务、基础教育、公共卫生、医疗以及公益性信息服务等）。

（三）按照服务业行业的不同分类

1. 联合国标准产业分类法。联合国统计署编制了《全部经济活动的国际标准产业分类》，其中2006年的第四版将产业分成了21大类，用字母A～U来表示，其中：G批发零售贸易、机动车修理；H运输和仓储；I住宿与食品服务；J信息与通信；K金融与保险；L房地产活动；M专业性的科技活动；N行政和支持性活动；O公共管理与国防、社会保障；P教育；Q健康与社会活动；R艺术、娱乐；S其他服务活动；T有雇工的家庭活动；U国外的组织和机构的活动。

2. 世界贸易组织（WTO）的产业分类。世界贸易组织（以下简称“世贸组织”）列出的服务行业多达160个，这些服务行业分成了12个部门，每个部门下面有具体行业：

（1）运输服务。运输服务是指在交通运输过程中形成的各种服务，主要包括货物运输服务、客运服务、船舶服务、附属于交通运输的各类服务等。

（2）旅游服务。旅游服务是指为旅行者提供的所有服务，包括宾馆与饭店、旅行社（旅游经纪人服务社）、导游等。

（3）建筑及相关服务。这包括一般建筑工作、安装装备工作、建筑物的装饰等。

（4）通信服务。这是指社会通信活动过程中涉及的各类产品、操作及软件系统等服务，包括邮政、快递、电讯、视听服务等。

（5）销售服务。这是指产品销售过程中的各种服务，包括代理服务、批发、零售等。

（6）教育服务。教育服务是指在各类、各层次上的文化教育服务。

（7）金融保险服务。这包括各种银行服务，各种类型的保险服务、证券服务等。

（8）健康与社会服务。这包括有关个体卫生健康的所有服务，主要是医院服务和各种社会卫生服务。

（9）文化娱乐及体育服务。这包括除广播、影视以外的所有文化和体育服务，主要是娱乐服务、新闻机构、图书馆、档案馆、博物馆及其他文化服务，以及各种体育服务。

（10）环境服务。这包括各种污水处理服务、废物处理、卫生及相关服务、其他环境服务。

(11)商业性服务。它是指在商业活动中涉及的服务，包括专业服务、研发服务、房地产服务、租赁服务、设备维修服务和其他商业服务。

(12)其他服务。暂时没有列入上述分类的服务活动。

3. 中国关于服务业的分类。2003 年，根据《国民经济行业分类》(GB/T4754-2002)，国家统计局印发了《三次产业划分规定》(国统字〔2003〕14 号)，该规定在国民经济核算、各项统计调查及国家宏观管理中得到广泛应用。2012 年，根据国家质检总局和国家标准委颁布的《国民经济行业分类》(GB/T4754-2011)，国家统计局再次对 2003 年《三次产业划分规定》进行了修订，明确规定了第三产业即服务业，是指除第一产业、第二产业以外的其他行业(见表 1-1)。第三产业包括：批发和零售业，交通运输、仓储和邮政业，住宿和餐饮业，信息传输、软件和信息技术服务业，金融业，房地产业，租赁和商务服务业，科学研究和技术服务业，水利、环境和公共设施管理业，居民服务、修理和其他服务业，教育，卫生和社会工作，文化、体育和娱乐业，公共管理、社会保障和社会组织，国际组织，以及农、林、牧、渔业中的农、林、牧、渔服务业，采矿业中的开采辅助活动，制造业中的金属制品、机械和设备修理业。

表 1-1 我国第三产业(服务业)的分类

第三产业(服务业)	A	05	农、林、牧、渔服务业
	B	11	开采辅助活动
	C	43	金属制品、机械和设备修理业
	F		批发和零售业
		51	批发业
		52	零售业
	G		交通运输、仓储和邮政业
		53	铁路运输业
		54	道路运输业
		55	水上运输业
		56	航空运输业
		57	管道运输业
		58	装卸搬运和运输代理业
		59	仓储业
		60	邮政业

续表

第三产业（服务业）	H		住宿和餐饮业
		61	住宿业
		62	餐饮业
	I		信息传输、软件和信息技术服务业
		63	电信、广播电视和卫星传输服务
		64	互联网和相关服务
		65	软件和信息技术服务业
	J		金融业
		66	货币金融服务
		67	资本市场服务
		68	保险业
		69	其他金融业
	K		房地产业
		70	房地产业
	L		租赁和商务服务业
		71	租赁业
		72	商务服务业
	M		科学研究和技术服务业
		73	研究和试验发展
		74	专业技术服务业
		75	科技推广和应用服务业
	N		水利、环境和公共设施管理业
		76	水利管理业
		77	生态保护和环境治理业
		78	公共设施管理业
	O		居民服务、修理和其他服务业
		79	居民服务业
		80	机动车、电子产品和日用产品修理业
		81	其他服务业
	P		教育
		82	教育

续表

第三产业（服务业）	Q		卫生和社会工作
		83	卫生
		84	社会工作
	R		文化、体育和娱乐业
		85	新闻和出版业
		86	广播、电视、电影和影视录音制作业
		87	文化艺术业
		88	体育
		89	娱乐业
	S		公共管理、社会保障和社会组织
		90	中国共产党机关
		91	国家机构
		92	人民政协、民主党派
		93	社会保障
		94	群众团体、社会团体和其他成员组织
		95	基层群众自治组织
	T		国际组织
		96	国际组织

资料来源:国家统计局网站(http://www.stats.gov.cn/)。

第三节 国际服务贸易

一、国际服务贸易的定义

与服务的概念一样,服务贸易也没有统一的定义,现有的一些定义多属于描述性的定义。

(一)从进出口的角度定义

当一国的劳动力向另外一个国家或地区的消费者提供服务,并相应获得外汇收入的过程,就是服务贸易出口。与之相对应,当一国的消费者购买他国劳动力提供服务的过程,形成了服务贸易的进口。各国的服务进出口活动就构成了国际服务贸易。

(二)北美自贸区对于服务贸易的定义

《美国与加拿大自由贸易协定》是世界上第一个在国家间贸易协议上正式定义服务贸易的法律文件:服务贸易是指由缔约方或者代表其他缔约方的一个人,在其境内或进入一缔约方提供所指定的一项服务。在这里,服务包括生产、分销、销售、营销一项所指定的服务及其进行的采购活动;进入或使用国内的分销系统;以商业存在形式为分销、营销、传递或促进一项指定的服务;遵照投资规定,任何为提供指定服务的投资,以及任何为提供指定服务的活动。这里的相关服务的"相关活动"包括:公司、分公司、代理机构、代表处和其他商业经营机构的组织、管理保养和转让活动;各类财产的接受、使用、保护及转让,以及资金的借贷。进入一缔约方提供服务包括过境提供服务。缔约方一个人指的是法人或自然人。

(三)世界贸易组织的定义

世界贸易组织的《服务贸易总协定》关于国际服务贸易的定义是受到广泛接受的一个定义,即国际服务贸易是指服务的提供者从一成员境内,或者通过设立商业存在、自然人移动向消费者提供服务的过程。国际服务贸易有四种交易模式:

模式1:跨境服务。服务的提供者在一成员的领土内向另一成员领土内的消费者提供服务,如法律咨询服务、工程设计服务(如参与设计鸟巢的两位瑞士建筑大师皮埃尔·德麦隆和赫尔佐格,他们的设计服务相对于中国属于服务贸易中跨境服务的范畴)。跨境服务是两个国家(地区)的成员以不离开本土为前提开展。

模式2:境外消费。服务的提供者在一成员的领土内向另一成员的消费者提供服务,如旅游、留学(国外的旅游团来中国境内旅游,中国服务人员提供的服务属服务贸易中境外消费的范畴)。境外消费是一国家(地区)成员以离开本土到他国家消费为前提开展。

模式3:商业存在。一成员的服务提供者在另一成员领土内设立商业机构或专业机构,如外国直接投资企业(美国的麦当劳在上海设立总部)。

模式4:自然人移动。一成员的服务提供者以自然人身份进入另一成员的领土内提供服务，如外国专家讲学、劳务人员（中国的劳务人员输出到国外提供的服务，属服务贸易中自然人移动的范畴）。自然人移动以自然人身份到他国提供服务为前提开展。

二、国际服务贸易的特征

（一）无形性

国际服务贸易的交易客体是服务产品，具有无形性，这就决定了国际服务贸易也具有无形性的特征。由于科技的进步，一些服务是可以物化的（如存储软件的光盘），另外一些服务也可以观察到（如电影、演唱会等），但是多数的服务活动仍然是无形的。

（二）生产和消费的同时性

由于服务活动多数是不能储存的，因此大多数的国际服务贸易中生产和消费必须同时完成，也就是服务产品的创造、转让和消费都是同时完成的。服务的生产者和消费者必须相互接触才能完成。

（三）复杂性

服务的所有权和使用权在交易过程中是比较复杂的，货物贸易一旦完成后，货物的所有权和使用权一起转移，但是服务贸易中使用权和所有权是可以分离的。例如，专利、专有权交易中，专利和专有权的所有权转让的只是使用权，所有权并没有发生实质的转移。

国际服务贸易涉及的法律要比货物贸易复杂。国际服务贸易不仅受到合同法、公平交易等法律的约束，而且还会涉及专利法、商标法、高技术出口管制措施。国际服务贸易的参与人关系比较复杂。由于服务的生产和消费是同时进行的，这就意味着消费者会参与到生产中，这使得两者之间的关系变得复杂起来，消费者不仅会影响服务产品的质量，而且也会影响服务产品的价格。

（四）高度垄断性

在服务贸易中，发达国家占有绝对优势，目前发达国家的市场份额能占到全球服务贸易总额的3/4，尤其是在金融、保险、专利专有权交易中，发达国家的比重更高一些。另外由于服务业的高度敏感性,各国对于服务业的开放态度谨慎,国内的服务业也呈现出寡头垄断的市场结构。

三、国际服务贸易的统计

国际服务贸易统计是对国际服务贸易的总体和各部门规模、国别规模及进出口流向、发展现状和趋势进行的定量描述。由于世界各国尚未形成对国际服务贸易的公认定义,加之各国原有统计制度的差异,全球统一的国际服务贸易统计体系一时难以建立。目前,国际服务贸易统计的基本原则是:总体上遵循《服务贸易总协定》对国际服务贸易的定义,确定以四种提供方式(跨境交付、境外消费、商业存在、自然人移动)作为服务贸易统计的主体范围;具体操作上,以居民与非居民之间的服务贸易(即国际收支项下的服务贸易)和通过外国附属机构实现的服务贸易(即 FATS)两条主线进行服务贸易统计,而对于自然人移动统计,因其范围难于界定以及可行的统计指标有限,仅作为服务贸易统计的次要组成部分。

(一)国际收支统计(BOP)

国际服务贸易 BOP 统计的依据是国际货币基金组织的《国际收支手册》(第五版)。国际收支统计反映的是一国对外贸易和资本流动状况。由于国际收支统计由来已久,方法较成熟,同时和大多数国家的统计体系相匹配,所以成为世界公认的标准化的国际贸易统计体系。国际收支统计的对象包括服务贸易和货物贸易,并且侧重于货物贸易。是否跨越国境是交易是否纳入国际收支统计的基本原则。国际服务贸易 BOP 统计就是将与服务贸易中有关过境的贸易实际交易数据进行重新汇总、整理和记录,从而形成一套针对国际服务贸易的专项统计。BOP 统计在各国对外服务贸易统计中发挥着不可替代的作用。

但从世界服务贸易的发展来看,BOP 统计存在着明显的不足:按照国际收支统计的原则,国际服务贸易只是居民与非居民之间的服务交易,包括过境交付、境外消费及自然人移动,没有反映当前世界服务贸易中占据主导地位的商业存在。这是因为,商业存在形式的服务交易双方均是法律意义上的同一国居民(当外国附属机构在东道国注册)。BOP 统计描绘的服务贸易与《服务贸易总协定》(GATS)界定的服务贸易范围还存在较大差异。

（二）外国附属机构统计（FATS）

按照国际收支统计的跨境原则，商业存在无法纳入国际服务贸易的范畴，所以国际服务贸易 BOP 统计实际不能完整反映一国对外服务贸易的总体情况。如何以 GATS 为基准进行服务贸易统计，成为优化和发展国际服务贸易统计的主要方向。按照 GATS 定义的四种提供方式进行服务贸易统计，需要建立一套全新的统计体系，随着经济全球化的深入，国际直接投资迅速发展，因此明确这部分交易的发生形式和数量规模十分必要。作为 BOP 统计的补充——外国附属机构统计应运而生了。FATS 统计反映了外国附属机构在东道国的服务交易情况，包括与投资母国之间的交易、与东道国居民之间的交易以及与其他国家之间的交易。FATS 分为内向和外向两个方面，别国在东道国的附属机构的服务交易称为内向 FATS，东道国在别国的附属机构的服务交易称为外向 FATS。

（三）BOP 统计与 FATS 统计的比较

FATS 体系记录的是服务业外国商业存在的交易活动，包括与投资母国之间的交易、与东道国居民之间的交易以及与其他国家之间的交易。目前，在世界各国中只有美国和日本已经在使用 FATS 体系统计。从美国的 BOP 与 FATS 的统计数据来看：在出口方面，BOP 的统计数据超过 FATS，说明跨境出口的服务多于通过外国附属机构出口的服务；相反，进口方面的数据低于 FATS，这说明，相对而言在服务进口方面，外国附属机构发挥了更为重要的作用。虽然 BOP 着重反映跨境服务贸易的交易情况，FATS 重点反映商业存在的经营情况，但是两者的统计原则和范围不同，内容上存在交叉重叠之处，因此不能将两者的简单相加作为过渡到 GATS 体系的便捷方式。

积极推进 BOP 体系与 FATS 的调整和修正，使之与 GATS 体系相统一已成为当今社会的必然选择。因此，各国有必要加快规范服务贸易的统计工作，针对传统的 BOP 统计已不适应服务贸易发展的新要求、商业存在的 FATS 统计还有待推广的客观需要，当务之急是要在国际上尽快建立起一套《服务贸易总协定》框架下的、科学的、规范的、可操作的国际服务贸易统计新体系，该体系不仅应符合“服务贸易谈判组分类法”的分类原则，而且能进一步提供《服务贸易总协定》定义下的四种服务的统计数据。

（四）各国的国际服务贸易统计

由于BOP统计体系相对重视服务贸易完成后的资金流，同时其对服务贸易出口与进口的界定较为直观，所以目前大多数国家和国际经济组织公布的国际服务贸易统计数据基本来源于BOP统计。目前国际货币基金组织（IMF）与世贸组织（WTO）这两大国际经济组织对服务贸易的统计数据也都来源于各国的BOP统计，但两者提供的数据并不完全相同。其区别主要在于，IMF的统计包括政府服务，而WTO的统计不包括此项内容。

虽然目前国际上对各国服务贸易的统计中，BOP统计发挥着不可替代的作用，但从国际服务贸易的发展趋势来看，BOP统计仍然存在着不足之处。尽管西方国家正在积极推行FATS统计体系，但目前全球仅有25个国家涉及FATS统计，并且只有美国和日本各项指标齐全，统计数据通过引入FATS，并对BOP进行修正。

1. 美国。美国作为服务贸易自由化的积极倡导者和世界上服务贸易额最大的国家，其国际服务贸易的发展速度已经超过了货物贸易，为满足对统计数据的不同要求，美国商务部经济分析局建立了两套统计体系，即BOP统计和FATS统计。目前，美国是世界上能同时按BOP和FATS两套统计口径提供服务贸易统计数据的极少数国家之一。从世界范围讲，美国的服务贸易统计也是世界上最先进、最完备的。有关要点概括如下：

（1）美国国际服务贸易分类以BOP中关于服务贸易的分类为基础，同时也和经济合作与发展组织及欧盟统计处共同制定的分类系统相对应，应该说美国的服务贸易分类在具体细分上比BPM5（IMF的BOP统计手册第5版）更加详细。比如在私人服务中，美国将旅游项目中的留学生费用提出单列。

（2）在对服务贸易进行统计时，美国根据服务贸易类别又将整个服务贸易分成三大部分：选择性服务、专项服务、运输服务。

（3）美国国际服务贸易BOP统计和FATS统计主要由美国商务部经济分析局负责，以问卷调查汇总、相关统计数据参考、经济指标推算的方法实现数据采集、加工。在调查方法上，采取基准调查（调查对象为年营业额在50万美元以上企业）和目录抽样调查相结合的方式，不对服务贸易开展专项进度调查，各月公布的初步数据是在上年年度调查的基础上，以本年度国民经济发展有关统计指标为参数测算出服务贸易主要指标数据。

（4）美国的外向FATS统计主要通过“美国跨国公司统计”来实现，内向统计则主要通过“外国直接投资调查”来实现。FATS 统计采取强制报告与自愿报告、基准调查与年度调查相结合的方式。有关跨国贸易数据，在首次发布一年后进行初步修订，过一年后再次修订。附属机构贸易数据在首次发布两年后初次修订，过一年后再次修订，以后不再修订。

2. 英国。英国服务贸易统计的涵盖范围非常广泛，主要包括金融服务（如银行、保险、抵押等）、商业服务（如广告、房地产、人员招聘等支持性服务及后勤保障服务）、专业服务（如各类管理咨询、律师事务所、会计师事务所等）、旅游以及餐饮服务等。英国服务贸易统计由英国国家统计局归口管理，不同行业分别提供数据，由国家统计局统一对外发布统计公报。初次公布的服务贸易统计数据一般会进行修正，最终统计数字通过年度红皮书公开出版。英国国家统计局对提供商业服务的公司的国际交易进行调查，取得的数据用于编制国际收支平衡表。英国国家统计局对服务贸易的统计分类遵循基本的分类标准，但结合本国服务业实际情况进行了微调，主要包括运输、旅游、通信、建筑、保险、金融、计算机和信息、版权和专利费、其他商业、私人文化及娱乐、政府 11 个类别。

3. 加拿大。加拿大的 FATS 统计开发是比较成功的，但是，尽管加拿大统计覆盖了加拿大拥有的具有多数股权的国外附属机构（不包括银行）的货物、服务、雇用人数数据，即所谓外向 FATS 统计，却不包括加拿大境内外国拥有的附属机构的相关指标，就是说它不进行内向统计。

加拿大 FATS 统计的领域包括由加拿大常驻单位拥有多数股权或投票权大于 50% 的国外附属机构，但不包括加拿大公司的国外分公司。在进行 FATS 统计时，加拿大统计部门一般对国外附属机构发放 BP59 问卷，此问卷被用来收集国外直接投资的数据，以满足加拿大 FATS 统计的要求。大约有 1 800 家企业填报 BP59 问卷，其中大约一半每年调查一次，另外一半是每三年调查一次，这个调查被认为覆盖了 100% 的目标。此项问卷调查是强制性的，数据直接来自被调查企业或者其他调查。在统计数字的质量评估方面，在发布之前，最终的结果要与修正之前的进行比较，任何显著的差异都要进行研究，当修正或估计过程的结果不可以接受时，可以做必要的修正。

4. 中国。中国正在成为服务贸易大国，准确进行国际服务贸易统计势在必行，但目前我国服务贸易统计只限于国际收支统计所包括的服务项目，无法提供 FATS 统计方式的国际服务贸易数据，不能全面描述中国对外服务贸易的整体状况，因此需要尽快建立科学的服务贸易统计制度。《国际服务贸易统计制度》规定，中国服务贸易统计的范围包括中国居民与非居民间服务贸易和外国附属机构服务贸易两部分，覆盖《服务贸易总协定》建议的四种供应模式，即跨境提供、境外消费、商业存在、自然人移动项下的服务贸易。同时，为结合中国的实际情况，中国的服务贸易统计细化了服务贸易的国别（地区）和省市分类，提供了交易性质、国别（地区）、省市等多维分组的国际收支项下服务贸易和外国附属机构服务贸易统计数据框架，以满足国际谈判与中国各级政府管理和决策的需要。

第四节　国际服务贸易的发展

经济全球化和经济一体化是当今世界经济的重要趋势，各个国家、各个地区的经济联系日益紧密，服务全球化是当前经济全球化进程中最明显的阶段性特征和最为明显的标志。服务贸易和服务业跨国投资的增长速度快于全球贸易和投资总额的增长，其中服务业跨国投资增长更快。各国服务业互相渗透、融合和依存，国际化的服务供给和消费不断增加。

一、世界服务贸易的规模持续扩大

根据世界贸易组织（WTO）的统计资料，2000 年世界商业性服务贸易出口额（不包括政府服务）为 1.485 万亿美元，2004 年首次突破 2 万亿美元，2011 年达到 4.15 万亿美元（见表 1 – 2）。从长期看，1980 年到 2011 年，世界服务贸易出口额从 3 650 亿美元扩大到 41 500 亿美元，32 年间增长了 11.5 倍，世界服务贸易出口占世界贸易总出口的比重从 1/7 提高到超过了 1/5。

表 1 – 2　服务贸易规模的变化　　单位：亿美元

年份	总额	出口	进口
2000	29 429	14 851	14 578
2001	29 648	14 883	14 765
2002	31 632	16 010	15 622
2003	36 198	18 361	17 837
2004	43 612	22 321	21 291
2005	48 618	24 962	23 656
2006	54 775	28 272	26 503
2007	65 513	34 068	31 445

续表

年份	总额	出口	进口
2008	74 230	38 342	35 888
2009	65 988	34 086	31 902
2010	72 484	37 469	35 015
2011	80 175	41 500	38 675

资料来源：根据 WTO 统计数据编制。

二、商业服务是贸易额最大且增长最快的部门

按照世界贸易组织的分类标准，服务贸易被分成运输、旅游和其他商业服务（主要包括通信服务、建筑服务、保险、金融、计算机和信息服务、专有权利使用和特许、咨询、会计、法律、广告及文体娱乐服务等）三大类别。20 世纪 90 年代，其他商业服务年均增长 9%，快于运输服务的 4% 和旅游服务的 6%。进入 21 世纪以来，其他商业服务等现代服务贸易依然发展迅速，是世界服务贸易中贸易额最大、增长最快的类别。WTO 最新资料显示，2011 年，按名义价格计算的其他商业服务贸易出口额增长了 12%，运输和旅游服务出口额分别增长 8% 和 11%（见表 1－3）。

表 1－3　21 世纪以来的服务贸易出口结构变化

年份	增长速度				占比			
	总额	运输	旅游	其他	总额	运输	旅游	其他
2001	0.22%	-1.17%	-1.98%	2.51%	100.00%	22.80%	31.58%	45.62%
2002	7.57%	4.83%	4.74%	10.93%	100.00%	22.22%	30.75%	47.04%
2003	14.68%	13.27%	10.16%	18.30%	100.00%	21.94%	29.54%	48.52%
2004	21.57%	24.65%	18.50%	22.01%	100.00%	22.50%	28.79%	48.70%
2005	11.83%	13.24%	8.09%	13.38%	100.00%	22.78%	27.83%	49.37%
2006	13.26%	11.69%	9.31%	16.24%	100.00%	22.47%	26.86%	50.67%
2007	20.50%	20.37%	14.99%	23.29%	100.00%	22.44%	25.63%	51.84%
2008	12.55%	16.35%	9.87%	12.28%	100.00%	23.20%	25.02%	51.72%
2009	-11.10%	-23.10%	-9.07%	-6.66%	100.00%	20.07%	25.59%	54.30%
2010	9.92%	15.30%	8.76%	8.47%	100.00%	21.05%	25.32%	53.58%
2011	10.76%	8.46%	10.99%	12.16%	100.00%	20.61%	25.64%	53.70%

资料来源：根据 WTO 统计数据编制。

增长速度的差异导致世界服务贸易总体结构发生变动。WTO 的统计显示,运输和旅游等传统服务贸易部门在世界服务贸易中所占比重呈下降之势,其中:运输服务占比最小,由 2001 年的 22.8% 下降到 2011 年的 20.61%;同期旅游服务占比由 31.58% 下降到 25.64%;其他商业服务所占比重显著上升,从 2001 年的 45.62% 上升到 2011 年的 53.7%。

由于发达国家在经济实力、科技水平等方面拥有强势,因而他们在金融、信息、技术、广告和咨询等具备广阔前景的新兴知识密集型现代服务业保持了明显的优势。与货物贸易相比,发展中国家在世界服务贸易中处于更加不利的境地。总体上看,发展中国家的服务贸易主要依靠旅游、运输等传统服务业,其具有一定优势的服务业是一些劳动密集型的项目,如劳务输出、建筑工程承包及部分旅游服务。中国香港地区、新加坡的金融服务,韩国的建筑服务,印度的计算机软件服务,中国香港地区、巴拿马的运输服务,埃及等一些国家和地区的旅游服务表现得比较突出,但就规模而言,即使是实力较强的发展中国家与发达国家相比也相差甚远。近年来,随着服务外包发展为新的服务贸易方式,发展中国家加大了在通信、计算机和信息服务方面的投入,发掘区位优势、人力资源优势和政策优势,积极承接发达国家的外包业务,其中中国、印度、菲律宾、墨西哥、巴西等国已逐步成为区域性或全球性服务外包中心。

三、商业存在成为服务贸易最主要的提供方式

WTO 的《服务贸易总协定》将服务贸易分为四种提供模式(跨境交付、境外消费、商业存在及自然人流动),其中,通过外国直接投资实现的服务提供模式(商业存在)在服务贸易中的地位特殊。据国际服务贸易研究专家估计,由外国直接投资产生的、通过外国商业存在所实现的国际服务贸易规模在服务贸易四种提供模式中的占比约为 50%。形成这种格局的主要原因是:

第一,由于服务产品的无形性、不可储存性,在消费国内部通过商业存在模式提供服务,有利于服务提供者的批量生产,取得规模效益,降低成本和价格。

第二,随着经济全球化进程的深入,世界范围的产业结构调整和转移进一步升级,跨国对外直接投资以高于世界经济和货物贸易的速度增长,同时外国直接投资大多流入服务业,这为商业存在模式实现的服务贸易提供了坚实的基础。

近年来金融、电信和房地产业等服务部门从外国直接投资的迅猛增长中获益最大,极大地推动了通过外国商业存在所实现的国际服务贸易规模的迅速扩大。

在一些发达国家,通过商业存在模式所实现的国际服务贸易规模已经远远

超过跨境的服务贸易。在美国，自20世纪90年代下半期其海外附属机构服务产品销售额首次超过跨境服务出口额，2010年美国海外附属机构所从事的服务产品销售额达8 320亿美元，而同年根据美国国际收支平衡表所记录的服务出口额为3 790亿美元，前者是后者的2.4倍。在加拿大，海外附属机构所从事的服务产品的销售额（达1 010亿美元）是按照国际收支平衡表所记录的服务出口额（为280亿美元）的3.6倍。根据国际收支平衡表的数据，WTO秘书处估测，对经济合作与发展组织（OECD）成员来说，通过商业存在模式实现的全球销售额大约是跨境服务的1.5倍。

四、服务贸易的地区和国家失衡问题依然严重

由于世界各国经济和服务业发展严重不平衡，各国对外服务贸易水平及在国际服务市场上的竞争实力悬殊，各国的服务贸易发展情况存在较大差异。2011年，世界服务贸易排名前30位的国家所占比重超过了85%，其中发达国家占有绝对优势地位。2011年，服务贸易的世界排名前10位的国家中（见表1-4），有7个是发达国家，其中美国一个国家就占到了世界服务贸易出口的14%。发展中国家不同群体的服务贸易发展程度存在着很大差异，2011年，进入世界服务贸易出口排名前30位的发展中国家和地区有中国、印度、中国香港地区、新加坡、韩国、俄罗斯、中国台湾地区、泰国、土耳其、马来西亚、中国澳门地区、巴西，它们合计占世界服务贸易出口额的22.3%，比2006年提升了5%。近年来，中国、印度、俄罗斯和巴西正成为世界经济增长的新动力，与此同时这些国家的服务贸易发展也很突出。中国的服务贸易发展迅速，贸易规模不断扩大，国际地位不断上升。中国在世界服务贸易出口中的排名由2000年的第12位上升到2011年的第4位。中国在世界服务贸易进口中的排名由2000年的第10位上升到2011年的第3位。但是中国服务贸易发展与美国和其他发达国家相比，在绝对量上还有很大差距。印度的服务贸易发展很快，从2000年至2011年，印度服务贸易出口年均增长33%，进口年均增长29%，是发展中国家中增长最快的，2011年其服务（尤其是软件服务）出口额为1 480亿美元，服务进口额为1 300亿美元，在世界服务贸易进出口中的份额均为3.5%，出口排世界第6位，进口排世界第7位。近年来俄罗斯服务进出口增速保持在20%左右，发展速度居发展中国家的第三位。巴西是拉美大国，2000~2011年其服务出口年均增长12%，进口增长9%，均高于本地区和全球服务贸易的平均增速。但是对于其他发展国家来说，服务贸易的发展非常落后。

表 1-4　2011 年世界服务贸易的前十位大国　　单位:十亿美元

排名	出口	金额	比重	年变化率	排名	进口	金额	比重	年变化率
1	美国	578	13.9	11	1	美国	391	10.1	6
2	英国	274	6.6	11	2	德国	284	7.3	8
3	德国	253	6.1	9	3	中国	237	6.1	23
4	中国	182	4.4	7	4	英国	171	4.4	7
5	法国	161	3.9	11	5	日本	165	4.3	6
6	印度	148	3.6	20	6	法国	141	3.6	7
7	日本	143	3.4	3	7	印度	130	3.4	12
8	西班牙	141	3.4	14	8	荷兰	118	3.1	12
9	荷兰	128	3.1	11	9	意大利	115	3.0	5
10	新加坡	125	3.0	12	10	爱尔兰	113	2.9	6

资料来源:根据 WTO 统计数据编制。

2011 年,欧洲与北美地区的服务贸易进出口增长均低于世界平均水平,这与 2005~2011 年总的情况相同。2006 年以后,由于金融危机首先在发达国家爆发并蔓延开来,发达国家的经济出现了下滑,甚至出现了衰退。在这种情况下,发达国家的服务贸易发展速度自然受到很大影响。独联体地区的服务进出口额均增长约 20%,在世界所有地区中增长最快。亚洲的服务出口增长连续三年高于世界平均水平,也高于地区服务进口的增幅,因而减少了该地区服务贸易的逆差。非洲与中东地区的服务贸易发展接近世界平均水平。见表 1-5 所示。

随着自身服务业的增长,以及全球服务贸易自由化的推进,发展中国家的服务贸易也获得一定发展,在世界服务贸易中的地位趋于上升。据世界银行的报告,发展中国家在世界服务出口中的市场份额从 1994~2000 年的 14% 上升到 2005~2010 年的 18%,但与发达国家相比,发展中国家整体的服务贸易发展滞后,在世界服务贸易中所占比重远低于在货物贸易中的水平。此外,尽管发展中国家服务贸易增速快于发达国家,但其整体上对服务出口的依赖程度低于发达国家,而对服务进口的依赖程度要高于发达国家。在多数发展中国家中,服务贸易处于逆差状态,其中最大的逆差项目是其他商业服务,其次是运输,旅游有一定的顺差,但所占比重不大。像中国、韩国、新加坡、俄罗斯、泰国、马来西亚、墨西哥及巴西等国家和地区都存在数额不等的服务贸易逆差,只有中国香港地区、印度是为数很少的拥有服务贸易顺差的国家和地区。

表1-5 世界服务贸易的地区结构变化 单位：十亿美元

年份 / 地区	出口 金额 2011	出口 变化率(%) 2005~2011	2009	2010	2011	进口 金额 2011	进口 变化率(%) 2005~2011	2009	2010	2011
世界	4150	9	-11	10	11	3868	9	-11	10	10
北美	668	8	-7	9	10	516	6	-8	8	8
拉丁美洲	130	11	-8	15	14	163	15	-8	23	18
欧盟	1964	7	-13	4	10	1605	6	-13	3	8
独联体	96	15	-17	13	20	133	15	-19	19	21
非洲	85	7	-10	11	0	149	13	-12	10	9
中东	111	4	-3	6	10	210	7	-7	9	10
亚洲	1096	13	-11	23	12	1091	11	-10	21	14

五、新一轮服务贸易自由化谈判进展艰难

由于服务贸易本身的多样性、复杂性和特殊性，服务贸易的实现远比货物贸易复杂，它会受各种国内规章的影响，各国政府可通过制定法律、法规、标准、许可、制度等对外国服务的进入设置障碍，比如专业服务的资格和许可条件以及程序等，因此服务贸易壁垒更加隐蔽。在关于消除服务贸易壁垒的辩论中，需要避免的是将服务贸易逐步自由化等同于消除各国对其领土内服务业的管制。实际上，服务业的自由化常常是需要管制的，甚至要强化管制，但是这种管制，无论是为了实现经济目的，还是为了实现社会目的，都应当以更透明、更有效的方式加以设计、实施或者执行。

随着服务贸易在全球贸易中的重要性不断加强，世界各国对取消服务贸易壁垒、推进国际服务贸易自由化进程显得越来越迫切。特别是欧美等经济发达国家利用其服务贸易的领先发展水平优势，通过各种多边、双边谈判要求世界各国开放服务贸易市场，以此来扩大服务贸易的出口。1995 年，WTO《服务贸易总协定》的实施为国际服务贸易自由化提供了基本的框架。自 2000 年 3 月启动的新一轮服务贸易自由化多边谈判是 WTO“多哈发展议程”的重要组成部分，其核心任务就是进一步制定一些规则，以确保国内规章能够推动而不是阻碍服务市场对贸易和投资的开放。作为发达国家商业利益的主要寻求目标，服

务贸易谈判成为非常关键的谈判筹码。但由于谈判的许多成员不愿意在其他领域(农业和非农产品市场准入)取得进展之前推进服务贸易的谈判,造成服务贸易谈判(包括市场准入和规则谈判)基本陷于停滞。

由于服务贸易是现代产业进步的标志,其对经济发展所起到的战略作用越来越受到各国的重视,世界各国纷纷制定加快发展服务贸易的发展战略,将不断加快服务贸易发展、增强服务贸易竞争力作为改善自身国际贸易地位、提高经济效益、提升国际经济地位的重要措施之一,一些国家还成立了专门机构对本国服务贸易加以管理和促进。从国际看,目前各种区域经济合作或多边贸易安排也都加强了对服务贸易有关问题的关注,将其列为主要议题,讨论重点涉及如何评价有关服务贸易的多边规则、如何监督各国服务业开放承诺的履行、如何确认服务贸易壁垒及其经济效应的衡量等。预计世界服务贸易领域的利益格局将在各方博弈中重新形成。

未来数年,世界服务贸易将继续保持快速增长,主要推动因素包括:

第一,经济全球化的深入发展和世界经济增长动力的多元化,推动着各国经济依赖性加强,世界经济将继续稳步增长。

第二,世界产业结构升级继续驱动服务贸易快速发展,国际产业由制造业向服务业转移的速度与规模也将继续扩大,其中金融、保险、旅游和咨询等服务业和信息电子产业等技术密集型产业是产业国际转移的重点领域。

第三,世界货物贸易保持增长趋势,将直接拉动与其密切相关的运输、保险等服务贸易部门贸易的快速增长。

第四,服务业在全球跨国直接投资中占据着支配地位,为服务贸易的发展提供了强劲动力。

第五,科技的发展、服务外包等新的贸易方式的兴起将为世界服务贸易的发展做出贡献,而全球及区域服务贸易壁垒的逐渐削减也将为世界服务贸易的发展提供良好的环境。

案例分析

中国铁建是中国乃至全球最具实力、最具规模的特大型综合建设集团之一,2010 年《财富》“世界 500 强企业”排名第 252 位、“全球 225 家最大承包商”排名第 4 位、“中国企业 500 强”排名第 14 位,是中国最大的工程承包商,也是中国最大的海外工程承包商。

近几年来，中国铁建十八局集团迪拜工程公司在阿联酋的基础设施项目建设中声名鹊起，取得了不菲的业绩，已成为该集团以占据迪拜市场为中心、以沙特为重点、以阿曼为支撑的中东建筑市场"半壁江山"的重要一环。作为中东建筑市场上一张靓丽的"中国名片"，海外项目正在成为中国铁建十八局集团新的经济增长点。

迪拜是波斯湾沿岸乃至整个中东地区的重要港口和最重要的贸易中心之一，是辐射亚欧非的贸易中转站，也是世界第三大航空港。为把迪拜打造成为世界金融之都、旅游黄金城市，阿联酋和世界各地大财团投入巨资进行开发，每年工程建设总额在上千亿美元以上，是世界各国建筑企业展示身手的"黄金宝地"。中国铁建十八局集团审时度势，在对迪拜建筑市场多方调研后，果断决策，于2003年9月注册成立迪拜工程公司，开始了集团的海外弄潮之旅。在经历了由承建小项目到大项目、由服务型小公司到大业主的转变后，目前迪拜公司已取得了由迪拜市政府颁发的房屋建筑工程、公路及市政工程和机电安装工程三个一级工程总承包资质，市场份额不断扩大，经济效益显著，成为阿联酋较有知名度的中国建筑企业，走出了一条持续稳定发展的成功之路。从2005年2月开始，十八局迪拜公司将曼彻斯特大楼项目、阿尔巴夏项目、沃尔森项目、佳大福项目、巴夏17层住宅楼项目、迪拜运动城34层商住楼项目、商业港23层办公楼项目、自由区17层办公楼和国际城住宅楼项目等15项工程相继揽入囊中，总投资超过19亿元。在不到两年时间里，十八局迪拜公司便实现了从贴牌经营、搞劳务分包、替人打工到创品牌、具备工程总承包的跨越。

放眼迪拜市中心，高楼大厦林立，多个世界第一让阿联酋人自豪不已，最引人注目的是迪拜高塔，162个楼层，总高度818米。位于迪拜近郊的迪拜运动城34层商住楼项目，是迪拜地标性建筑之一，由中国铁建十八局集团迪拜工程公司总承包，合同金额3亿元，项目于2008年8月19日开工建设，合同工期为27个月。

2008年下半年，突如其来的国际金融危机席卷全球，得益于石油贸易而发展迅速的阿联酋迪拜也难避其害，迪拜房地产业出现资金调度困难，许多基建项目停止运作，经济进入调整期。面对严峻形势，迪拜工程公司一班人头脑清醒，思路清晰，锅里有米心不慌。为了将金融危机带来的风险降到最小，顺利渡过难关，他们制定出完整的工作思路和发展规划，"狠抓在建工程管理，努力扩大经营规模，形成企业快速发展的强劲势头"。根据这一指导思想，将工作的重点放在严格在建项目管理、确保在建工程按进度计划施工，严格工程质量管理、确保每个施工环节均要质量优良，严格施工安全管理、确保施工安全无事故等方面。目前，公司在建工程项目5个，合同总额8亿元，公司管理和工程技术人员82人，其中：中国籍正式员工45人，聘用外国管理人员37人，没有因金融危机解雇一人，公司资产总额有增无减。充分评估市场风险，及时调整项目承揽策略，巩固迪拜主战场，全力开发周边市场，使公司在长期内保持稳定的市场份额，在今后两到三年的时间里使公司成为阿联酋有影响力的大型建筑公司，这是中国铁建十八局集团迪拜工程公司的又一战略发展目标。

思考题

1. 从案例中分析我国对外工程承包的优势。

2. 从案例中，可以看出服务贸易的特点有哪些？

课后练习题

1. 简述服务的分类与特征。

2. 服务业的分类是怎样的？

3. 简述国际服务贸易的四种模式。

4. 国际服务贸易发展的特征有哪些？

第二章 国际服务贸易理论

学习目标和要求

1. 掌握传统贸易理论对国际服务贸易的解释：比较优势论、迪尔多夫模型、德杰克与凯茨考斯基模型、服务价格国际差异模型、伯格斯模型、萨格瑞模型。

2. 掌握现代贸易理论对国际服务贸易的解释：生产区段和服务链理论、马库森理论、弗兰科斯理论。

引导案例

目前，美国正在打造一个新的经济"实体"，即高端服务业的可贸易化，未来这将在多方面深刻改变世界，也包括现行国际贸易规则。

金融、教育、医疗、传媒是美国的优势产业，美国正在积极推进这些高端服务业的可贸易化。未来新一轮全球化中，美国如果能够提升这些优势产业的可贸易化程度，由此形成的巨大出口能力将有可能使其经常账户逆差成为历史。早在2010年的国情咨文中，奥巴马提出美国将在未来五年使贸易出口总量增长一倍。此后两年，美国对中国商品出口增长率分别达到31.7%和19.6%。

哈佛商学院教授迈克尔·波特(Michael Porter)指出，服务业在美国整体经济中所占比重越来越大，尽管许多服务只能在当地提供，但随着技术的发展，未来将有更多的服务变成可贸易部分。

2013年3月，苹果官方网站显示App Store总下载量突破250亿次，目前，受到全球追捧的iPad、iPhone已完全实现了"世界制造"，生产的全球化已不能为苹果公司再附加更大的利润，而依托其发展的App Store又为苹果公司搭建起一个市场巨大的虚拟服务贸易平台。

美国服务贸易的快速发展依靠的是什么呢?

第一节　比较优势学说与国际服务贸易

由于主流国际贸易理论体系中没有专门论述服务贸易的内容,服务贸易理论研究一直处于空白状态。随着服务业日益成为产业进步的标志,服务贸易增长速度超过商品贸易的增长,西方理论界自20世纪70年代中期开始关注服务贸易领域的研究。20世纪80年代中期以前,西方学者主要研究的重点是服务与服务贸易的内涵与外延,从经验实证分析方面评价服务贸易与增长的关系,之后西方学者逐渐转向商品贸易理论在服务贸易领域的适用性研究。关于比较优势学说是否适用于服务贸易领域,目前,学术界的普遍观点是既肯定比较优势理论基本原理对服务贸易的适用性,同时也认为该理论在解释服务贸易时存在局限,主张对比较优势理论进行修正与拓展,来解释服务贸易。

一、服务贸易对比较优势理论的挑战

由于服务贸易和货物贸易存在着很大的差别,使得建立在货物贸易基础上的比较优势理论来指导服务贸易实践时受到一定的挑战。比较优势理论不能直接套用到国际服务贸易领域,主要源于其和货物贸易相比所具有的特殊性。

一是生产要素范围广泛化。传统的国际贸易理论把生产要素分为四类:劳动力、土地、资源和企业家才能。国际服务贸易中可将生产要素分为基本要素和高等要素两大类:基本要素包括自然资源、地理位置、气候条件、初级劳力等;高等要素包括现代化的电信网络、高科技人才和高校研究中心等。广泛的生产要素使国际服务贸易可以从更多的角度来进行优势比较。

二是生产要素在区域或国家间具有流动性。传统比较优势理论采用静态分析的方法,假定生产要素不能跨国流动,而国际服务贸易要求其动态化,国际服务贸易中消费的时空一致性要求服务提供者和接受者直接接触,所以要放弃比较优势理论中"国家间生产要素不能自由流动"这一基本假设,假定在各个区域或国家内部,生产诸要素是完全自由流动的,在区域和国家之间也能够自由流动。传统比较优势理论在高度抽象的前提条件下推理,并非是理论的不足,而是模型的需要,存在一些假定条件,其中包括假定在各个区域或国家内部,生产诸要素是完全自由流动的,但在区域和国家之间,是不能自由流动的。内部要素的流动性保证了在一国内部各部门之间具有相同的工资率和资本收益率,外部要素的非流动性则排除通过要素流动的方式来消除要素在国际赢利差别

的可能性。

三是不完全竞争和规模经济成为服务贸易产生的现实动因。传统的国际贸易理论有个重要的假设前提,即“完全竞争”和“规模报酬不变”,而现实经济大量存在的是“不完全竞争”(主要是垄断竞争)和“规模经济”(规模报酬递增),规模经济往往要求并导致一个不完全竞争的市场结构,这种状况在服务贸易领域表现得更为明显。因而在分析服务贸易理论时,应更重视在不完全竞争和规模报酬递增条件下,分析国际服务贸易的产生以及各国在国际服务贸易中所获得的收益。

四是国际服务贸易的成本由供给和需求双方的因素共同决定。传统的商品贸易理论重点强调的是供给方的生产成本优势,而服务贸易不仅取决于服务要素的生产成本,更强调需求因素所导致的成本增量或消费者的选择性,如运输成本、信息成本、消费者收入及其偏好、系列服务质量(包括售后服务和购买环境)等因素都构成了服务的贸易条件,当贸易的生产函数和主要要素投入相结合时,任何国际服务贸易将依赖于需求因素而非生产成本。对于服务贸易问题不仅要从资源禀赋角度分析,更需要从服务贸易流向、相关市场结构以及需求特征角度来进行探讨。

五是对服务贸易管制的政策广泛存在。传统的国际贸易理论假定不存在政府干预,经济运行完全依靠市场的自发性力量,而现实中对服务贸易的管制政策却大量存在。这是因为:首先,由于服务产品无形性,决定了服务贸易壁垒以非关税壁垒为主,表现为一国对服务业进行管制的各种措施,如对专业服务的资格认证和许可条件、对电信服务市场所实施的竞争规则等。其次,服务业的市场结构——寡头垄断市场结构在世界范围内普遍存在,这会破坏贸易自由化的收益,因此需要政府对服务业进行管制。最后,由于服务市场的交易面临着高度的信息不对称,在一些情况下,严格的管制政策可以降低信息不对称现象的发生,从而降低交易成本。

六是技术是影响服务贸易的一个内生变量。在现代发达国家中,服务尤其是生产者服务大多是资本和技术密集型的,如果将技术作为无形资产归入资本,生产者服务的资本密集型将更加明显,所以,应该将假设条件改为假定服务为资本和技术密集型部门,把技术作为一种内生变量,不仅研究技术怎样影响贸易及其增长,同时把技术发展作为科研、投资、贸易和经济增长的一种结果,研究技术变动、国际服务贸易与经济增长相互间的关系。

七是服务贸易的竞争优势依赖于关联产业。服务贸易竞争优势的形成和确定,很大程度上还依赖于相关产业的支持,主要分为两个层次:服务业内部各产业的相互支持,第一、二产业对服务业的支持。各个层次对服务业的影响也不是孤立的,往往在交叉中产生重叠性影响。而且在现代社会中,各个产业划分和界定的标准也产生了很大的变化,很难明确地说哪一个产业就是原来意义上的第几产业。如作为第一产业的农业机械化作业、科学服务咨询、网上农产品销售等,已经将第二、三产业的许多功能融在了现代农业生产之中,这些情况对于产业竞争优势的形成和确立产生了重要影响,可以在对原有模型的改造和补充中,进一步了解服务贸易的竞争优势。

八是企业组织影响服务贸易竞争力。要提高一国服务业的国际竞争力,关键在于提高服务企业的市场竞争力。而企业的竞争力来源从本质上说,是充足的客户来源和良好的市场占有率。要想达到这一目标,企业自身的内部组织是一个重要因素。所以,一个服务企业保持竞争力的重要手段就在于及时了解消费者对本组织所提供服务的满意程度。可以说企业组织及其战略是影响服务竞争能力的一个相当重要的因素。

二、比较优势是否适用于国际服务贸易

(一)比较优势完全适用论

比较优势理论适用于国际服务贸易的研究,这一观点认为没有必要把服务贸易与一般的国际商品(劳务)贸易区分开来,其产品形式有差别,但是实质相同,比较优势理论体系完全能适用于服务贸易。

1981 年,萨皮尔(Sapir)和卢茨(Lutz)根据国家间要素禀赋和技术差异,对货运、客运和其他民间服务做了一系列实证分析研究后得出:物质资本丰裕的国家在运输服务部门具有比较优势(运输是一个物质资本密集型的部门),而人力资本丰裕的国家在保险、专利等服务部门拥有比较优势(保险、专利、咨询等服务是人力资本密集型的部门)。这个实证分析得出的结论支持了比较优势理论适用于服务贸易领域的观点,要素禀赋在货物和服务贸易模式的决定上都具有重要作用。之后,萨皮尔在 1982 年的研究中,对美国商务部 1980 年无形账户中的服务贸易数据进行了实证研究,结果再次证明比较优势原理对商品贸易和服务贸易同样适用。在以后的研究中,萨皮尔进一步指出,服务贸易的比较优势是动态的,发展中国家可以培育自己在服务贸易上的比较优势,据此成为具有服务出口潜力的国家。支持这一观点的学者还有豪克曼和卡森迪、高什

等人。

1984 年,辛德利(Brian Hindley)和史密斯(Alasdair Smith)通过对政府对服务业实行特别管制、限制服务业对外投资、为保护优质服务业而封闭国内市场三种行为进行详细的分析,排除了比较优势理论适用性的干扰。他们认为,没有理由认为上述三种行为是影响比较优势理论适用于服务贸易的主要障碍。在理论和经验分析中没有必要在概念上严格区分商品和服务,尽管服务和商品有着显著区别,但是比较优势理论在逻辑上足以应付这些差异,国际竞争能有效地发挥作用,改进生产者提供服务的质量和价格。

1986 年,拉尔(Sanjay Lall)通过对部分发达国家和发展中国家之间海运和技术服务的实证研究,也得出了比较优势可以通过长期经验(如海运服务)或学习(如具体技术)积累起来的相类似结论。

1991 年,法尔维(Falvey)和格默尔(Gemmell)进行经验分析时发现,发达国家在资本和技术密集型的服务上相对价格较低,具有比较优势,而发展中国家在劳动密集型的服务上相对价格较低,具有比较优势。他们的结论说明各国由于不同要素禀赋导致的服务价格差异是服务贸易产生的坚实基础。这一结论实质上为服务价格的国际差异模型提供了进一步的经验证据。

(二)比较优势理论完全不适用于国际服务贸易

1979 年,R. 迪克和 H. 迪克分析知识密集型服务贸易的现实格局是否遵循比较原理,他们以要素禀赋为基础,对八个经合组织国家的各种现实比较优势指标进行了跨部门回归分析,结果没有证据表明比较优势在服务贸易模式的决定中发挥作用。排除非关税壁垒作用,他们认为,"如果不考虑贸易扭曲,要素禀赋在服务贸易中没有重要影响"。

1985 年,桑普森和斯内普认为由于服务贸易不同于商品贸易,服务的生产者和消费者会出现时空的一致性,这样就可能出现生产者的跨国移动,也就是要素的国际流动,而比较优势理论的假设前提之一是要素不能国际流动,因而限制了服务贸易,如果不放弃这一假设,该理论则不适用于服务贸易。

1988 年,美国经济学家菲克特库迪认为,服务贸易有诸多与商品贸易不同的特点,如:服务贸易是劳动和货币的交换,而非物品与货币的交换;服务贸易中服务的生产和消费同时发生、同时结束;服务具有不可贮藏性;服务贸易反映在各国国际收支平衡表中,而商品贸易反映在各国海关的进出口统计中。由于服务贸易的无形性,用来分析商品贸易的比较优势理论不足以用来分析服务贸易。

此外,“不适用论”的坚持者还从其他方面阐述了观点,如安·赫尔曼等认为,目前用于解释货物贸易比较优势的理论,如要素均衡论、规模经济假设、技术差异论、生产周期理论等是否适用于服务贸易有待讨论,而决定服务业优势的因素尚不明确,因此,比较优势理论的建立缺乏基础。

(三)比较优势理论不完全适用于国际服务贸易

1984 年,博格沃蒂(Bhagwatti)等在探讨服务价格国际差异的时候,得出低收入国家服务价格低于高收入国家,按照这一结论结合 H－O 理论可得,低收入国家应该是服务贸易的出口者,但这与现实并不相符。他们对这一现象进行反思得出结论,与现实的相悖是由于前提假定的缺陷导致的,因为上述分析的前提假定是低收入国家和高收入国家的生产率相同,此外还存在一个隐含的假定:服务部门为劳动密集型。事实上,高收入国家在许多部门的生产率比低收入国家高,并且随着技术进步和服务业的发展,现代服务业的核心和主体大多是技术、人力资本和资本密集型部门。因此将上述假定修正后,即假定服务为技术和资本密集型部门,能够得出高收入国家技术和资本密集型服务价格较高,从而能够解释发达国家在技术和资本密集型的服务上相对价格较低具有比较优势,而发展中国家在劳动密集型服务上相对价格较低,具有比较优势的现实。服务价格国际差异模型及其结论意味着价格差异是服务贸易与商品贸易产生的共同基础。

1985 年,迪尔多夫(Deardorff)在经典的“2×2×2”H－O 模型框架内,将各国均生产两种商品的假设改为生产一种商品和一种服务,并假定一国在封闭经济中商品和服务的价格高于世界价格,分析包括三方面:①商品与服务贸易的互补性,指出商品和服务贸易与传统比较优势理论相符;②可移动要素的服务贸易,指出虽然要素移动会减少两国贸易量,但仍然适用于比较优势理论;③要素不移动的情况下进行自由贸易的时候,若该国仍按照封闭经济条件下的价格进行贸易,则商品和服务的进口将多于出口,这个结论意味着一国商品和服务贸易都遵循着基于价格差异的比较优势原则。这一结论隐含的理论意义是:服务贸易理论研究的起点是对服务贸易比较优势的分析。另外,迪尔多夫还着重强调了基于要素禀赋的比较优势对服务贸易模式的决定作用,但是他没有意识到要素禀赋带来的比较优势并不是比较优势的唯一源泉,技术差异的比较优势同样对服务贸易模式起着重要的决定作用。同时认为对比较优势理论进行修正后适用于服务贸易的代表人物还有伯格斯、辛德利、史密斯、塔克和森德伯格等。

1988 年，塔克(K. Tucker)和森德伯格(M. Sundberg)提出，国际贸易理论、厂商理论和消费者理论虽然不能圆满地解释服务贸易比较优势，但是通过分析服务市场结构和需求特征，也适用于服务贸易领域。

1990 年，伯格斯(D. Burgess)对传统的 H－O－S 模型进行了简单的修正，将生产者服务作为一种投入要素放入商品生产的成本函数中，发现各国生产者服务的技术和质量差异将影响该国商品生产的比较优势和贸易模式。他认为：服务贸易自由化和服务技术出口一般会改变出口国的贸易条件，提高出口国的经济福利水平。这个结论实质上证明了服务的比较优势对商品比较优势和模式的影响作用。

从国际学术界看，持第三种观点的人较多，并且看法比较一致，比较优势理论同样适用于服务贸易，但由于服务贸易具有不同于传统贸易的特征，因此必须要对传统贸易理论进行修正。

三、国际服务贸易比较优势理论模型

(一)国际服务贸易显性比较优势论

比较优势可以表述成几种既不相同又相互联系的形式，在以下序列中的任一阶段，比较优势都可以得到衡量：

$$D \rightarrow CA \rightarrow T, P, C \rightarrow RCA$$

此处：D 为经济要素；CA 为比较优势；T，P，C 分别为贸易、生产和消费；RCA 为显性比较优势(Revealed Comparative Advantage，RCA)，它是一种出口专业化指标，用来衡量一国某类产品的出口量占世界出口总额的比重，即：

$$RCA = \frac{(\text{某国某种产品的出口额/该国全部产品的出口额})}{(\text{世界该种产品的出口额/世界全部产品出口总额})}$$

若 $RCA > 1$，则意味着该国以出口该种产品为主。

迪克等人试图借助 RCA 分析知识密集型服务贸易。他们以要素禀赋为基础，对各种 RCA 指标进行回归分析，发现在经合组织(OECD)成员国中，没有证据表明比较优势决定着服务贸易的模式。虽然这种现象可以部分地归咎于非关税壁垒的存在，但他们仍然坚持：如果不考虑贸易扭曲，那么要素禀赋在服务贸易中的决定作用明显。依据 RCA 指数，许多最贫穷的发展中国家都具有服务出口的比较优势，因为它们的服务 RCA 指数均大于 1(见表 2－1)。然而，萨皮尔认为，服务贸易的比较优势是动态的，发展中国家具有成为服务出口国的潜力。

表 2－1　不同收入国家和地区服务贸易显性比较优势指数

人均收入(美元)	商品出口		服务出口	
	1990 年	2005 年	1990 年	2005 年
500 以下	1.10	1.07	0.57	0.67
500～1 500	1.02	0.88	0.91	1.53
1 500～3 000	1.00	1.07	1.00	0.69
3 000～6 000	1.07	1.05	0.67	0.68
6 000～10 000	0.82	0.89	1.75	1.50
10 000 以上	1.00	1.00	1.00	1.01
LDC(最不发达国家)	0.15	0.93	0.79	1.25

当然，*RCA* 指数可以将一国在世界服务出口中所占比重与其全部商品和私人服务的世界出口中所占比重联系起来，其高低说明一国在某些服务方面实际的对外贸易地位或竞争地位。但值得注意的是，比较的竞争地位不仅取决于一国在实际服务市场的地位，而且取决于该国在实际商品市场中的地位。这说明 *RCA* 指数在显示一国服务贸易比较优势方面存在着较大局限。

（二）迪尔多夫模型

1985 年，迪尔多夫构建出传统 2×2×2(两个国家、两种要素、一种货物、一种服务)模型，考察比较优势理论是否能够用于解释国际服务贸易。迪尔多夫在模型中将服务贸易分为作为货物贸易补充的服务贸易、有关要素流动的服务贸易和含有稀缺要素的服务贸易三类，分别讨论了各类服务贸易中比较优势理论的发展演化，认为比较优势只适用于前两种的分析。

1. 商品和服务贸易的互补性，即许多服务贸易是伴随着商品贸易而发展起来的，如运输、保险等。假设存在完全竞争、显示性偏好弱定理、利润极大化和平衡贸易；假设商品和服务的世界市场同时出清；虽然各国面对相同的商品和服务的世界价格，但其国内价格无需相同。另外，假设存在三种情形：

(1)全封闭的情形：以 a(Autarky)表示，表示没有任何商品和服务贸易发生。

(2)自由贸易情形：以 f(Free Trade)表示，表示商品和服务都实现自由贸易。

(3)半封闭情形：以 s(Semi－autarky)表示，表示只有商品可以自由贸易。

在(1)全封闭的情形下，市场均衡可以表示为(P^a，q^a，X^a)，其中：P^a 和 q^a 分别表示商品和服务的均衡价格，X^a表示商品的均衡产量，S表示服务的均衡产量，由于禁止贸易而没有服务需求，故服务的均衡产量为零，即$S=0$。假设已实现利润最大化，那么，对于所有的(X,S)有：

$$P^a X^a \geqslant P^a X + q^a S \qquad \text{公式(2-1)}$$

在(2)自由贸易的情形下，市场均衡为(P^d, q^w, X^f, S^f)，其中：P^d表示本国商品价格，q^w表示国际服务市场价格，一般情况下，商品国际市场价格$P^w = P^d + q^w$。如果T、V和U分别代表商品、服务的净出口和本国的服务消费量，那么，自由贸易情形下对于所有可能的(X,S)有：

$$P^d X^f + q^w S^f \geqslant P^d X + q^w S \qquad \text{公式(2-2)}$$

对所有的T和U，有：

$$(P^w - P^d)T^f - q^w V^f \geqslant (P^w - P^d)T - q^w \mathrm{U} \qquad \text{公式(2-3)}$$

$$P^w T^f - q^w V^f = 0 \qquad \text{公式(2-4)}$$

公式(2-2)表示在均衡状态下实现收益最大化，公式(2-3)表示服务的出口达到利润最大化，公式(2-4)为贸易平衡方程。

根据显示性偏好弱定理（即如果在某个预算下，X显示偏好于Y，那么在任意预算下，Y绝不能显示偏好于X），通过比较全封闭和自由贸易两种情况，可以证明：

$$P^a T^f + q^a V^f \leqslant 0 \qquad \text{公式(2-5)}$$

公式(2-5)说明，在按封闭条件下的价格出口商品和服务不如进口商品和服务，这说明商品和服务贸易与传统的比较优势理论相符。

在(3)半封闭情形下的商品和服务贸易状况，如果将T^f替换成T^S，且由于没有服务贸易，故$V=0$，那么，同样可以推出：$P^a T^s \leqslant 0$。这意味着，即使互补性服务不可贸易，也不会影响传统的比较优势理论在服务贸易分析中的适用性。

2. 要素移动的服务贸易（Service Trade as Factor Movements）。传统意义上的某些服务往往被看成是非贸易品（比如，巴黎酒店提供的独家三星级餐饮服务无法在柏林享用），但一般都承认生产要素可以跨国移动。若假设：餐饮服务需要两种因素，技术劳动力（厨师）和非技术劳工（服务员），法国有丰富的技术劳动力，且该项服务为非技术劳动密集型部门。这样，在闭关自守情况下，酒店提供的服务价格将会较高。然而，一旦允许厨师跨国移动，法国厨师可能到纽约并与当地充裕的非技术劳工结合，就能以较低的价格提供餐饮服务。显然，这是由比较优势决定的，因为实际进行贸易的不是这种三星级餐饮服务，而是服务的生产要素之一——厨师。

3. 含有稀缺要素的服务贸易（Service Trade as Absent Factors）。假设：

（a）A 和 B 两国；

（b）生产两种产品，一种为贸易品 x，一种为非贸易品 s；

（c）两国对两种产品的需求一致；

（d）两种产品的生产都只需要两种要素——劳动 L 和管理 M，M 即使不可移动，也能进行国际贸易，因为一个经理可通过电话和传真等通信工具控制千里之外的生产活动。

若在闭关自守情形下，A 国的服务价格低于 B 国的服务价格，而诱发价格差异的情形可能有三种：两国的要素禀赋不同，A 国的 M 丰富，且 s 属于 M 密集型服务部门的产品；A 国的 L 充裕，且恰好 s 属于 L 密集型服务部门的产品；A 国在 s 的生产中具有希克斯中性技术优势，即在 M 与 L 投入不变情况下使产出倍增，从而产生两国技术差异。

若实现自由贸易，第一种情形是 A 国将出口 M，进口 x；第二种情形是 A 国出口 x，进口 M。这两种情况与比较优势原理相符，因为此时考虑的是可贸易品 x 和管理要素 M 的价格，而不是 x 和 s 的价格，显然，要素禀赋决定了服务贸易的模式。对于第三种情形，迪尔多夫认为，比较优势理论在此遇到障碍。因为在闭关自守状态下，以 x 计算的 A 国管理者的工资额将比 B 国同行高，但低于 A 国技术优势所要求的工资额，允许贸易将使 A 国的管理者向 B 国 s 的生产提供管理服务，这意味着要素价格较高的一方也可能成为该要素的净出口国，这与比较优势原理相矛盾。迪尔多夫对此解释是，问题的关键在于 A、B 两国的管理者工资差异没有完全体现技术差异。1986 年，琼斯等人认为，导致这一矛盾的原因在于迪尔多夫隐含地假定两国管理者对两国生产提供的服务存在质量差异，因此，上述矛盾实际上并不影响比较优势的适用性。

事实上，迪尔多夫从要素价格出发，在比较优势的适用性上取得突破性进展，但他过于相信要素。在上述第三种情形中，最终决定要素出口与否的是服务的价格。只要 A 向 B 提供同质服务的价格较低，即使 A 的 M 价格较高，也一定会出口 M。另外，他对国际服务贸易比较优势理论的另一个重要贡献，是进一步证明了商品与服务贸易的不可分性。

詹姆斯·梅尔文（James R. Melvin）认为迪尔多夫模型的缺陷之一是未将服务贸易与使用一种进口服务作为中间投入的国内生产进行区分，因而对迪尔多夫的模型进行了改善。梅尔文（1986）的模型根据适合要素服务贸易的 2×2×2 模型，假定要素服务与可贸易商品之间进行交换，认为在某些情况下，比较优势论不必应用于服务贸易,因为在资本密集型商品可贸易且资本成为流动要素的条件下,资本丰裕国家出口大量的资本服务交换资本密集型商品的进口,这种贸易模式有利于世界资源的合理配置,但与 H－O 理论有所差别。此外,要素服务贸易转换有效禀赋,使要素价格均等化的可能性增强了。

(三)德杰克与凯茨考斯基模型

1989 年,德杰克与凯茨考斯基提出了按要素密集度划分的服务分类,他们通过两国模型验证了比较优势理论在服务贸易领域的适用性。

德杰克与凯茨考斯基考察了三种不同要素密集度的情形:

1. 服务要素密集度高于劳动要素密集型产品,且劳动密集型产品的要素密集度高于资本密集型产品。

2. 资本密集型产品的要素密集度高于服务,且服务要素密集度高于劳动密集型产品。

3. 服务要素密集度高于资本密集型产品,且资本密集型产品的要素密集度高于劳动密集型产品。

三种情形下,资本丰裕国家的贸易结构虽然与比较优势理论描述的不完全相同,但是如果结合三种情形对应的要素密集度可以发现,国际贸易仍然按照各国的要素优势进行。例如,进行服务贸易时,情形 1 和 3 完全遵循比较优势理论,情形 2 表面上违背了比较优势理论,但是由于服务的要素密集度介于资本密集型产品和劳动密集型产品之间,选择出口服务本质上也是遵循比较优势理论出口占优势的产品。德杰克与凯茨考斯基已经间接地用模型证明,经过简单的修正,比较优势理论同样适用于国际服务贸易,见表2－2。

表 2－2　两国贸易情形

	情形一	情形二	情形三
只允许货物贸易时,资本丰裕国家的贸易结构	出口 C 进口 L	出口 L 进口 C	出口 L 进口 C
允许服务贸易时,资本丰裕国家的贸易结构	出口 C 进口 L 进口 S	出口 L 出口 S 进口 C	出口 C 进口 L 进口 S

注:L 代表劳动密集型产品,C 代表资本密集型产品,S 代表服务。

在德杰克与凯茨考斯基的研究中,假定服务和商品一样能够明确界定要素密集度,显然存在不合理性。无形服务有时很难用对待商品的方法去衡量它们属于哪种要素密集型产品。不过,该模型从严格的数理逻辑角度,提出了服务贸易类似于商品贸易的交易机制,这为进一步研究比较优势理论对服务贸易的适用性提供了新思路。

(四)服务价格国际差异模型

利用比较优势理论,探讨服务贸易中服务的价格如何决定,是比较优势理论在服务贸易领域发展演化的典型代表。如果比较优势理论确实能够很好地解释服务贸易,必然存在基于比较优势的服务价格决定机制。

1984 年,克拉维斯的研究指出,一个典型例子是,穷国比富国的服务价格显得更低。各国贸易品行业的工资因生产率的差别而不尽相同,由于各国贸易品行业的工资率决定非贸易品(主要是服务)的工资率,而且服务行业的国际生产率差异相对较小,所以穷国的低生产率贸易品行业的低工资,运用于生产率相对于富国并不低的服务和其他非贸易品行业,结果导致低收入国家或地区的服务和其他非贸易品的低价格。克拉维斯有关各国非贸易品行业生产率相等的理论假设是其服务价格差异决定模型的严重缺陷。1984 年,巴格瓦蒂认识到这一点,巧妙地绕开了生产率差异的问题,提出了新的理论模型。他假定富国和穷国行业之间不存在生产率上的差异,具有相同的生产函数。在两者具有相同的工资－租金比、穷国的劳动力资源相对较为丰裕的基础上,与克拉维斯的结论相同,穷国的工资率低于富国的工资率。虽然巴格瓦蒂的研究较以往更进一步,但与现代服务业由资本、技术要素主导的现实情况相比,仍存在一定脱节。重新假定服务生产存在资本、技术要素密集型行业,运用同样的论证方法,可以毫不费力地解释富国资本密集型服务价格较低的原因。综合来看,经过修正的巴格瓦蒂的服务价格国际差异模型,可以成为较好的服务贸易比较优势的基本理论框架。

第二节　要素禀赋论和国际服务贸易

一、H－O 理论基本内容

1919 年,赫克歇尔发表了题为《国际贸易对收入分配的影响》的论文,对要素禀赋理论的核心思想——要素禀赋差异是国际贸易比较优势形成的基本原因做出了初步的分析。1933 年,俄林出版了著名的《区域贸易与国际贸易》一书,书中对其老师赫克歇尔的思想做了清晰而全面的解释,并发展了赫克歇尔的论点,创立了要素禀赋理论,所以要素禀赋理论又被称为赫克歇尔－俄林理论。由于其贡献,俄林与詹姆斯·米德分享了 1977 年度的诺贝尔经济学奖。赫克歇尔－俄林(H－O)模型,它是一个 2×2×2 模型:两个国家、两种商品和两种要素,基本内容包括两个核心概念、四个基本命题、一个悖论。

(一)核心概念

1. 要素丰裕度。要素丰裕度指两国要素拥有量和要素价格比率的比较。

要素丰裕的实物定义:若乙国的资本总量与劳动总量的比率(TK/TL)高于甲国,则乙国资本相对丰裕、甲国劳动相对丰裕。要素丰裕的价格定义:若乙国的利息率与工资率的比率(R/W)低于甲国,则乙国资本相对丰裕、甲国劳动相对丰裕。

2. 要素密集度。要素密集度是指生产某种产品所投入的两种生产要素的比例。

假设生产两种商品 X,Y,使用两种生产要素 K(资本)和 L(劳动)。如果生产 Y 的 K/L 的比率高于生产 X 的 K/L 的比率,或生产 X 的 L/K 的比率高于生产 Y 的 L/K 的比率,则 Y 是资本密集型产品,X 是劳动密集型产品。

(二)基本假设

(1)两国家、两要素和两商品,即 2×2×2 模型。

(2)X 是劳动密集型产品,Y 是资本密集型产品。

(3)两国技术相同。

(4)规模报酬不变。

(5)不完全分工。

(6)两国需求偏好相同。

(7)完全竞争。

(8)要素可以在国内但不能在国际自由流动。

(9)没有运输成本、关税和其他贸易壁垒。

(10)充分就业。

(11)贸易平衡。

（三）四个基本命题

H－O 理论的四个基本命题是：H－O 定理、斯托尔伯－萨缪尔森定理、罗布津斯基定理、赫克歇尔－俄林－萨缪尔森定理。

（四）H－O－S 定理

一个国家相对丰裕的生产要素，其价格就会便宜。比如劳动力丰裕的国家，工资（劳动力价格）就低一些，资本丰裕的国家，利息率（资本的价格）就低一些。反之，比较稀缺的生产要素，其价格当然就高些。如果各国都专业化生产密集使用本国禀赋较多、价格相对便宜的生产要素的商品，然后进行贸易，那就会得到互利的结果。

在国际贸易中，一国的比较优势是由其要素丰裕度决定的，一国应生产和出口较密集地使用其较丰裕生产要素的产品，进口较密集地使用其较稀缺生产要素的产品。简而言之，劳动相对丰裕的国家应当出口劳动密集型产品、进口资本密集型产品，资本相对丰裕的国家应当出口资本密集型产品、进口劳动密集型产品。随着贸易的进行，两国商品的价格会趋于一致，并导致两国要素价格趋于一致。

（五）里昂惕夫之谜

美国经济学家里昂惕夫在运用投入产出法对美国 1947 年和 1951 年的外贸数据进行验证时，发现美国出口的是劳动密集型产品，进口的是资本密集型产品。赫克歇尔－俄林模型的推论与实际验证结果之间的矛盾，被称为里昂惕夫之谜。

（六）对“里昂惕夫之谜”的解释

1. 需求逆转。H－O 模型假设条件（6）：两国需求偏好相同。但一国极端偏好密集地使用该国相对丰裕要素生产的商品。

美国的需求偏好强烈地偏向资本密集型产品，使得美国资本密集型产品相对价格偏高，失去贸易优势，相反劳动密集型产品价格偏低，具备出口优势，因此出现了美国进口资本密集品、出口劳动密集品的情况，与 H－O 理论相悖。

2. 要素密集度逆转。H－O 模型假设条件（2）：商品 X 是劳动密集型产品，

Y是资本密集型产品，要素的相对价格对商品的要素密集度没有影响。但要素密集度逆转，即商品在不同的要素价格下具有不同的要素密集度性质。

商品在不同的要素相对价格下具有不同的要素密集度性质，即出现要素密集度逆转，因此无法判断进口品、出口品在美国是劳动密集型还是资本密集型。

3. 贸易政策。H－O模型假设条件：自由贸易。

美国对劳动密集型行业设置贸易保护，限制劳动密集型产品进口，鼓励劳动密集型产品出口，由此导致里昂惕夫之谜的出现。

4. 新要素论。H－O模型假设条件：两要素。在人力资本论里，人力资本独立于资本和劳动力，成为独立的生产要素。自然资源论里，自然资源（土地、矿藏、森林等）也是独立的生产要素，存在自然资源密集型产品。若考虑新要素密集型产品，里昂惕夫之谜可能不存在。

二、要素禀赋理论在服务贸易领域的演化

1985年，迪尔多夫成功地利用传统的H－O模型探讨了服务贸易的比较优势，指出服务贸易不存在贸易前价格和许多服务贸易涉及要素流动的特点，并不会影响到比较优势的解释力，而某些服务要素可以由国外提供的特性会使比较优势原则不成立。琼斯认为，导致这一矛盾的原因在于迪尔多夫隐含地假定两国管理者在两国生产中提供的服务质量存在差异。迪尔多夫的解释是两国工资差异没有完全体现技术差异，由此迪尔多夫对标准H－O模型中的个别要素做了改变，通过运用比较优势理论分析当“服务”与“管理”要素在不同国家是管理密集型产品的贸易，成功地解释了国际服务贸易。1985年，桑普斯和斯内普利用服务交易矩阵为工具，说明除了服务提供者和服务消费者都不移动的交易外，其他服务贸易在以H－O模型解释时，需要放弃生产要素在两国间不能流动的假设。1988年，塔克和森德伯格提出，国际贸易理论、厂商理论和消费者理论均适用于对服务贸易的分析，但存在许多局限性，诸如：当可贸易服务的生产函数与主要的要素投入相结合时，国际贸易将依赖于需求而不是生产成本；许多服务通常是作为中间投入出现在贸易与非贸易品的生产过程中，因而在生产中会出现服务生产函数和使用服务投入的商品生产函数两个阶段的函数等。他们认为，由于存在上述缺陷，传统的比较优势理论不能圆满地解释服务贸易，但是通过分析与服务贸易相关的市场结构和需求特征，可以适当地解释服务贸易比较优势。此后的研究中，比较有代表性的当数伯格斯模型了。1990年，伯格斯将服务和技术差异因素引入传统模型用于分析国际服务贸易，

以主流贸易理论中的H－O－S模型为基础，进行了简单的修正，得到诠释服务贸易的一般模型。此外，萨格瑞也将技术差异因素引入H－O－S模型进行扩展，分析了国际金融服务贸易。克莱维、巴格瓦蒂等人通过两要素一般均衡模型解释服务价格的国际差异，以分析服务贸易发生的基础，认为各国要素禀赋不同导致的服务价格差异可能是服务贸易产生的坚实基础之一。

基于要素禀赋理论的服务贸易理论研究最为丰富，学者们从各自角度对要素禀赋理论进行修正和扩展，借以解释服务贸易的基础和动因，比较有影响的模型包括：伯格斯模型、萨格瑞模型。

（一）伯格斯模型

1990年，伯格斯（David. F. Burgess）对标准的H－O模型做简单的修正，探讨了服务贸易、服务技术出口问题。该模型说明了服务提供者的服务技术差异如何形成比较优势从而决定服务贸易格局。他认为，对标准的H－O模型做简单的修正，就能得到适用于描述服务贸易的一般模型。

模型的基本假定：市场完全竞争；规模报酬不变；用资本K和劳动力L，两种要素生产两种产品和一种服务；服务部门的产出作为中间投入参与最终产品的生产，且服务部门使用的要素可用于产品生产部门。这样该经济的技术结构形式可描述为三个单位成本等于价格的方程：

$$C^1(w,r,p_s)=p_1 \quad \text{公式(2-6)}$$

$$C^2(w,r,p_s)=p_2 \quad \text{公式(2-7)}$$

$$C^3(w,r)=p_s \quad \text{公式(2-8)}$$

其中，C^i表示生产一单位商品i的最小成本，w和r分别表示工资和租金，p_i（$i=1,2$）是两种可贸易商品的价格，p_s是服务价格。将式（2－8）代入式（2－6）和式（2－7），得到使用两种最初投入生产两种最终产出的简单模型。因该模型与标准的H－O模型相同，故可认为，传统的H－O模型在一定程度上可以解释服务贸易。应当指出，服务部门的产出应作为中间投入参与最终产品的生产，而服务部门使用的全部要素同样可以用于产品生产部门。劳动与资本要素市场的均衡条件（根据谢法德引理：使用单位成本函数相对于要素价格的一阶偏导数，可得到使每单位成本最小的要素需求）为：

$$Q_1C_w^1+Q_2C_w^2+Q_sC_w^3=L \quad \text{公式(2-9)}$$

$$Q_1C_r^1+Q_2C_r^2+Q_sC_r^3=K \quad \text{公式(2-10)}$$

其中，$Q_i(i=1,2,s)$表示两种生产部门和一个服务部门的产出水平。

如果技术和政策壁垒阻碍国际服务贸易，服务的供给必须等于部门需求的总和，即：

$$Q_1C_{ps}^1+Q_2C_{ps}^2=Q_s \quad \text{公式(2-11)}$$

如果一国经济并没有集中生产一种产品，则式(2-6)、式(2-7)、式(2-8)可单独决定相对于世界市场贸易品价格中任何组合的竞争要素价格和国内服务价格。商品价格决定要素价格，同时决定各部门对每种要素和服务单位成本的最低需求(除产出外，其他已知)。式(2-9)、式(2-10)、式(2-11)构成一个含有三个未知数的三个线性方程的方程组，从中可解出唯一一组作为要素禀赋函数的部门产出。如是经济保持分散化，则要素存量的任何变化只会导致部门产出的变化，而不会影响要素价格和国内服务价格的变化。并且，如果技术相同的两国商品可自由贸易(服务不可贸易)，即使无一种要素能在国际上流动，两国的要素价格和国内服务价格的差异也会缩小。如果没有运输成本的话，这种价格差异则会完全消失。因此，在服务存在于消费者的效用函数而不是存在于厂商的生产函数内的情况下，商品贸易壁垒的减少，将降低市场参与者从事服务贸易的欲望。

按照伯格斯模型，一个厂商选择合约经营还是选择自身进行服务，取决于服务的市场价格与要素价格孰高孰低。若前者较高，生产厂商就较少依赖服务部门，但用于服务的支出将因要素间替代程度的不同而升降。如果技术或政策壁垒阻碍服务贸易，那么提供服务的技术差别将成为一国商品比较优势的重要决定因素。当然，对此做完整的分析存在困难，但考虑到作为各部门中间投入的服务需求，若两个部门的要素密集程度与两种产品的要素密集程度相反，且各国只在服务技术上存在差别，那么，具有服务技术优势的国家将获得相对昂贵的服务而不是相对低廉的服务。服务技术优势反映在较高的要素报酬上，这种较高投入成本的损失可能超过技术优势带来的收益，即使服务在技术先进国相对低廉，但它们也可能不会给相对密集使用服务的部门带来比较优势。

事实上，较低廉的服务意味着服务密集部门相对于其他部门而言将会扩张规模，同时意味着那些大量使用服务部门中密集使用的要素的部门也将扩大规模。当然，这两种部门的扩张不尽相同。比如，如果服务部门只使用劳动一种要素，而技术符合里昂惕夫条件，即投入-产出系数不受投入价格的影响，那么无论哪种产品密集使用服务，服务部门的中性技术进步都将导致劳动密集型产品的增加和资本密集型产品的减少。如果技术符合柯布-道格拉斯函数，即各部门的要素分配与投入价格无关,则相对其他部门的产品,密集使用服务部门的产品将会增加。

据此,伯格斯认为,即使服务部门的产品不可贸易,服务技术的国际扩散也会对收入分配和贸易条件产生影响。这一结论导致一个问题,即一国通过许可证贸易或免费向外国转让其具有优势的服务技术是否会削弱其竞争优势?如果服务技术优势是服务贸易比较优势的唯一来源,或服务技术优势是加强其他决定服务贸易比较优势的因素,那么答案将是肯定的。相反,如果一国服务技术优势是抵消了其他更重要的比较优势的决定因素,那么,即使该国无偿转让技术,也可以通过这种转让改善贸易条件而获得某些收益。

如果具有服务技术优势的国家同时也是资本丰富的国家,且资本丰富就可提高资本密集型产品的比较优势,这样,如果服务部门密集使用劳动,且服务被密集使用于劳动密集型产品的生产中,那么服务技术优势将增强劳动密集型产品的比较优势。如果相对要素存量差别是比较优势和服务贸易的决定因素,且服务技术优势可无偿转让给外国,那么,外国劳动密集型产品的生产将会增加,资本密集型产品的生产将会减少,服务技术出口国的贸易条件将会得到改善。因此,服务技术的出口未必会损害服务出口国的比较优势。相反,由于服务是作为中间产品参与国际贸易,服务贸易自由化可能会损害服务进口国的利益。

(二)萨格瑞模型

1989年萨格瑞(Silvia B. Sagari)将技术差异引入H－O－S模型,并做适当修正后分析国际金融服务贸易比较优势来源。根据传统的H－O－S模型,在要素价格均等化、各国投入产出模型相同的条件下,要素禀赋与贸易的关系可表达为如下公式:

$$T_j = A^{-1}(E_j - EW_j) \qquad \text{公式(2-12)}$$

式中:T_j 代表 j 国商品净出口的 $n \times 1$ 个向量;A 代表 $n \times n$ 投入矩阵;E_j 代表 j 国要素禀赋的 $n \times 1$ 个向量;$E = \sum E_j$;$W_j = (Y_j - B_j)Y$,Y_j 代表 j 国的GNP,B_j 代表 j 国的商品贸易差额,$Y = \sum Y_j$。

假定存在国际服务贸易,将公式(2-12)式中的 T_j 和 B_j 分别调整为:T_j 表示 j 国商品和服务净出口的 $n \times 1$ 个向量,B_j 表示 j 国商品和服务的国际收支。这样公式(2-12)就变为:

$$T_j = (A^{-1} - \frac{QW}{Y})E_j + \frac{B_jQ}{Y} \qquad \text{公式(2-13)}$$

式中：Q 表示世界商品和服务的生产数量，W 表示生产要素的世界价格。

上式(2-13)中右边第一项表示 j 国商品和服务贸易量的要素禀赋，假定 $N = A^{-1} - QW/Y$，则矩阵 N 既反映有关 A^{-1} 构成的生产函数，又反映与 QW/Y 相关的消费函数。第二项 B_jQ/Y 反映贸易收支平衡对贸易量的影响。若公式(2-13)引入国际金融服务贸易，则该式可表示为：

$$TF_j = \sum_n b_n E_{nj} + b_{n+1} B_j \quad \text{公式(2-14)}$$

其中：b_n 是对应于金融服务的矩阵 N 的第 n 列，b_{n+1} 等于世界产出与世界收入的比率。

要素价格均等化条件下，b_n 在不同国家之间相等，但 b_{n+1} 却不相等。尽管由公式(2-14)式可知一国商品与服务贸易收支状况与出口量有关，但在传统的 H-O 理论中是假设贸易均衡的，即 $B_j = 0$，故省略了该变量。

萨格瑞认为，国家之间的技术差异不仅存在，而且技术转移日益成为服务贸易的主要内容。如果放松国家之间技术相近的假设，那么，可以认为技术差异将导致所有投入要素成比例的节约。为简便起见，只建立 2×2×2 模型，且消费、产出和贸易的关系为：

$$T_j = Q_j - C_j \quad (j = 1, 2) \quad \text{公式(2-15)}$$

如果存在里昂惕夫生产技术和技术差异，那么，对任何工资－租金比率，每种产品 K/L 比率在不同国家均保持不变，并且一个国家每种产品的投入产出系数是另外一国同类产品的投入产出系数的倍数，即：

$$A_2(j) = DA_1(j) \quad \text{公式(2-16)}$$

其中，$A(j)$ 为 2×2 要素投入矩阵，两国的净贸易量分别为：

$$T_1 = A^{-1}E_1 - [A^{-1}(1)E_1 + D^{-1}A^{-1}(1)E_2]W_1 \quad \text{公式(2-17)}$$

$$T_2 = D^{-1}A^{-1}E_2 - [A^{-1}(1)E_1 + D^{-1}A^{-1}(1)E_2]W_2 \quad \text{公式(2-18)}$$

国家 2 的资源禀赋可以调整到国家间只存在一种投入产出矩阵状态，即表明可以通过与国家 1 的比较来表示国家 2 的单位资源要素。在世界范围内，$A(j) = A(j)D(j)\ (j = 1, 2, \cdots, n)$，$D(j)$ 是与国家 1 比较，国家 j 技术差异的对角线矩阵；$D(1)$ 是单一矩阵，使 $A = A(1)$，国家 j 的净出口量为：

$$T_j = D^{-1}(j)A^{-1}E_j - [\sum_1^j D^{-1}(j)A^{-1}E_j]W_j \quad \text{公式(2-19)}$$

上式(2-19)右边第一项是 j 国商品和服务的生产，第二项是该国商品和服务的消费。如果假设：

$$M = 1 - [\sum_j D^{-1}(j)A^{-1}E_j]\frac{P}{Y} \quad \text{公式(2-20)}$$

这里 P 表示商品和服务的世界价格。这样公式(2－19)式可改写为：

$$T = MD^{-1}(j)A^{-1}E_j = \frac{B_j}{Y}\sum_1^j D^{-1}(j)A^{-1}E_j \quad \text{公式(2-21)}$$

与传统的 H－O 模型公式(2－12)相比可知，在公式(2－21)中，第一项同样反映 j 国资源禀赋对贸易量的影响，第二项则反映国际收支不平衡的作用。

由上可以推出，如果用 j 国的第 n 个变量表示该国在金融服务领域的净贸易量，则有：

$$\begin{aligned} TF_j &= m_{h1}[V_{11}(E_{1j}/d_{11(j)}) + \cdots + V_{1n}(E_{nj}/d_{11(j)})] + \cdots \\ &+ m_{hn}[V_{n1}(E_{1j}/d_{nn(j)}) + \cdots + V_{nn}(E_{nj}/d_{nn(j)})] + B_j/y \end{aligned} \quad \text{公式(2-22)}$$

其中：m_{hi} 和 V_{ni} 分别为矩阵 m 和 A^{-1} 的 n 列的第 i 个要素。

假定国家 1 是技术最先进国家，$d_{ii(j)}$ 表示 j 国技术差异矩阵的第 i 个对角线量，并等于 j 国生产商品或服务 i 的投入－产出要素量与技术最发达国家同类生产要素和同种商品或服务的投入－产出系数之比。实证分析中，可近似地用 R&D 支出与 GNP 比率的函数形式来表示一国的技术发展水平。然而，事实上难以获取各国不同部门的这一比率，因此需要增加约束条件，即假定各部门的技术差异是稳定的。令 $d_{ii(j)} = d_j (i = l, 2, \cdots, n)$，则公式(2－22)可改写成：

$$TF_j = \sum_1^n G_n[E_{nj}/d_j] + G_{n+1}B_j \quad \text{公式(2-23)}$$

式中：$G_n = \sum_1^i m_{hi}V_{in}$，$G_{n+1} = Q/Y$。

将公式(2－23)与传统的 H－O 模型公式(2－13)进行比较，可以发现两者极为相似，区别仅在于前者中的资源禀赋量需要根据各国技术发展阶段做适当调整。这一必要的调整反映了与技术最先进国相比，j 国单位资源的要素禀赋状况。公式(2－23)中的资源禀赋变量的系数之所以比公式(2－13)复杂，是因为将技术差异因素考虑在内了。

总之，萨格瑞将技术差异因素纳入 H－O－S 理论框架之中来分析国际金融服务贸易，在一定程度上克服了该理论假定技术要素无差别且相对不变所带来的局限性，使修正后的模型更加符合国际服务贸易的基本特征。另外，萨格瑞用最小二乘法分析了 1977 年世界 44 个国家的相关数据，进一步证明了技术差异和熟练劳动是各国金融服务贸易比较优势的来源这一命题。对发展中国家怎样才能增强国内服务业的优势和提高国际服务贸易的竞争力具有重要的理论指导意义。

第三节　新贸易理论与国际服务贸易

国际贸易格局的变化,尤其是发达国家产业内贸易的迅速发展,使得传统贸易理论受到质疑。因为新的贸易倾向既不能用资源禀赋来解释,也不遵循完全竞争和规模收益不变的假设。全球贸易 2/3 以上发生在要素禀赋相似的发达国家之间,产业内贸易在国际贸易中占据了很大的比重,而且,大量的产业内贸易是垄断竞争下的寡头厂商产品差异之间的交换。20 世纪 70 年代末,以美国经济学家保罗·克鲁格曼(Paul Krugman)为代表的学者指出,国家之间即使没有比较成本的差异,规模经济和不完全竞争相联系的国际产品差异也会引发工业国之间和相同产业之间的贸易,这种状况在国际服务贸易领域尤为明显。他们在以往研究的基础上,创建了一系列建立在不完全竞争市场结构中的贸易模型,称之为新贸易理论,以区别于以比较优势理论为核心的传统贸易理论。关于规模经济和不完全竞争条件下的国际服务贸易的代表性理论有琼斯和凯茨考斯基的生产区段和服务链理论(Production Blocks and Service Links)、马库森理论和弗兰科斯理论。

一、生产区段和服务链理论

科技进步使服务生产成本趋于下降,服务价格变得越来越低廉,这一变化导致了服务生产的分散化、迂回性。将生产过程分散在不同的地点,增加了生产方式组合,从而导致对服务链更为强烈的需求。琼斯和凯茨考斯基为此提出生产区段和服务链理论,来探讨规模经济条件下服务贸易的作用。他们认为生产规模的扩大受到来自国内和国外需求增长的驱动,进而提高了生产分散化水平,服务贸易或者是服务链正是起到促进生产区段国内外分散化的作用。该理论对企业产出水平的提高、收益的增加和要素分工的益处,以及如何促使企业通过服务链连接各个分散生产区段的新型生产方式进行了研究,认为一系列协调、管理、运输和金融服务组成服务链,当生产过程逐渐分散到由不同国家的生产区段合作生产时,对国际服务链的需求就会明显上升,从而导致国际服务贸易。

(一)生产过程的分散化

图 2-1 描述了生产过程的分散化过程,表示单一生产区段,服务投入的影

响在这一阶段并不明显，仅仅参与生产区段的内部协调和连接厂商和消费者的营销活动。若假设某厂商位于生产区段内的技术隐含着规模报酬递增效应，则在图2－2中，线 a' 表示总成本随生产规模的扩大而上升，其斜率为边际成本，截距 Oa 表示厂商和其他与生产区段有关的固定成本。

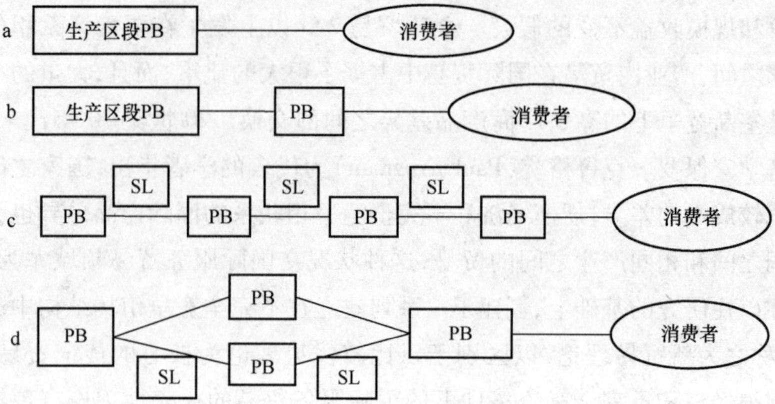

图2－1　生产过程的分散化

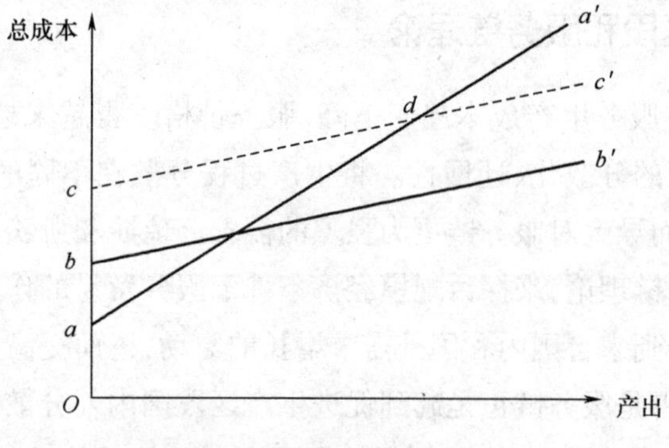

图2－2　总成本和产出

随着生产扩张，社会分工与专业化程度愈益加深，从而加速了生产区段的分离，图2－2就反映这一情况。假定生产分散化改变了固定成本和变动成本之间的比例，而且在生产区段之间增加投入大量固定成本可以导致较低的边际成本，这就是图2－2中的 bb' 线反映的情形。在该阶段中，服务业起到了重要作用。图2－1b中的两个生产区段需要通过服务来协调和联结，这种协调和联结必然需要成本，比如运输服务成本。由于生产区段的分散导致总成本中增加了联结生产区段的服务链成本，故新的成本 - 产出线应为虚线 cc'。在图2-2中这些服务成本与生产规模基本无关，因为线 cc' 与线 bb' 平行。即使服务链成本随着生产水平的上升而增大，也只需将线 cc' 画得比线 bb' 稍陡一些即可。但是，含有服务链的边际成本应低于相对集中生产（线 aa'）的边际成本，否则，厂商将不愿意采用分散生产的方式。

如果生产区段与服务链重复图 2-2 的过程，生产区段与服务链数量将不断增加，最终演变成图 2-3 所描述的情形。

事实上，工业的发展使劳动分工和专业化不断加深，从而导致分散度的提高和生产者服务贸易的增加。图 2-1c 表示前一生产区段的产品可能作为下一生产区段的生产原料；图 2-1d 则显示了一种新组合，即各个生产区段的同时运行，每一生产区段的产品在最后的一个生产区段组装成最终产品。图 2-3 描述了上述分散化过程。

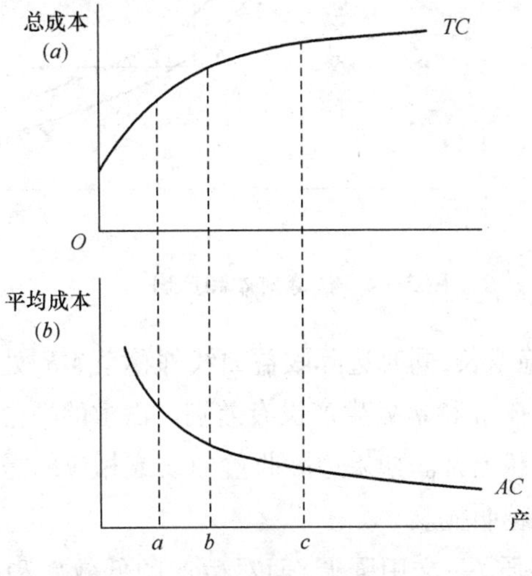

图 2-3　分散后的平均成本与产出

对于任何分散水平，生产区段内固定成本和边际成本的结合，即各生产区段通过各服务链对较大固定成本的联结，使得平均成本随着产量的增加而降低。而且，当一项新的分散技术导致更高的分散水平时，平均成本下降的速度将会更快。

图 2-4 说明随着生产的扩大，边际成本与产量的这种关系刺激厂商采用更分散的生产技术。若假定生产仍停留在由单一厂商完成的生产区段，且市场

需求弹性小于无穷大,则厂商将增加生产直至 $MC = MR$。然而,一条既定的边际收益曲线可能与边际成本曲线相交于多个不同的点。如果需求增长足以使边际收益曲线移到 MR_1 处,位于 b 点的边际收益等于边际成本,但 b 点仅是局部利润最小点,因为增加或减少某个微小产量都将增加利润。a 和 c 点更具竞争力。a 点处的利润显然大于 c 点。这就是说,若产量从 a 点移到 c 点,那么较低水平的分散生产技术,将导致边际成本超过边际收益的边际损失;但如果一旦采用更为分散的生产技术,从 b 点向 c 点方向的任何微小延伸,都将是边际成本低于边际收益。

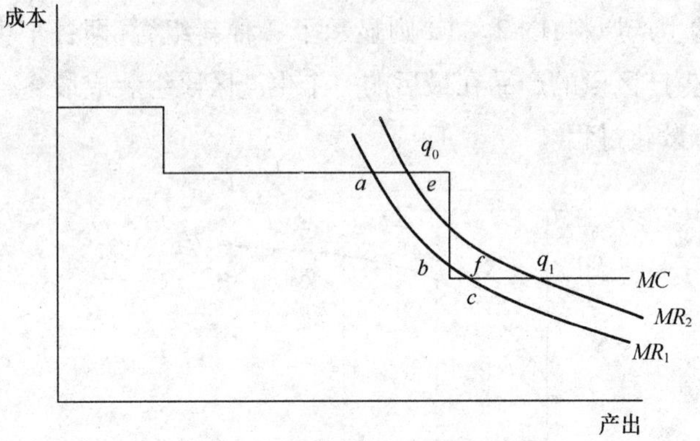

图 2－4　边际成本和产出

如果需求持续平稳增长,同时边际收益曲线外移至 MR_2 处,e 部分与 f 部分的面积恰好相等,厂商在 q_0 和 q_1 处生产没有差别。需求的平稳增加导致生产更为分散,使产量呈阶梯状上升。如果边际收益曲线或相应的需求曲线越富有弹性,则产量的阶梯状就越明显。

科斯在《企业的性质》一文中强调,面对生产的低效率和市场交易的高成本,厂商可能会更愿意实行内部化经营或贸易。然而,生产过程复杂程度的提高使垂直专业化和新厂商的出现成为可能,这时,每个独立的新厂商可能代表一个新的生产区段和服务链,位于生产链中最下游的生产最终产品的厂商,可能完全依赖市场来提供所需的中间产品或服务。如果不止一个部门或一个部门内生产不同产品的厂商能够利用各个生产区段和服务链,那么,子公司抽资脱离母公司的可能性就会大大增加。电信服务部门存在着固定成本高昂的自然垄断限制,新厂商需要在使用市场服务所带来的成本与直接投资该服务部门的成本之间进行权衡。许多新厂商往往选择前一种策略,即依靠市场获取电信服务。

（二）国际贸易中的服务链

假如世界市场上交易的都是最终产品而非中间产品和服务，国内生产的商品集中反映其比较优势，人们重视规模报酬递增导致的集中化生产，那么，与闭关自守状态相比，允许最终产品自由贸易带来的专业化分工能够增加贸易国的福利。同时，生产过程数量的减少使得剩下的生产过程可以更大限度地分散生产。如果一国在某种商品上具有总体比较优势，但并非国内每个生产区段和服务链的成本都比较低，那么，为了追求效率，厂商将在国内和国外分散生产。世界汽车工业的发展就是一个好的例子，推动了汽车零部件的国际贸易。

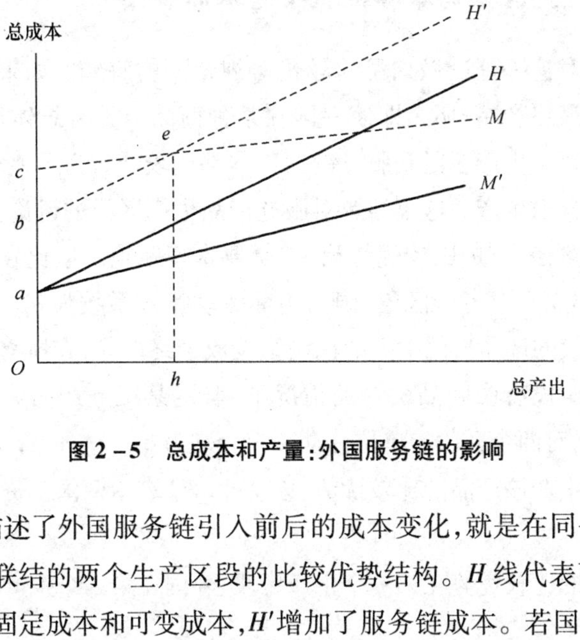

图 2－5　总成本和产量：外国服务链的影响

图 2－5 描述了外国服务链引入前后的成本变化，就是在同一分散水平上有一条服务链联结的两个生产区段的比较优势结构。H 线代表两个生产区段均在国内时的固定成本和可变成本，H'增加了服务链成本。若国内和国外各有一个生产区段成本较低，则在国内和国外组合生产之后的成本由 M 表示。假定固定成本仍与 H 相同，但联结国内和国外生产区段的服务链成本大于两个区段均在国内时的成本，即 $ca > ba$，那么，用于联结跨国生产区段的服务链成本将会把最优成本－产出曲线 beH'（即 H'线）折成 beM。也就是说，当产量大于 h 时，可以采用国内和国外相互结合的分散方式进行生产。

在上述模型中，生产区段位于不同地点，服务链可由一国以上的服务提供者提供。图 2－5 是假定国内外生产区段的固定成本相同，实际上也可以不同，如果国外生产区段拥有成本优势,那么,它不仅体现在可变成本上,也应该体现在固定成本上。另外一个假定是联结跨国生产区段的服务链成本大于联结国内生产区段成本,这也有例外的情况。

以电信、运输和金融服务业为代表的现代服务技术的进步,已经很大程度地降低了国际服务链的相对成本,使得跨国生产所需的规模变得越来越小,即图2-5中的 h 点逐渐左移,或者说,服务成本的降低使图2-2中的 cc' 线下移,拐点 d 也随之沿着 aa' 线向左下方向移动,这样就极大地刺激了各生产区段跨国生产的积极性。在各厂商积极利用国际服务链进行高效率分散生产的过程中,国际服务贸易,特别是生产性服务贸易就获得了大幅度增长。这一理论也揭示了在国际服务贸易中生产者服务贸易比重持续上升的根本原因。

(三)对生产区段和服务链理论的不同解释

1. 李嘉图对这一理论做出了比较优势视角下的解释。如果假定世界市场上交换的都是最终产品,那么即使一国在某种商品上具有总体比较优势,也可能并非在国内每个生产区段和服务链的成本都比较低。为了追求效率,企业将在国内和国际分散生产。这里涉及对服务产品生产区段的讨论。在此,可以遵循两种不同的路径:一是比较优势论,二是要素禀赋论。以比较优势理论为基础,假定本国建立两个生产区段,国内边际劳动投入系数为 a_{L1},国外投入系数为 a_{L2},两个区段的产品按照1:1的比例组装成最终产品,在所有环节中生产的固定成本相同。没有中间品贸易的情况下,假定某服务产品需要两个生产区段,本国和外国对两个区段的单位劳动需求分别为 a_{L1}、a_{L2}、$a_{L1}{}^*$、$a_{L2}{}^*$,本国在固定成本上拥有生产该产品的比较优势,以 W 和 W^* 表示两国工资率,

$$(a_{L1}{}^* + a_{L2}{}^*)/(a_{L1} + a_{L2}) > W/W* \qquad 公式(2-24)$$

如果本国的比较优势在第一个生产区段、外国在第二个生产区段,式2-24可以写做:

$$a_{L1}{}^*/a_{L1} > W/W^* > a_{L2}{}^*/a_{L2} \qquad 公式(2-25)$$

外国在第二个区段生产,将降低边际成本并因此获益。如果实施这种生产的合理配置,需要扩大生产规模,使得降低的可变成本小于利用国际服务链额外增加的成本。

2. 资源禀赋理论视角下的解释。李嘉图主要讨论不同国家、不同商品、不同生产区段相对劳动生产率之间变动的可能性,H-O模型则考虑生产过程中使用要素之间的差别(即不同生产区段的要素密集度不同),这里忽略了不同国

家的服务链要求不同比例要素的可能性,即假设服务链由世界市场中成本最低的服务提供者提供。例如,某种商品生产由两个阶段组成,前一阶段相对于后一阶段资本更加密集。不同国家的要素禀赋不同,假定外国劳动力相对充裕,且即使实行自由贸易,部分生产过程要素价格也会出现差异。如果形成国际服务链,那么,国外相对低廉的劳动和本国相对低廉的资本就构成了国际合作生产的基础。由于国际市场中存在不同的要素生产率,以及不同的要素价格和要素密集度,根据比较优势而在各生产区段之间进行的产业内服务贸易,将为那些随生产规模扩大而加大分散度的生产区段带来更多的收益。

上述分析仅从最终产品角度,即每个国家仅出口最终产品的一体化生产过程,以及既定产品可以分散到不同国家制造的生产过程角度,讨论国际贸易中服务链的作用。如果每个生产区段只从事一种最终产品的生产,每种最终产品只在一国完成生产,那么,根据比较优势原则,允许生产过程所需零件的自由贸易将因世界资源的重新配置而产生收益。然而,如果这种最终产品贸易反映一种相当大程度上的产业内贸易,或者如果生产区段主要用于支持完全不同的行业的生产,那么,这种收益的潜力将更大。

3. 规模经济理论视角下的解释。埃塞尔认为,贸易国规模报酬递增体现在使各种生产要素与总产出相联系的线性生产函数中,这些生产函数能够被描述为固定成本与可变成本的组合关系。琼斯等人在分析生产区段内规模报酬递增效应时就是采用这种思路。他们认为,生产规模的扩大受到来自国内外需求增长的驱动,从而导致生产分散水平提高。需要说明的是,琼斯等人利用生产区段与服务链理论阐述的服务规模经济理论与埃塞尔的结论大相径庭。在埃塞尔的模型中,厂商极力利用更为多样化的零件来扩大生产,因为其国际贸易规模报酬递增依赖于零件多样化程度,而前者模型出现的规模报酬递增依赖于产出规模和生产分散化水平。正如传统比较优势带来更高效率的资源配置那样,生产区段国际分散的潜力通过服务链的联结而成为现实,由此在一定程度的离散和分工水平上获取收益。总之,在琼斯等人的模型中,服务贸易或服务链在贸易中主要作用是促进生产区段在国内和国外的分散化,由此形成的服务贸易收益应归于规模经济范畴。

4. 产品生命周期理论视角下的解释。产品和人的生命一样,要经历形成、成长、成熟、衰退这样的周期。就产品而言,也就是要经历一个开发、引进、成长、成熟、衰退的阶段。弗农认为产品生命周期的早期阶段往往处于一国之内,以便于利用本国一系列潜在要素和技能,因为在此阶段人们难以确定哪些资源或技能在产品制造中不可或缺。一旦这些不确定性得到解决,生产技术得以规范、简化,并且与国外资源相结合能够产生比较优势,该产品的生产就有可能转移至国外。

弗农注意到生产过程在国际上的重新布局,服务技术传播与扩散的“生命周期”似乎与生产区段的分散化相联系,服务贸易规模经济或边际成本递减效应在宏观上影响着生产区段的国际分布,但没有考虑利用比较优势解释生产过程部分在国内、部分在国外的现象。琼斯等人的理论阐明,由服务链联结的独立生产区段的发展(即每个生产区段的国际分布)取决于国际相对要素价格和相对劳动生产率的变化,产品的产出规模确定整个生产区段的分散水平。在这一过程中,服务技术传播与扩散的“生命周期”似乎也与生产区段的分散化相联系,服务贸易规模经济或边际成本递减效应在宏观上影响生产区段的国际分布。

二、中间要素贸易模型

在埃塞尔研究的基础上,马库森发展出差异化中间要素贸易模型。在埃塞尔模型中,两个国家分别具有竞争性生产部门和需要使用中间要素或服务的生产部门,后者显示出规模报酬递增效应和生产互补性。结果表明,有两个原因使含有生产要素的贸易优于单纯的最终产品贸易:其一,由于价格与边际成本之间发生扭曲,当单纯的商品贸易不能确保帕累托改进时,允许生产要素自由贸易可使两国被扭曲部门的生产得以扩张,这一扩张已被作为当价格超过边际成本时贸易得益的充分条件。最终产品的自由贸易导致小国或技术落后国该生产部门的收缩,这一收缩是构成丧失贸易得益的充分条件。其二,从世界角度分析,允许要素自由贸易也优于单纯的最终产品自由贸易,其根据在于,在最终产品生产中国内外专业要素之间的互补性和自由贸易带来的更高水平的社会分工。

马库森根据服务部门的柯布－道格拉斯生产函数和熟练劳动力生产的不变替代弹性生产函数,得出结论:生产企业和任何特定专业化服务的生产规模报酬不变,而服务业及其所提供的服务总量则呈规模报酬递增。马库森认为,服务部门产出虽处于竞争均衡,但并不是帕累托最优状态,因为它没有将规模效应考虑在内。他指出,服务贸易同样存在“先入者优势”,报酬递增规律会使率先进入服务业的厂商以较低成本扩展规模,阻止后来者提供同样的服务,结果必然会降低后来者的福利水平。同理,这一现象也使小国生产规模报酬递增的趋势萎缩，并遭受福利损失。因此，马库森的政策主张是适当的补贴（包括生产补贴和政府提供的公共收入）可使福利最大化。

马库森提出，在一个有两种商品 X 和 Y 的模型中，包含作为 X 生产排他性投入的 n 个生产者服务 $S_i(i=l,2,\cdots,n)$。X 和 Y 都在规模报酬不变条件下生产和在完全竞争市场上销售，而生产者服务投入在规模报酬递增条件下生产和在垄断竞争市场上销售。假定两国在所有其他方面都相同，仅仅在绝对大小上存在差别，这时需要考虑两种情形：①X 和 Y 可贸易，而 S_i 不可贸易；②S_i 和 Y 可贸易，而 X 不可贸易。

现代国际贸易理论预言，若两国情况完全相同，它们在 X 和 Y 的贸易自由化中将不会获得任何利益。若两国大小存在差异，小国甚至可能在贸易中受损。这一结果可以通过比较封闭条件下的均衡与市场出清条件下自由贸易均衡而获得。可以认为，自由贸易条件下 X 的国内生产得以扩张并构成获得贸易利益的充分条件。然而，若小国国内 X 的价格 P 与边际转换率之间发生扭曲，造成相对于大国的成本劣势，情况将发生变化。

在第②种情形下，第一，由于允许两国共同承担与 S_i 的生产相联系的固定成本，它们都将从生产者服务中获益；第二，虽然 X 不能贸易，但由于有更多种类的 S_i 以比第①种情形更低的成本提供给每个国家，两国将因生产者服务贸易而使他们的生产可能性边界向外移动；第三，在一般情况下，两国都将从更加多样化的生产者服务中获益；第四，两国在第②种情形下通常都因得到较第①种情形更多样化的生产者服务而获益。

总之，规模报酬递增是资本密集型中间产品的生产和知识密集型生产者服务的生产的共性，而许多中间产品又呈现差异化或与国内要素互补的特征。在包含高度熟练劳动的生产者服务贸易中，相对于初始的固定成本，实际提供服务的边际成本很低，这是服务贸易具有的与 H－O 传统贸易不同的成本特征，而这一特征在相当大程度上导致了专业化程度的提高和国际分工的发展。所以，马库森的主要结论是，生产者服务贸易优于单纯的最终产品贸易，但其核心不是服务和商品的区别，而是中间投入品与最终产品的区别。

三、报酬递增模型

服务贸易自由化导致服务产品种类增多，生产规模扩大，使服务进口国向更专业化生产方向发展，服务出口国向专业化或非专业化生产方向发展，并使要素总收益相联系的制成品价格下降。马库森强调服务部门内部的专业化（内部积聚),弗兰科斯则强调服务在协调和联结各专业化生产过程中的作用(外部积聚)。他通过建立一个具有张伯伦垄断竞争特征的产品差异模型(一个部门、两个国家),讨论了生产者服务由于专业化而实现的报酬递增,以及生产者服务贸易对货物贸易的影响。

模型假设存在规模报酬递增效应,各厂商使用劳动力 L 生产不同种类的差异化产品 X。任意种类产品 x_j 的生产都具有报酬递增效应,且其中使用的不同生产技术 V 在生产过程中具有不同的专业化水平,$v(v=1,\cdots,n)$ 是专业化水平指数,也可视为生产被分成不同过程或阶段的数量。

$$x_j = \beta_v \prod_{i=1}^{v} D_{ij}^{\alpha_{iv}} \quad \text{公式(2-26)}$$

其中:$\beta_v = V^{\delta}, \delta > 1, \alpha_{iv} = \frac{1}{v}$。$D_{ij}$ 表示种类为 j 的产品生产过程中使用的劳动。在既定专业化水平上,劳动投入被均等地配置在所有生产活动中,生产 j 产品对劳动的需求为:

$$D_j = \sum_{i=1}^{v} D_{ij} = V^{1-\delta} x_j \quad \text{公式(2-27)}$$

厂商管理和协调服务活动的人员、工程师和其他技术人员所产生的间接成本为:

$$S_j = \gamma_0 v + \gamma_1 x_j \quad \text{公式(2-28)}$$

由此,总成本函数可表示为:

$$C(x_j) = V^{1-\delta} x_j + \gamma_0 v + \gamma_1 x_j \quad \text{公式(2-29)}$$

取 $v=0$ 时对上式的偏导数,求解 v 有:

$$V = \left\{\left(\frac{\delta - 1}{\gamma_0}\right) x_j\right\}^{\frac{1}{\delta}} \quad \text{公式(2-30)}$$

因此,专业化水平 x_j 的增函数,是间接成本函数 γ_0 的减函数。当生产规模扩张时,专业化水平提高,生产者服务的相对重要性也得到提升。生产者服务在市场扩张过程中起了重要作用,市场的扩张是以劳动分工的发展为特征的,厂商生产规模扩张促使他们将生产活动转移至更具特色的生产阶段。这种不断发展的劳动分工要求生产者服务活动中雇佣更多的劳动力,结果,间接劳动力比重上升。市场的扩张导致规模的扩张、专业化水平的提升、产品品种的增加和产品价格的下降,企业的报酬递增依赖于服务部门的扩张。

随着生产者服务贸易的自由化,进口国服务厂商转向更高级的生产方式,而服务出口国留存下来的厂商随着自由化也可能转向更加专业化的生产方式。

生产者服务贸易的自由化影响到最终产品的价格、规模和产品品种。

弗兰科斯的理论认为，服务业的专业化导致规模经济出现，专业化应用于生产过程的程度取决于每个厂商的生产规模，而生产规模又受到市场规模的限制。服务贸易自由化增加了服务产品的种类，扩大了生产规模，使服务进口国的专业化水平不断提高，服务出口国向专业化或非专业化生产方向发展，并使要素总收益相联系的制成品价格下降，随着本国厂商数量的减少、外国厂商数量的增加，最终存于市场的本国厂商的规模较贸易自由化前增大。

传统的商品贸易理论重点强调的是供给方的生产成本优势，服务贸易不仅取决于服务要素的生产成本，而且更强调需求因素所导致的成本增量或消费者选择性，如运输成本、信息成本、消费者收入及其偏好、系列服务质量（包括售后服务和购买环境）、信贷条件、保险要求等。正因如此，传统的商品贸易理论不能确切地应用于服务贸易领域，但其基本观点是可以借鉴的，近代和现代的国际贸易理论更适合解释国际服务贸易问题。

对于国际服务贸易问题，不仅要从要素禀赋角度，还要从服务贸易的流向、相关的市场结构，以及需求特征角度来进行探讨。上文中所提到的诸多模型，并不是相互独立的，而是彼此互相补充，各自从不同的角度探讨了服务贸易的起因、格局及影响等。由以上模型中，我们认为国际服务贸易是存在比较优势的，并具有如下特点：

第一，这种优势比较短暂，是动态的。

第二，这种优势主要不是来源于自然资源禀赋，而是更多地来源于劳动力、科学技术水平和体制以及经济社会发展水平。这种优势一旦在两个国家之间形成差距，这个差距就容易被扩大，而不太容易被缩小，容易形成马太效应。

第三，服务贸易结果的效益计算和货物贸易不完全一样。货物贸易的效益基本上可以直接计算出来，而服务贸易的效益，有的和货物贸易相似可以直接计算，但有的服务贸易的效益主要体现在间接效益，很难计算出来，现在许多服务贸易的效益主要体现在间接效益方面。

第四，一国政府的政策在服务贸易中至关重要。随着知识经济的到来，以产品为基础的竞争正向以服务为基础的竞争转变，服务业在维护一国经济和政治利益方面处于重要的战略地位，服务贸易成为国际化大生产的必要条件和国际经济生活的一个重要方面。服务贸易不仅已成为国际贸易越来越重要的领域，而且也成为一国国际竞争力强弱的一项标准，一国服务业和服务贸易的发展水平，对该国在国际经济中的参与度和国际竞争力有着重大的影响。

案例分析

印度软件产业的服务出口

印度作为一个文盲率很高、相对贫穷的国家,人们很难想象它有能力建立起像电脑软件这样的高技术主体产业。然而经过30年发展,印度软件产业从不引人注意到成为全球软件行业的一支重要力量,使所有怀疑者深感震惊。2013年底,印度全国软件和服务业公司协会发布了行业发展报告,预计2013财年(2013年4月1日至2014年3月31日)的总收入将达到1 080亿美元,其中出口达758亿美元,增长10.2%。直接就业达300万人,间接就业达950万人。印度的软件占全球软件外包市场的52%。许多外国软件公司正加大在印度投资软件开发经营,包括微软、IBM、甲骨文(Oracle)等美国著名的软件公司。

印度软件产业的增长一直依靠外国客户的合同或基础科研项目。例如,许多印度公司坚持适应客户的需要,将编码或者软件从一个平台转移到另一个平台。渐渐地,印度公司也专门为外国客户设计重要的开发项目。例如,印度最大的软件公司TCS与厄恩斯特－扬(Ernst&Young)结成联盟,按协议TCS将为厄恩斯特－扬开发和维修其全球客户定制的软件。TCS与微软也结成开发联盟,根据微软的WindowsNT操作系统和SQL服务器数据库技术,为印度股票市场开发一个无纸化的全国股票储存系统。

作为承接国际服务外包业务最早的国家之一,印度发展服务外包之所以能够取得成功,关键在于以下方面:

一、合理的业务选择

在印度国内,长期以来软件服务市场属于买方市场,严重供过于求。一方面,由于政府政策的鼓励,软件研发迅速发展。另一方面,印度国内基础设施薄弱。2000年,印度全国只有124万台个人电脑,人均拥有量居世界最低国家之列;每千人电话线拥有量只有8条,远远低于发达国家,甚至低于发展中国家的平均水平。因此,国内难以消化的软件供给,只能寻求国外市场。而此时的美国经济出现强势增长,需要大量的软件供给,部分企业开始将非核心的软件研发业务外包出去,以降低成本、提高核心竞争力。印度软件业正是把握住了这一机遇，大力发展对美国的软件外包。以软件外包为切入点，印度国内软件业供过于求的压力找到了释放的途径，从而形成了“研发促成软件外包、软件外包带动研发”的良性循环。

二、准确的市场定位

准确定位承接服务外包市场是印度服务外包得以迅速发展的关键因素。实践证明，印度做出了正确的选择：以与本国有密切联系的美国作为承接对象。这种联系一方面表现在，印度文化深受英语国家的影响，在文化上与美国有“认同感”；另一方面，印度的许多软件开发人员都有在美国研发的经历，了解美国IT技术发展的状况以及外包的技术取向，很多外包业务甚至都是“将在美国的工作带回到印度来做”而形成的。

三、完备的政策体系

印度政府为服务外包的迅速发展提供了良好的政策环境。从20世纪80年代中期，到“十五”计划（2002～2007年）明确将IT产业发展作为战略重点，印度政府扶持计算机和软件产业的发展，先后制定了多项支持鼓励政策。1991年6月，印度在班加罗尔创建了全国首个计算机软件技术园区，其后又在马德拉斯、海得拉巴、孟买、加尔各答等地建立了18个具有国际先进水平的软件技术园区，并对园区的企业实行各种优惠政策，对软件和服务公司的银行贷款实施“优先权”等。1998年，印度政府设立风险投资基金，用于支持中小企业发展。同时，为了保护知识产权、保护企业和消费者的信息安全、为信息服务纠纷解决提供法律规范，印度也在不断地完善相关法律。为了保证软件公司的规范运作，印度国家软件和服务公司协会还规定，凡拥有10名员工以上的软件公司必须实行ISO9001标准认证。

四、丰富的人才储备

20世纪80年代中期提出“要用教育和电子革命把印度带入21世纪”口号以后，在印度逐渐形成了“全民学软件”的风尚，培养了一大批被世界誉为“一高一低”型的“软件蓝领”。“一高”是专业素质高，“一低”是工资诉求低。以APTECH公司的培养模式为代表，目前印度已经形成了印度理工学院居于顶端、各大学居中、国家信息技术学院居于底层的金字塔式的人才培养体系，这一完整的体系每年为印度培养约1.78万软件设计人员。在软件教育中，印度还十分重视软件研发的标准化建设。印度软件企业的质量管理及认证除了采用国际通用的ISO质量认证体系外，还采用目前世界软件业公认的权威性认证体系——美国梅隆·卡耐基大学软件工程设计院研发的软件能力成熟度模型

CMM 等级认证体系。目前，印度已有上百家软件企业获得了该体系最高的CMM5 级认证证书。CMM 认证体系目前已成为行业公认的选择外包合作者的“指标体系”，通过 CMM 体系等标准化建设促进了印度软件开发的国际化，使印度的软件服务外包竞争力得以大幅度提高。因此，系统规范的教育为印度软件外包的发展储备了丰富的、标准化的软件开发人才。

思考题

如何评价印度软件产业服务出口的成功，以及对我国服务贸易的启示？

课后练习题

1. 有关比较优势理论是否适用于服务贸易分析的三种基本观点的基础是什么？为什么会发生这样的争论？

2. 迪尔多夫模型、伯格斯模型之间有何异同？

3. 服务贸易比较优势的来源与货物贸易相比有何区别？

4. 试从规模经济、不完全竞争的微观经济学基础出发，讨论国际贸易，特别是服务贸易规模经济与不完全竞争的代表模型，从中归纳出一般理论观点。

5. 论述我国服务贸易发展的潜在问题和现实机遇？

第三章　国际服务贸易政策

学习目标和要求

1. 国际服务贸易政策概述。
2. 贸易保护政策与自由贸易政策的理论基础。
4. 国际服务贸易壁垒的种类。
5. 衡量国际服务贸易壁垒的方法。

引导案例

2003 年 10 月澳大利亚教育、科学与培训部发表了《通过教育相约世界——关于澳大利亚教育与培训国际化的部长声明》,勾画了澳大利亚政府未来数十年的国际教育政策框架及原则。新西兰教育部在 2001 年 8 月也发表了《新西兰教育服务出口——发展教育的一项战略》,对新西兰的教育服务出口状况进行了评估,并提出了一系列的战略设想。目前在澳大利亚的所有海外学生中,中国学生的人数占第一位,截至2010 年5 月,共有7.5 万名中国学生在澳就读。所有英语国家中,在澳大利亚留学的海外学生人数位居第三。作为澳大利亚第三大出口服务产业,教育服务业每年给澳大利亚带来150 多亿澳元的收入。新西兰也是教育服务贸易发展最快的国家之一,据新西兰教育部部长马拉德(Hon Trevor Mallard)介绍,2010 年新西兰的教育出口业为新西兰 GDP 贡献了 70 亿新币,超过了新西兰酒业产值。

怎样看待澳大利亚和新西兰两国政府在教育服务贸易发展中的作用?

第一节　国际服务贸易政策概述

一、国际服务贸易政策的演变

（一）第二次世界大战前的世界服务贸易政策

国际服务贸易在早期规模比较小，项目单一，在服务贸易收入总额中，运输服务和侨汇等相关的银行服务就占70%以上。像电信、计算机软件，甚至是信息高速公路、多媒体技术、知识产权类服务及其他与现代生活相关的新兴服务贸易内容，部分是在第二次世界大战后才出现的，有些是在20世纪80年代末到90年代初刚刚兴起的。在贸易政策上，由于早期的服务贸易限制较少，并且主要由几个工业发达国家操控着当时的世界政治经济体系，因此，在全球范围内基本采取服务贸易自由化政策。

（二）第二次世界大战后世界服务贸易政策特点

第二次世界大战结束后的一段时期里，服务贸易进入了有组织的商业化发展阶段，这一阶段也正是主要资本主义国家工业化过程的重要时期，为促进工业化的发展，这些国家对服务的进口几乎都采取了非常积极的态度，美国作为资金、技术的重要输出国，在这一时期获取了巨额的服务收入。总的来说，发达国家设置的服务贸易壁垒较少，由于意识形态上的对立以及对国内经济的保护，发展中国家设置了较多的贸易壁垒限制境外服务的输入。

（三）20世纪70年代后世界服务贸易政策特点

20世纪60年代以后，尤其是70年代以来，随着世界各国医治战争创伤的结束，经济迅速发展，主要资本主义国家相继完成了工业化的初级发展，向着更高级的阶段迈进。

这一时期服务产业已经在各发达国家逐渐兴起，服务贸易逐渐成为世界贸易的重要组成部分，许多国家开始意识到服务贸易是影响国际收支的重要因素，通过服务贸易取得外汇收入是一项不可忽视的外汇来源，服务贸易对国内政治、经济的影响越来越大。从国家角度来看，发达国家因其国内服务业竞争力较强，一般主张服务贸易自由化，它们会要求发展中国家开放服务市场以便其具有优势的服务业进入。某些服务业比较落后以及服务部门不具备优势的发展中国家则不得不进行保护，对发达国家的服务业进入本国服务市场做出各种限制性规定。但有时为了引进外资和先进的服务，发展中国家不仅会开放某些服务项目，还常常以税收减免等优惠鼓励外国服务业进入本国市场。

因此，20世纪70年代以后整个世界的服务贸易政策呈现出保护贸易政策的倾向，但是由于受到世界多极化趋势的影响，这一时期的服务贸易政策呈现出兼顾贸易伙伴利益、维护协调发展的管理贸易倾向。

二、国际服务贸易政策的概述及分类

国际服务贸易政策具体是指世界各国对外服务贸易政策的取向。不同时期、不同国家的国际贸易政策往往不同，国际服务贸易政策分为保护贸易政策和自由贸易政策两种。

（一）保护贸易政策

1. 保护贸易政策的微观理论基础。政府对于服务业实施干预政策主要从以下几个方面来考虑：

第一，自然垄断。当某个行业或部门需要高额的原始投资和高技术的知识保障时，势必会导致该行业或者部门的自然垄断。当自然垄断形成时，政府就有必要对其进行管制。人们对待自然垄断一般有三种态度：自由放任、实行公有制、管制的私有制。若选择自由放任易形成恶性竞争环境，而后两种都涉及政府干预。因此，在某些国家，电信、交通和邮政服务业由政府提供，而在另外一些国家，这类服务业由政府管制下的私营厂商提供。

第二，外部经济性。当某个厂商的生产可能受到其他厂商或消费者选择的影响时，就会产生生产的外部经济效应。在产生外部经济性时，政府的干预作用就在于协调各种经济利益的分配问题。

第三，非对称信息。在国际服务贸易中，服务的买卖双方可能存在错误的信息或非对称信息。例如，服务消费者不能完全了解服务生产者所提供的服务质量，即有关服务质量的信息在服务提供者和服务消费者之间不对称，在此情况下，很可能对消费者带来不利影响，为了维护本国消费者的利益，政府需采取谨慎的管制措施保护消费者。

2. 保护贸易政策产生的原因。各国之所以采取服务贸易保护措施，主要是出于以下几个方面的考虑：

(1)维持国内劳动力的就业水平。增加本国国民的就业机会、充分保护国内劳动力市场，对于维护一国经济和政局的稳定具有直接的影响，如果一国开放国内劳动力市场，会吸引境外移民的涌入，尤其是发展中国家的廉价劳动力必定会给工业化国家某些产业部门的就业工人造成巨大的压力，从而减少本国国民的就业机会。

(2)维持国际收支平衡。一国的国际收支平衡反映着其对外贸易经济关系的利益和稳定，加强对金融市场的国家干预可以维护国内的金融秩序。在经历东南亚金融危机后，这一点成为许多国家限制金融服务贸易的理由。各国制定服务贸易开放政策时，都对此给予了充分的重视。

(3)保护国内幼稚服务业的建立和发展。发展中国家的银行、保险业以及发达国家的新兴服务行业属于保护倾向较高的行业。各国(尤其是发展中国家)在认识到服务贸易对于促进其经济发展重要性的同时，也担心开放服务市场会冲击国内民族服务业的发展，更加弱化国民经济中的薄弱环节，造成对外国服务的依赖以及本国服务的更加落后。

(4)保护本国消费者利益。为了防止外国企业在本国市场上垄断价格，对本国消费者给予不公平待遇，可以对外国企业在本国的活动实施各种强制性的检查和监督措施。

(5)维护本国的安全和政治利益。对于关乎国计民生的重要服务行业，如邮电、通信等，一般都禁止或限制外国企业参与竞争，这是出于对整个国家安全战略的考虑。

(二)自由贸易政策

1. 自由贸易政策的理论基础。要求实施自由贸易的国家必定是服务业起步较早、发展较为完善的发达国家或地区，与发展中国家以及最不发达国家地区相比，它们具有更多的服务贸易优势，因此在服务贸易自由化和国际分工的基础上能获得更多的服务贸易利益。当然，这里并不排除某些发展中国家为了努力发展本国的服务业也实行较为自由的服务贸易政策，引进竞争机制，促进本国服务业的发展，提高本国服务业消费者的福利水平。一般情况下，实施服务贸易的自由化基于两个方面的考虑：一个是国家竞争力，另一个是社会福利。

(1)国家竞争力。这里的国家竞争力指国家的经济竞争力，尤其是指国民经济中服务业的竞争力，一国竞争力强，其经济竞争力也会很强，同样其国民经济中服务行业的竞争力也不会很弱。由此看来,是否采取服务贸易自由化主要取决于一国的竞争力。正是这样,目前极力主张实行服务贸易自由化的均是一些发达国家或地区,它们具有很强的国际竞争力,通过要求其他国家向其开放市场,进一步增强其经济实力,从而维护自己的国际经济地位,促进本国服务行业的发展。而要求对本国服务业进行保护的大都是发展中国家或地区,它们在服务行业起步较晚,发展较为缓慢,在国际经济贸易中缺乏竞争力,只能通过保护本国的服务业才能维护自己的经贸利益。但有些发展中国家仍然采取贸易自由化政策,虽然这些国家在服务贸易方面处于劣势,但它们有可能在某个部门或行业处于优势或者比较优势地位,这样就有充分的理论依据推行服务贸易的自由化。

(2)社会福利。保护贸易政策对本国国民的福利造成严重的损害。首先,保护贸易政策阻碍了国内竞争,降低了劳动生产率。贸易政策不可能适用于一国的全部产业,只能适用于其中的一部分,这样容易使受到保护和未受到保护的产业之间出现不公平竞争,使得它们之间的利益分配扭曲化,受到保护的产业会因为缺少国外产业竞争的压力而削减提高自身生产率的动力。其次,造成资源的不合理配置和消费。地球上的资源是有限的,如何合理分配有限的资源从而达到效益的最大化、进而使得资源拥有者的福利达到最大化是经济学研究的重要问题。一国实施自由贸易政策,资源能够自由流动,在市场竞争的情况下,资源便会得到有效合理的配置,而在实行保护贸易政策的情况下,很多先进的、可以使有关配置更合理的外国资源没有得到充分利用,从而使国内资源的配置相对来说不合理,浪费了本国的资源,损害了本国的国民利益。再次,造成了消费者的福利损失。在实行保护贸易政策的条件下,一国的消费者不能够获得国外生产的服务,或者需要花更多的资金才能消费到本来比国内便宜的相同的服务,这就会使国内的消费者福利遭受损失。最后,保护贸易政策容易遭到报复。贸易摩擦的发生将会阻止贸易自由化的发展,进而造成连锁反应,阻碍国际服务贸易的发展。如果一国对其他国家采取保护贸易政策,而其他国家为了维护本国的经贸利益,可能会对其采取更为严厉的报复性措施,阻碍服务贸易的发展。

2. 服务贸易自由化的政策取向。当今世界,不同类型国家对服务贸易自由化的政策取向可分为下述两种:

(1)发达国家服务贸易自由化政策。发达国家要求发展中国家开放服务业市场是以货物换服务,即发展中国家以开放本国市场为条件要求发达国家货物自由贸易，而对其他国家或地区，则对等相互开放，即所谓的“服务贸易补偿论”。另外，发达国家还以维护国家安全和竞争优势为借口，强调有必要对本国服务出口采取管制政策。需要指出的是，发达国家迫使其他国家开放服务市场，同时限制本国所谓“敏感性”服务产品的出口，都是自身利益最大化考虑的结果。

(2)发展中国家服务贸易自由化政策。显然，服务贸易自由化是否符合发展中国家的利益，我们尚无法简单定论。但在服务贸易自由化的趋势下，发展中国家能否从中获利，很大程度上取决于自身的政策取向。发展中国家出于自身政治经济安全和独立性的考虑，对外国服务的进出口实施各种限制乃至完全禁止的做法屡见不鲜，但如果开放本国服务业市场，不仅不利于尚不具有竞争力的大量服务部门培育优势、迅速成长，而且会使整体处于较低发展水平的国内服务业过早地面临巨大的竞争压力。这种情况下，逐渐自由化的服务贸易发展战略将成为发展中国家的首选。另外，发展中国家在服务贸易自由化进程中应注意以下两点：一是服务业对外开放的基本步骤和次序；二是开放进程的各个阶段涉及哪些服务部门或领域，它们对服务业开放和服务贸易自由化的影响如何。

三、主要国家对外服务贸易政策

在国际服务贸易发展中存在着发达国家与发展中国家的严重不平衡，总体来看，因为发达国家服务业相对发达，其服务贸易的政策选择也相对较宽松，而发展中国家由于经济实力较弱或没有服务贸易优势而采取保护政策。

（一）主要发达国家服务贸易政策

1. 美国服务贸易政策。服务业是美国经济中最为庞大、发展最快的部门，美国主要的十大服务贸易是旅游、运输、金融、教育培训、商务服务、信息、通信、设备安装维修、娱乐业和医疗保健，这些部门在世界均居领先地位，具有很强的竞争力。多年来，美国一直是世界服务贸易的第一大出口国。美国服务贸易的主要出口市场是日本、加拿大、欧盟等发达国家，这些国家也是美国计算机学习服务、软件程序编制和数据库开发等技术密集型服务部门的重要市场。而在设备安装维修、建筑工程、基础设施等工业性服务项目上，出口市场主要集中在经济增长较快的发展中国家等新兴市场，如韩国、马来西亚、新加坡等。美国服务贸易的发达不仅是其高新技术日新月异、产品结构不断更新的结果，更与政府的重视密不可分。美国服务出口的巨大实力和潜质离不开美国服务贸易政策的支持和引导。

美国是一个崇尚自由经济的国家，其贸易政策也一直以自由贸易理论为指导。尽管在现实中美国的贸易政策也不乏贸易保护的成分，但由于美国在国际服务贸易中处于绝对优势的地位，因而在服务贸易政策选择上美国主张自由贸易，其实质就是扩大美国的服务产品出口，这主要表现在以下几个方面：

（1）美国政府通过坚持不懈的双边和多边市场开放谈判，迫使外国政府消除服务贸易壁垒，开放外国市场，扩大美国服务业参与国际贸易的机会。在消除服务贸易壁垒的谈判中，美国取得了很大进展，最具代表性的三个协议是：《北美自由贸易协议》（NAFTA）、《服务贸易总协定》（GATS）和《与贸易有关的知识产权协议》（TRIPS）。此外，美国利用和中国的一系列有关加入世界贸易组织、知识产权、市场准入等谈判，迫使中国进一步开放市场。在与日本的谈判中，美国迫使日本对其保险部门进行改革，力争向日本出口金融服务等。总体看来，美国尽量利用双边谈判，凭借其雄厚的经济实力在谈判中施压，逐个击破，以保证其率先占领外国市场并扩大份额。

（2）美国政府有针对性地制定了服务业出口市场战略。美国商务部制定的服务贸易出口发展战略总的方针是：美国服务业的出口主要依靠传统的市场，同时在新兴市场和传统市场都积极寻求新的贸易机会。具体而言，美国服务业出口的传统市场指欧洲和日本。对美国服务业的出口而言，传统市场仍具有很大潜力，随着 WTO《服务贸易总协定》的签订，以及 1997 年有关服务贸易的三项协定的签订（金融、基础电信、信息技术），美国在其优势服务行业都制定了针对传统市场的积极扩大出口的战略。在信息技术出口方面，美国的目标是以其信息技术为基础，信息公司为中心，将地方、国家和区域间的网络相连接，使得全球共享信息、通信网络，创造出一个全球性的信息市场。事实上，美国对其通信、计算机和信息服务投放欧洲和日本市场都做了详细的策划和组织。在航空运输方面，美国的航空运输业在世界各地都有很大的潜力。尽管美国的航空运输业在亚洲新兴市场上也存在很多机会，但其目前的着眼点仍放在了欧洲和日本市场，主要原因是这些国家的航空服务、旅游收入和奢侈货物出口的数量很庞大。目前，美国运输部门极力要求政府努力打开国际航空运输服务的通道。在保险业和其他金融服务方面，美国已逐步进入曾设有严格贸易壁垒的日本市场。在娱乐业方面，知识产权保护是美国娱乐和信息服务公司都比较关心的问题，美国政府也会尽力确保美国公司的利益。在服务业出口新兴市场的开拓中，由于发展中国家缺乏许多服务业所需的基础设施，因此，美国与这些国家将有更广泛的合作项目，如能源、分销、金融、医疗保险、商业服务等都是充满潜力的领域。在新兴市场中，美国一直在通过双边商务活动，积极寻求更大的利益。除此之外，转型经济国家和地区也将为美国服务业出口提供大量的机会，目前这一市场也是美国扩大服务出口的目标市场。

(3)美国还制定了服务业出口部门战略。除了着眼于地理上的市场研究外，美国政府及其相关部门还制定了各类服务部门出口的计划和政策。目前计划展开效果明显的有两个部门：一个是能源部门。国际能源服务市场年均贸易额高达1 000亿美元，世界对能源技术的需求一半都来自新兴市场，这些国家将加快能源基础设施的建设，以弥补国内的供需差距，这无疑为美国公司提供了潜在的机会，为其提供了长期市场。美国能源服务公司将着力帮助这些发展中国家降低能源设施运作成本，增强竞争力。那些专长于有效能源、安全检查、工程设计、培训、管理、消费、维修、技术援助、资源管理、公用事业项目开发(水、电、煤气、汽车、火车)以及项目资金、新能源项目开发的美国公司都将积极介入这些国家的能源市场。另一个是旅游部门。美国旅游政策委员会为旅游业的发展制定了一项联邦战略，其中包括潜在的访美兴趣研究、旅游者安全保证、旅游者进入美国的服务项目、旅游基础设施开发(旅馆、机场等)教育和培训，这一战略建议各有关部门以更加合作、有效、负责的态度，将联邦资源利用于旅游业的发展。美国发展旅游业的战略宗旨是，集中地方和国家级的公共和私人部门的所有资源，努力增加美国在全球旅游市场上的份额。

美国立足于扩大出口的服务贸易政策之所以能够得到贯彻实施，主要在于政府的高度重视和全力保护，以及各部门的积极协作和推动。

首先，美国政府对服务业出口高度重视，主要体现在建立一个比较完善的服务贸易法律、法规体系和管理机制，为服务业和服务贸易的迅速发展创造一个良好的制度环境。1974年美国国会通过的《对外贸易法》首次提出，国际贸易既包括商品贸易也包括服务贸易。该法案第301条授权总统对阻碍美国商务扩张的国家进行报复。1984年美国国会通过了《贸易与关税法》，1988年又通过了《综合贸易和竞争法》，要求外国取消所谓“不公平”“不合理”“歧视性”的贸易措施。这两个法案都把服务贸易和货物贸易并列作为扩大出口的两项内容，同样适用301条款和超级301条款。1994年，乌拉圭回合结束不久，美国政府就制定了新的对外贸易法案——《乌拉圭回合协定法》，不仅重申了以前法案的规定，而且对外国政府的“不公平”“不合理”贸易措施做了扩大解释，将外国政府对美国产品和服务进入其市场的机会产生“限制性影响”的措施也包括在内。该法案还规定,美国贸易代表在甄别外国政府措施的限制性影响时,应考虑美国产品和服务的国际竞争地位和出口潜力,并在有关调查及制裁情况的半年报告中,说明这一程序使美国产品和服务出口机会增加的程度。除了上述综合性法案外,美国政府还制定了十分广泛的行业性法律法规,如 1978 年的《国际银行法》、1984 年的《航运法》、1995 年的《金融服务公平交易法》、1996 年的《电讯法案》等。美国所有有关服务业和服务贸易的法律、法规都体现了保护本国市场、限制外国竞争者的目的,它们为美国政府在国际服务贸易领域所采取的各种行动寻求法律基础。

除此之外,美国政府还通过政府工作报告的方式确定全球服务贸易拓展战略。例如,1994 年 10 月,克林顿总统在向国会递交的《国家出口战略实施报告》中指出:美国已确定重点研究开发十大新兴市场,即墨西哥、阿根廷、巴西、中国经济区(包括中国内地、中国台湾、中国香港)、印度、印度尼西亚、韩国、波兰、土耳其和南非。这些国家和地区是美国能源、销售、金融和卫生保健等服务产品的主要市场。报告还指出,美国政府将集中力量支持国内服务业的发展。从美国国内经济和就业增长着眼,政府优先考虑对环保、信息、能源、交通运输、卫生保健及金融等服务业提供大力支持,这些都是促进出口的关键环节。

其次,为了扩大和促进服务出口,美国政府许多部门(包括商务部、美国贸易代表办公室、财政部、运输部、国务院、旅游管理局、进出口银行、国际开放署和美国贸易与开发署等机构)都同私营服务业部门密切合作,为服务企业提供信息,开拓进入国际市场的机会。美国政府及民间团体设有许多专门的咨询机构,为服务业出口商识别外国市场、提供贸易机会。这些机构提供的服务包括:通过传真或电子邮件传送经济简报,提供服务贸易进出口线索、联邦政府发布的经济贸易信息、全美贸易数据、美国和外国商务机构所做的最新市场调研、寻求购买美国服务的外国公司资信简介;帮助美国公司竞争海外大型服务项目,解答各种咨询,聘请专家为出口商撰写技术及经济方面的可行性报告;为本国厂商与外国接触牵线搭桥;组织国内服务行业会议,以帮助他们了解如何寻找出口线索、进入外国市场。为了帮助美国服务业出口商了解外国的有关法律法规,美国商务部向商界提供世界各国关于服务贸易的法律法规,出口商只要加入全国贸易数据库市场信息网络便可查询到相关信息。

2. 日本的服务贸易政策。日本是世界上服务贸易比较发达的国家之一,也是在乌拉圭回合中少数几个承诺在 100 多个服务贸易领域放宽限制的国家之一。日本服务业经过战后数十年的发展已颇为发达,尤其在银行、保险、航空、电信、专业服务等领域,已跃居世界前列。但是,在服务贸易领域,日本进口的增长远大于其出口的增长,与其多年来商品贸易保持巨额顺差的局面相反,日本的服务贸易一直处于逆差状态,是世界最大的服务进口国之一。在服务贸易进口中贸易额增幅较大的部门主要是航空运输、海运、个人服务以及通信等,其中相当部分是从美国进口的。在出口方面,增长较快的服务部门主要是金融、航运等。由于日本的服务贸易长期处于逆差状态,决定了日本的服务贸易政策选择相对有限。在服务贸易市场开放的进程中,日本政府的态度是一方面承诺开放市场,另一方面又坚持逐步开放的原则,这主要表现在以下几个服务行业中。

(1)商业零售业。在商业零售业的开放中,日本政府对本国市场的保护和对从业者的管理主要表现在两方面:一是通过《大店铺法》保护中小商业企业。第二次世界大战后,随着大型百货公司和连锁商店的不断增加,个体商店大量倒闭。为保护中小商店,同时也为了适应商业向外商开放的需要,日本政府组织协调这些个体商店联合起来,实行规模经营,增强竞争力,以减少破产倒闭。与此同时,在《大店铺法》中规定:无论是日本人还是外商要成立大型百货公司,都必须征得所在地个体商店的同意,只有经过协商并达成一致协议后,地方政府才批准其成立。在1991年《大店铺法》限制放宽以前,外国人基本上难以进入日本的流通领域。1991年之后,日本才真正向外国人开放零售业,少数外商被允许建立百货商场。二是在管理方面进行了保护。日本政府有关主管部门对零售业各分支行业都规定了具体的经营条件和资格,只有达到条件才能开业。对于食品、药品、浴场等涉及卫生安全标准的行业,资格审查更严格,正是这些严格的条件和标准才使得本国零售业得到实质性的保护。

(2)金融服务业。20世纪80年代以前,日本对银行的业务范围、利率、外汇经营等都有限制,规定银行业务和信托、证券业务相互分离,贷款利率有上限规定,外汇管理也比较严格。20世纪80年代后,随着日本海外投资的急剧增长以及欧美金融业自由化的兴起,日本对银行业采取逐步放宽的限制,银行业务、信托、证券业务不再分开管理,利率也在1994年完全放开,外汇方面也逐步放宽。作为WTO的成员,日本积极参加了WTO关于金融服务的谈判,并于1995年12月率先在保险和与保险相关的服务领域、银行及其他金融服务领域的市场准入和国民待遇方面做出承诺。尽管外资进入日本金融服务业在法律上没有太多限制,而且还享有国民待遇,但由于日本市场存在很强的行业壁垒以及一些特有的商业惯例,外资真正进入日本市场并非易事。

(3)电信业。长期以来,日本政府对电信业实行的都是比较严格的管理政策,形成了垄断经营。如日本电报电话公司(NTT)在国内就处于垄断地位,但由于其缺乏竞争,与欧美电信同行相比,竞争实力明显不足。对此,日本政府也希望通过适度的开放引进竞争机制,以提高国内电信业的竞争力。目前,日本已加入《全球基础电信协议》,且已在通信、广播、线路传输等方面放宽了限制。

(4)交通运输业。在交通运输业领域,日本已成为世界上最开放的国家之一。在公路运输中,已开放的业务包括货物运输、公路运输设备的保养和维修、仓储服务(石油和石油产品除外)、货物管道运输服务(燃料除外)等。在海上运输方面,货物代理早已放开。日本对外资出资比例没有限制,但对外资公司获得船籍有限制:船公司总部必须设在日本以及公司的董事必须全部是日本人。同时,日本的内海运输必须由日本船运输,远洋运输则没有限制。在航空运输方面,机票销售、飞机修理和保养服务、通信网络等已正式开放,但规定外资投资比例必须在1/3以上,而且主要通过政府协定确定出资比例。由于日本航空运输和航空服务市场巨大,美国迫切希望进入该领域。

(5)旅游服务业。日本的旅游服务业完全对外开放,除了《旅游业法》规定对外国人在日本兴建旅游设施有所限制外,在国民待遇和市场准入等方面几乎没有限制。国外公司或团体通过资格考试后可开办旅行社。旅游业的开放领域还包括宾馆和饭店服务、餐厅服务、旅行社和旅游经营者服务、导游服务等。

总体来看,尽管在发达国家中,日本的服务业开放相对较晚,对外国服务和服务者的限制较多,对内保护性十分强烈,但日本政府已认识到服务市场开放是不可避免的,问题的关键在于如何在市场开放中不断提高国内企业的竞争力,促进本国服务贸易的发展。

(二)发展中国家服务贸易政策

发展中国家服务贸易规模总和在世界服务贸易总体市场中只占微小份额。然而,近20年来,不少发展中国家推行了促进服务贸易发展的政策措施,使其在世界服务贸易市场上的地位有了明显的上升。这里主要说明以下几个发展中国家的情况。

1.韩国。20世纪80年代以前,韩国政府把经济的重点放在制造业上,并把对外贸易作为带动国内经济发展的重要支柱,对服务贸易并不十分重视。从20世纪80年代中期起,韩国政府开始转变观念,对开放服务业市场持积极态度,认为逐步开放服务贸易市场、吸引外资是提高产业竞争力的重要途径。之后随着韩国经济的快速发展和出口贸易的迅速增长,一批具有实力的企业集团和综合商社迅速成长并崛起于世界经济的舞台,他们积极开展对外贸易、国际经济技术合作、海外投资等经营活动,极大地促进了韩国服务贸易的发展。到1994年,韩国的服务业进口跃居世界第6位,出口跃居世界第7位。其中,增长较快的部门主要是金融业和电信业等。在某些服务部门中,韩国的国际参与比例很高,一些敏感性的服务部门(如铁路和邮政等)则由国家经营。

目前,韩国已在WTO、APEC多边谈判以及双边谈判中做出开放国内市场的承诺,并列出开放计划单和时间表。同时,与许多国家一样,韩国政府也采取渐进的方式开放服务业发展,针对不同行业制定不同的开放计划和开放深度,尽可能使那些竞争力弱的行业有较长的适应时间。同时,外资进入韩国服务业也面临着行业壁垒等方面的限制。

2. 印度。印度自1991年实行金融自由化措施以来,已准许美国、荷兰、德国、泰国、瑞士等国银行在印度开设新银行,之后又放宽了对外国银行开设分支机构的限制。印度对外资银行征收的税收较国内要高,但对外资银行向优先部门的贷款指标较国内银行要低。在航空运输的投资领域,印度也有所松动,在1997年年初宣布允许外国的非航空公司或与航空业务无关的公司可在其国内航空领域投资,最高可占印度航空公司或机场服务公司总股份的40%。2005年11月,印度政府出台重大政策力促电信市场的开放,使该国电信市场向自由化迈出了重要一步。

印度政府新出台的政策主要包括:一方面允许国内外更多的企业进入电信市场;另一方面为现有及新进入的运营商提供更大的灵活性,降低现有长途话费牌照的使用费,准许运营商降低服务价格,更具重要意义的是使互联网电话合法化。开放的电信业是印度IT外包服务发达的重要因素。

世界零售巨头沃尔玛连锁公司2007年8月签署了一项期待已久的协议,与印度巴帝集团成立合资公司,为印度的零售商、制造商和农民提供商品批发服务,此举是沃尔玛进入保护色彩浓厚的印度零售市场所跨出的重要一步。长期以来,印度对金融及金融服务实行较为严格的管制,1991年大规模的经济改革以来,对金融服务实行了一些自由化的措施。印度成为WTO创始成员后,对金融服务协议做出了谨慎的开放承诺,但是,印度很注意合理运用WTO的有关规则来维护自身的利益,开放承诺同银行、非银行金融机构、证券、保险业等的实际开放现状存在很大差距。

3. 泰国。泰国内阁在1996年决定开放其保险市场,取消对外资保险公司在开设新分支机构时要拥有超过25%的外国客户的要求,并允许外国投资者拥有公司超过49%的股权。另外,泰国在1997年1月又宣布修改外国人商业法,开放旅馆、饮食、娱乐服务、广告、摄影冲印、干洗、裁缝、理发美容等13种行业,允许外国人经营,另外一些行业(如印刷出版业、与证券相关的服务业等)外国人也可以经营,但要受持股比例的限制,即外国人持股比例不能超过49%。泰国很早就提出服务业自由化方针,还提出废除对外资出资比例的限制。但泰国仍规定了外国人就业的行业限制,采取了由泰国人发展本国企业的方针。

总之,在国际服务贸易自由化的大潮中,美国等发达国家是领导者,而发展中国家由于受国力和服务贸易发展程度所限,只能是追随者,目前既不能大范围全面开放其服务贸易市场,又不能断然拒绝这一趋势,因而其有关法律规范既不乏对外国服务和服务提供者的严格限制规定,又有逐步开放其服务贸易市场的新规定。尽管服务贸易自由化对于发展中国家任重而道远,但自由化措施带来的优质高效的服务和巨额的外国资金已使不少发展中国家从中受益。

第二节 国际服务贸易壁垒分类

一、国际服务贸易壁垒的定义及特点

(一)国际服务贸易壁垒定义

所谓国际服务贸易壁垒,一般是指一国政府对外国服务生产者或提供者的服务提供或出售所设置的有障碍作用的政策措施,即凡直接或间接地使外国服务生产者或提供者增加生产成本或销售成本的政策措施,都有可能被外国服务厂商视为国际服务贸易壁垒。通过设立国际服务贸易壁垒加重国外服务生产者的负担,可以保护国内幼稚服务业的建立和发展,维持国际收支平衡、保障国内充分就业、保护本国消费者的利益等,达到限制贸易扩大的目的。同时,设置国际服务贸易壁垒可以抵御外国服务者的进入,削弱外国服务者的竞争力,保护本国服务市场。

传统的有形商品贸易的障碍一般分为关税壁垒和非关税壁垒两大类,国际服务贸易和有形商品贸易两者运行的基本原理有较大差别,因此,有形商品贸易的各项政策不能简单套用于国际服务贸易领域。由于服务不同于货物、服务贸易不同于货物贸易,国际服务贸易壁垒是围绕服务的特点所颁布的各种政策

措施。涉及国际服务贸易障碍的政策措施通常有两种情况:一种是为了直接限制国外企业进入国内服务领域而颁布的政策与法规,如限制外国银行在国内的业务范围;另一种是为了国内其他政治、经济目标而颁布的政策与法规,这些政策与法规在实施过程中间接地限制了国际服务贸易,如一国严格的出入境管理规定。当然,任何政策与法规都具有两面性,对扶持和发展本国服务业行之有效的政策,也可能对国民经济其他行业的发展产生伤害,如对国外金融机构介入的限制,将使本国外资利用和国际经济合作发展等方面受到影响。一些为协调国内政治和经济目标的政策措施,有时却对本国服务业发展带来不利影响,如严格的出入境管理规定可能影响国际旅游业的发展。

(二)国际服务贸易壁垒特点

首先,由于服务贸易多要涉及人员过境,并在一国境内发生,因此,服务贸易的政策也以国内政策为主,有较多关于"人"(包括自然人与法人)的资格与活动的限制规定,其中包括有关接受外国直接投资的政策、移民政策以及国家电信服务方面的管理法规等。这类政策不属于传统意义上的贸易政策,并且有些内容涉及国家的主权与安全。因此,尽管服务贸易已被纳入世界贸易组织(WTO)的法制框架,但要在这些敏感的国内政策问题上取得突破仍困难重重。实践中许多服务贸易的壁垒都是以维护国家主权与安全的名义制定的,真实的目的与作用却是保护本国的服务市场及相关产业的发展。

此外,服务贸易包含150多个具体的服务行业,涉及第三产业的各个层次,协调起来较为困难。如在流通部门有跨国商业批零服务、国际运输与仓储服务等;在生产与生活服务部门,有国际旅游、跨国银行、国际融资及其他金融服务、国际保险与再保险、国际租赁、维修保养及技术服务、国际电信服务、广告、设计及管理咨询服务、医疗服务、法律咨询服务等;在提高居民文化生活素质的服务部门,有教育、科研、卫生及文化艺术的国际交流等。对于这当中的每一具体项目,都可能存在各国的发展水平不一、所实行的制度规则不同、对外国进入的开放程度与限制措施各异的情况。因此,服务贸易的壁垒深深融入国内政策领域,庞杂繁复,在灵活性、隐蔽性、选择性及保护力等诸方面比货物贸易的非关税壁垒都可谓有过之而无不及。又由于存在着政策透明度要求,有可能违反各国的主权与安全原则,以及各国国内规章制度缺乏可比性这两大难题,致使协调统一各国服务贸易政策制度的前景不容乐观。

概括起来,服务贸易壁垒有以下几方面主要特点:①以国内政策为主;②较多对“人”（自然人、法人及其他经济组织）的资格与活动的限制；③由国内各个不同部门掌握制定、庞杂繁复，缺乏统一协调；④灵活隐蔽，选择性强，保护力强；⑤除了商业贸易的利益外，还强调国家的安全与主权利益等作为政策目标。

二、服务贸易壁垒与货物贸易壁垒的比较

（一）服务贸易壁垒与货物贸易壁垒的比较

由于服务产品的无形性和异质性，服务贸易壁垒与货物贸易壁垒相比要复杂得多。两者之间的区别主要体现于以下几点：

1. 货物贸易壁垒是边境壁垒，服务贸易壁垒则超越了边境措施，大部分属于国内管制措施。这些国内管制措施涉及的范围十分广泛，从竞争政策到资格认证，从服务本身到劳动、资本等要素流动，都可能构成服务贸易壁垒。服务贸易壁垒的超边境性并不意味着海关对于服务贸易没有作用，相反海关在服务贸易监管方面有着不可低估的影响。例如，国际运输服务本身需要经过海关，直接受到海关监管制度的制约。

2. 货物贸易壁垒只是针对货物本身，与货物生产商没有关系，服务贸易壁垒则主要针对服务提供者和服务消费者。

3. 某些服务贸易壁垒和货物贸易壁垒相似，如禁止外国厂商提供本国的一些法律、保险、教育、调查和投资咨询、基础电信、运输等服务，外国厂商在本国公司中的股份限制，不允许某些国外专业服务人员的进入等，都可看成是限额类数量型壁垒。而在自然人移动服务贸易中，对外国服务人员收取的护照和工作许可证费、出入费、歧视性的机场和港口停靠费等都可以看成是关税型壁垒。对外国专业服务人员的资格认证、对运输与旅游服务者的环境标准、生态标签制度等都可看成是技术型贸易壁垒。当然在服务贸易壁垒中，还有一些特殊的措施，如对外国服务者进入本国电信、空运、广告、保险和其他分销、配送网络的真实性限制等都是货物贸易壁垒没有的。

（二）服务贸易壁垒与服务管制措施的比较

两者之间的区别主要体现于以下两点：

1. 二者的目的不同。服务贸易壁垒的目的是保护本国生产者的利益，而服务管制措施是保护消费者的利益及公共利益。

2. 不适度、不透明、低效率的服务管制措施会演化成服务贸易壁垒。适度

的管制有利于纠正市场失灵导致的环境、公平以及社会等问题，如：对网络服务业(电信、电力等自然垄断行业)的适度管制会促进竞争，限制市场垄断力量，有利于保证服务价格的竞争性；专业服务部门的管制有利于保证专业的服务质量；交通服务的管制有利于保证运输安全；等等。然而，过度的、不足的、不透明的、低效率的服务管制措施将会演化成服务贸易壁垒，如不全面的知识产权保护制度、过度的资格审查要求、模糊杂乱的申请程序、拖拉的办事流程等都会阻碍国际服务贸易的顺利实施。

GATS 对服务业管制的原则要求主要体现在 GATS 第 6 条(国内管制)和第 7 条(承认)中，其中第 6 条要求国内管制必须合理、客观和公正，并且要求服务贸易理事会通过建立合适的机构制定相关的纪律，以避免有关资格、程序、技术标准和许可证等要求构成不必要的贸易壁垒。第 7 条要求成员方在专业服务领域就教育、经验、合格要求、许可或证明方面的承认规则应不构成外国服务提供者准入市场竞争的壁垒。为做到这一点，成员方显然应在专业服务领域引入竞争政策，清除其承认规则中的各种禁止、限制或扭曲本国与外国专业服务提供者之间竞争的规定。同时，GATS 对服务业管制也有透明度要求，有关管制文件可以在公共场所获取，对管制规则的变更应及时通知服务贸易理事会。

许多学者呼吁通过与其他国际标准制定机构的合作来解决管制分歧所引起的服务贸易壁垒。如在金融服务部门中，各国共同遵守由巴塞尔委员会、国际保险监督管理委员会、国际证券委员会等国际专业组织制定的相关标准来减少不透明、低效率管制所造成的服务贸易壁垒。事实上，由巴塞尔委员会制定的《巴塞尔协议》、《巴塞尔最低标准》、《巴塞尔核心原则》，由国际证券委员会组织制定的《1998 年证券管制的目标和原则》、《跨国交易和外国发行商初次上市的国际披露标准》，以及国际保险监督管理委员会制定的《保险核心准则》、《国际保险公司和保险集团及其跨国商务运作的管制适用原则》等，已经被各国金融监管机构广泛采用。这些管制标准与货物贸易领域的国际环境标准、国际质量标准一样，若能与服务贸易协调运作，将有利于各国贸易利益和社会利益的实现。

三、国际服务贸易壁垒的种类

20 世纪下半叶，发达国家和发展中国家均对服务产品的进出口做了种类繁多的限制，在此时出现的非关税壁垒虽然表现形式各不相同，但都可以达到阻碍外国服务产品和要素进入本国市场的目的。总体来看，服务贸易壁垒的分类标准大致有以下三种:壁垒的限制对象、壁垒的实施方式,以及《服务贸易总协定》的具体承诺。

(一)按壁垒的限制对象进行分类

按壁垒的限制对象可将服务贸易壁垒划分为四大类:产品移动壁垒、资本移动壁垒、人员移动壁垒和开业权壁垒。这是目前应用较为普遍的分类标准,它把服务贸易提供方式与影响服务产品的提供和消费结合了起来。

1. 产品移动壁垒。产品移动壁垒表现为限制服务产品移动的各种措施,通常包括数量限制、当地成分或本地要求、补贴、政府采购、歧视性技术标准、税收制度以及落后的知识产权保护体系等。

(1)数量限制。即采用数量配额、垄断或专营方式,或要求测定经济需求的方式,限制外国服务提供者的数量、限制服务交易的数量或限制雇佣外国自然人的数量、限制外商股权参与比例等。如不允许外国航空公司利用本国航空公司的预订系统,或者给予一定的服务进口配额。数量限制是目前最有效和直接的服务贸易壁垒。

(2)当地成分或本地要求。当地成分要求,如服务厂商被要求在当地购买设备,使用当地的销售网络或只能租赁而不能全部购买等。本地要求,如德国、加拿大和瑞士等国禁止在东道国以外处理的数据在国内使用等。

(3)补贴。这是国内服务业较为常见的非关税措施之一,即国家通过直接拨款或税收优惠等方式,针对本国特定服务业实施补贴,使其达到提升国际竞争力和出口促进的目的。无论是发达国家还是发展中国家,补贴都被广泛应用于运输、通信、医疗和教育等服务业部门。政府补贴本国服务业厂商能有效地阻止外国竞争者,而改变补贴可能改变某个厂商在本国服务贸易上的竞争优势。如英国政府改变在英学习的外国留学生的补贴政策,由此使得学费高到足以禁止其留学的程度。

(4)政府采购。即规定只向本国厂商购买公共领域的服务,或政府以亏本出售方式进行市场垄断,从而直接或间接地排斥外国竞争者。这在保险、数据处理、工程建筑和运输服务业表现得尤为明显。

(5)歧视性的技术标准和税收制度。即通过要求外国服务提供者经过某一认证机构批准的方式设置贸易壁垒。特别是发达国家,往往利用较高的技术标准和语言、文化差异对国内服务业实施保护,如对外国服务厂商使用设备的型号、大小和各类专业证书等的限制等。过高或歧视性的国内环境标准,也将大大降低诸如运输、旅游等服务业部门的外国服务提供者跨境提供服务的可能性,这往往是发展中国家对外服务贸易所遭遇的最大的技术壁垒。对于税收制度,外国服务厂商可能比国内厂商缴纳更多的交易附加税、经营所得税和使用设备(如机场等)的附加税。

(6)落后的知识产权保护体系。服务贸易领域出现的大量知识产权保护问题(例如计算机软件保护等)已引起世界范围内的关注。美国政府估计,每年外国盗版影视片使美国娱乐业出口损失约10亿美元,大约80%的影片不能从影剧院的票房收入中收回成本,即使加上出口仍有大约60%的影片不能收回成本。缺乏保护知识产权的法规或保护知识产权不力,直接损害他国服务贸易提供者的利益,这在一定程度上也阻碍了国际服务贸易的发展。

2. 资本移动壁垒。资本移动壁垒的主要形式有外汇管制、浮动汇率和投资收益汇出的限制等。

外汇管制指政府对外汇在本国境内的持有、流通、兑换以及外汇的出入境所采取的各种控制措施。

浮动汇率会对除外汇交易以外的几乎所有外向型经济领域造成一定影响,不利的汇率将严重削弱服务贸易竞争优势,它不仅会增加厂商的经营成本,还会减少消费者的购买力。

对投资者投资收益汇回母国的限制,如限制外国服务厂商将利润、版税、管理费汇回母国,或者限制外国资本抽逃回国,或者限制汇回利润的额度等措施,也在相当程度上限制了服务贸易的发展。

这类措施大量存在于建筑业、计算机服务业和娱乐业中。

3. 人员移动壁垒。作为生产要素的劳动力的跨境移动是服务贸易的主要途径之一,也是各国政府限制服务提供者进入本国或进入本国后从事经营的主要手段之一。人员移动壁垒包括移民限制和繁琐的出入境手续,其中:移民限制仅指外国服务提供者进入本国服务业市场遇到的限制性措施。各种形式的人员移动壁垒对国际服务贸易造成严重影响,直接或间接割裂了服务产品的跨境生产和消费过程。比如,在美国和加拿大之间存在工作许可证制度,某个美国公司在加拿大的分公司需要维修设备,也许技术人员就在1公里之外的美国境内,但他们却不能进入加拿大境内开展维修服务,需要从更远的地方或用更多的等待时间雇佣加拿大维修人员来工作。又如消费者本国的护照申请管理和外国签证管理等均有可能耗费大量的财力物力,导致境外消费的需求减弱。

4. 开业权壁垒。针对跨国投资形式的服务提供,即商业存在的服务贸易壁垒被称为开业权壁垒。这些投资限制既可归类于服务贸易壁垒,也可归类于投资壁垒。联合国贸易与发展会议(1996)把对外直接投资壁垒划分为市场准入限制、所有权和控制措施、经营限制三大类。

据调查,三分之二以上的美国服务业厂商都认为开业权限制是其开展服务贸易最主要的壁垒,在与被调查厂商保持贸易关系的29个国家中都有这类壁垒。例如,1985年以前澳大利亚禁止外国银行设立分支机构,1985年首次允许外资银行进入,但仅从众多机构中选择了16家银行,其选择标准是互惠性考虑和公司对金融制度的潜在贡献。加拿大规定,外国银行在国内开业银行中的数量不得超过预定比例。一般,即使外国厂商能在东道国开设分支机构,其人员构成也受到诸多限制。除移民限制外,政府有多种办法限制外国服务厂商自由选择雇员,如通过就业法规规定本地劳工比例或职位等。美国民权法、马来西亚定额制度、欧洲就业许可证制度、巴西本地雇员比例法令等都具有这类性质。有些国家还规定专业人员开业必须接受当地教育或培训。

(二)按照壁垒的实施方式分类

赫克曼和布雷加(1997)曾根据贸易限制措施的实施方式对服务贸易壁垒进行如下分类。

1. 配额、当地成分及禁止措施。如对服务业企业的数量限制,对发出签证数量实施配额,在数据产品服务(电视频道、收音频道、电影院等)的引入采取数量限制,在特定服务业部门(运输、电信服务业等)禁止外国服务提供者进入。

2. 价格措施。像签证费、进入或存续税、歧视性着陆费以及港口税等这类税收可能是包含服务的商品或用于生产服务的商品遇到的最大壁垒。特定服务业部门的定价必须经过政府批准或受其控制,有些则必须接受政府补贴。

3. 当地网络。部分发展中国家政府禁止外国服务提供者进入本国电信、航空运输、广告、保险等服务业的营销网络。

4. 资格标准、许可和政府采购。对于某些专业性服务,政府通过专家资格认证、技术鉴定等手段控制着外国服务提供者的服务供给,如会计、法律行业等。另外,政府也可能偏好于购买本国服务产品而对外国服务提供者形成歧视。

(三)按照《服务贸易总协定》进行分类

根据WTO《服务贸易总协定》的具体承诺,将服务贸易壁垒划分为影响市场准入措施和影响国民待遇措施两类。虽然存在某些无法归入以上两大类的其他措施,但人们认为现在应集中讨论市场准入和国民待遇问题。影响市场准入措施是指各成员利用数量配额等手段,对进入本国服务业市场的外国服务或者外国服务提供者采取管制的限制措施。影响国民待遇的措施是指通过制定和实施相对歧视外国服务和服务提供者的差别待遇,创造有利于国内服务产品和服务提供者环境的措施。后者的作用路径或者是通过增加外国服务提供者进入本国市场的成本,或者是直接或间接为国内服务提供者提供支持,加强国内服务产品和服务提供者的竞争优势,相对削弱外国服务和服务提供者的竞争优势,达到保护和发展本国服务业及对外服务贸易的目的。如拒绝外国航空公司使用本国航班订票系统或收取昂贵的使用费等。将服务贸易壁垒以影响市场准入和国民待遇为原则进行划分也是较为有效的分类方法,原因是:一方面它便于对贸易自由化进行理论分析,所有国际贸易理论一般从外国厂商的市场准入和直接投资环境两个视角分析贸易自由化的影响;另一方面,它便于分析服务贸易自由化的政策手段。

政府通过灵活运用这些限制措施,或者对服务贸易的发生进行直接干预,或者增加外国服务提供者进入的固定成本及经营过程中的可变成本,保护国内的服务业市场,进而提升本国服务贸易的竞争力,最终实现社会经济发展的综合目标。为进一步了解服务贸易壁垒主要种类及其在各行业的分布情况,表3-1和表3-2中列出了常见的服务贸易壁垒种类及其内容。

表3-1　国际服务贸易壁垒简介表

	运输		电信	数据处理	银行	保险	工程建筑	广告	影视	会计	法律	软件	旅店
	空运	水运											
数量/质量限制	√					√		√	√	√			
补贴	√		√	√			√		√				
政府采购	√	√		√		√	√						
技术标准	√		√				√						
进口许可		√	√	√		√		√	√				
海关估价			√	√	√							√	
货币控制及交易限制			√			√	√		√				
特殊就业条件					√	√	√			√	√		√

续表

	运输		电信	数据处理	银行	保险	工程建筑	广告	影视	会计	法律	软件	旅店
	空运	水运											
开业权限制			√		√	√	√			√			
歧视性税收			√	√	√		√		√				√
股权限制						√		√	√				√

注:打"√"处表示该项服务贸易壁垒存在于该行业中。

资料来源:戴超平.国际服务贸易概论.北京:中国金融出版社,1997.

表3-2　常见的国际服务贸易壁垒

行业	常见壁垒
航空业	主要涉及国家垄断和补贴问题。世界各国政府一般都给本国航空公司提供优惠待遇,如空运的货源和航线保留给国内航空公司、为本国飞机提供机场的优先使用权、要求国内用户接受本国航空公司的服务、对国内航空公司给予税收优惠等。目前,国际的航空服务贸易都是通过对等原则的双边协议进行的
旅游业	与航空客运关系密切,诸如出入境限制、外汇管制、旅游设施所有权、开办旅行社和旅游购物等,都存在贸易壁垒问题
海运业	主要涉及特许经营与垄断。如为本国海运公司保留货源、倾销性运价等问题
银行与保险	主要是开业权和国民待遇问题。对于开业权,许多国家禁止外国银行在本国设立任何形式的机构,有些国家虽然允许设立分支机构,但这样的分支机构必须与母行中断业务上的直接联系。对外国银行国民待遇表现在仅提供低储蓄地区(开业)、高税收率和限制财产经营范围等方面。对于外国保险公司,一般还要求绝对持股权以及禁止经营某些保险业务
广告业	对外来广告企业要求本国参股权,以及政府在广告业的竞争中偏袒本国企业是普遍现象,如外国广告企业设立电视台经营电视广告是受严格限制的。另外,即使这种限制对国内企业一视同仁,但限制的目的也不是保护广告业,而是排斥外国电视广播
工程建筑	主要是开业权、移民限制和国民待遇问题。此类服务业是发展中国家的优势所在,对此,一些发达国家都不愿意提供开业权。美国在开业权上就有较多的限制,日、美、欧都坚持不放宽移民限制。几乎所有的国家都禁止外国公司承建某些工程,而且在工程招标中偏袒本国公司
咨询服务业	许多国家对设在本国的外国咨询机构都要求参与权(如印度要求外国咨询公司必须与本国相应的机构合作经营业务),而且咨询程序上的不透明也阻碍外国机构的活动

续表

行业	常见壁垒
教育服务	教育服务与思想意识的传播关系密切,移民限制和歧视外国文凭是国际交流教育服务的主要障碍
医疗服务	主要问题是歧视外国医生的开业资格和对外国医疗设备的进口设立技术障碍
电信和信息	该行业常遇到国家垄断和控制。另外还有知识产权保护、幼稚工业保护、技术标准和不公平税收等
影视服务业	许多国家对本国影视直接拨款或通过税收优惠进行补贴,对外国影视业则通过要求参与权、版权保护、进口的国际垄断、限制播放等加以抵制
零售商业	主要涉及各国国内零售规则的透明度不够、不动产所有权限制、外国雇员的移民限制、利润返汇限制等

资料来源:江平,王玉平. 关贸总协定法律体系运用指南. 上海:华东师范大学出版社,1993.

第三节　国际服务贸易壁垒的测量

一、国际服务贸易壁垒的测量方法

(一)对服务贸易壁垒规模的度量

1. 频数方法。赫克曼最早采用频数方法度量服务贸易壁垒的规模。赫克曼(Hoekman,1995)根据 GATS 各成员国承诺时间表,将承诺分为三类并赋予权重,即开放/约束因子:如果承诺对特定服务部门的特定提供方式不做任何限制,分值为 1;如果对特定服务部门的特定提供方式做出具体的限制,分值为 0.5;如果未对特定服务部门的特定提供方式做任何承诺,分值为 0。根据 GATS,服务业可分为 155 个服务部门,每个部门的服务分别以四种方式提供。对应全部的部门/模式,各成员国分别有 155 × 4 = 620 个开放/约束因子。根据这些因子,可以计算三类覆盖率指标(即赫克曼指标):第一类为一国在 GATS 时间表中所做承诺与最大可能承诺数 620 的比率;第二类为平均覆盖率,即经开放/约束因子加权后的所有部门/模式与最大可能承诺数的比率;第三类为没有限制的承诺占成员国总承诺数的比重,或占 155 个部门数的比重。

后续研究者对该指标进行了改进，提出了更为复杂的频数方法。其中具有代表性的是澳大利亚生产率委员会的贸易限制指数。该套限制指数涉及六个服务部门：电信、银行、海洋运输、教育、分销和专业服务。构建贸易限制指数的方法可以概括为：首先收集各服务部门有关贸易和投资的实际限制措施；其次，根据限制措施的性质以及限制程度的不同进行分类并赋予分值；再次，对各类措施分配权重，权重的设计主要是根据各类限制对经济效率的影响程度进行主观评估的结果；最后将各类限制的分值进行加权即可以计算出贸易限制指数。后来有研究者进一步发展了澳大利亚方法，通过运用因子分析法或主成分分析法等统计学方法对权重进行了改进。

2. 数量方法。测量服务贸易壁垒的数量方法来源于标准的国际贸易模型，其基本思想是根据贸易模型中贸易的决定因素建立计量模型，用模型估计残差或各种虚拟变量度量壁垒规模。数量方法较多的用于商品贸易领域，赫克曼和弗郎索瓦(1999)和沃伦(2001)将这种方法运用到服务贸易壁垒的测量中。前者利用引力模型模拟美国和主要贸易伙伴双边服务贸易流量，因变量包括人均收入、GDP 和一个西半球虚拟变量。贸易壁垒的规模用实际进口额和预测进口额之间的差额表示。以中国香港和新加坡为自由贸易的基准，将壁垒规模标准化后，通过设定的需求弹性将数量措施转换为关税等值。沃伦(Warren,2001)采用数量方法，通过计量模型估计了贸易和投资壁垒对电信服务消费量的影响。模型中的自变量为人均收入水平、网络质量、等待清单、家庭密集度、人口密集度、贸易和投资壁垒。沃伦以频数指标表示贸易和投资壁垒，通过回归模型估计了 136 个经济体贸易和投资壁垒的数量影响，然后结合价格的需求弹性将估计结果转换为关税等值。

3. 价格方法。估计服务贸易壁垒的价格方法源于国内和国外价格差，即价格锲子。迪尔多夫和斯特恩(Deardorff & Stern,1998)认为，如果有足够的价格数据，通过比较进口商品的国内价格和国外价格，将能够构建价格方法。价格方法的基本思想是，假设国内外服务价格差异不是由沉没成本和现有企业对潜在进入者的阻碍战略导致，而是由政府施加的壁垒导致，则国内外价格的百分比差异与关税是可比的。价格楔子可以借助计量模型进行量化，或将量化的措施结合需求和供给弹性转换为关税等值。

由于服务贸易价格数据相对缺乏，有关非关税壁垒的价格方法主要局限在商品贸易领域。弗郎索瓦和赫克曼(Francois & Hoekman,1999)提出了一种以毛营业利润率为基础的方法，定义为：

毛营业利润率 =（总销售收入 - 总的平均成本）/总的平均成本

毛营业利润率是根据证券市场上企业披露的金融数据计算而得，这些数据提供了不同行业相对利润率的指标，相应的也确立了各行业进入壁垒的相对规模。赫克曼（Hoekman,2000）提出了两种测量贸易壁垒规模的方法：一是以贸易相对自由的国家作为基准，比较平均利润率之间的差别；二是以制造业利润率为基准，比较制造业和服务业利润率之间的差别。

对服务贸易价格影响的研究主要集中在澳大利亚生产率委员会的一些成果中，研究包含了五个部门：电信业、银行业、海洋运输、食品分销业、工程服务业。这些研究采用的步骤为：首先，寻找所在部门国内价格的代理变量；其次，建立模型识别影响价格的一系列变量，其中一个变量是以贸易限制指数表示的贸易壁垒；再次，建立并估计回归模型；最后，用估计的参数系数和贸易限制指数计算单个经济体价格楔子的规模。

（二）对服务贸易壁垒经济影响的度量

服务贸易壁垒的经济影响主要度量削减服务贸易壁垒后对服务价格和数量、消费者以及整体经济的福利影响。通常通过模拟标准的国际贸易理论模型来评估服务贸易壁垒的经济影响。首先，基于经济理论，建立一般均衡模型以反映消费者、生产者和政府三者之间的联系。其次，为系统参数取值，运用服务贸易壁垒测量指标[例如赫克曼（1995）的关税等值数据]为模型相关参数取值提供借鉴。最后，将经过校准的模型用于模拟贸易自由化效应，通过比较现实状态与模拟的自由贸易均衡状态计算贸易壁垒的经济效应。

目前对服务贸易壁垒经济效应的测量主要有以下两种分析框架：一种是局部均衡分析，即分析单个服务部门或市场的福利变化。例如约翰逊（Johnson等,2001）曾对国际航空服务贸易自由化效应进行估算，对澳大利亚、中国内地、中国香港地区和日本之间建立开放俱乐部联盟，并在其范围内实行国际航空服务自由化的效应进行模拟，考察消费者剩余、航空公司利润及二者的变化。另一种是一般均衡分析，通过模拟标准国际贸易理论的一般均衡模型，建立可计算一般均衡（CGE）模型。其中，GTAP 模型和密歇根世界生产和贸易模型（Michigan Model of World Production and Trade）是两种常用的 CGE 模型。

二、国际服务贸易壁垒度量的指标

对于服务贸易壁垒的度量指标，有学者认为货物贸易壁垒的度量指标适用于服务贸易,然而也有学者主张应根据服务贸易壁垒的特点创建独立的服务贸易壁垒度量方法。借鉴货物贸易壁垒的度量指标,在此,主要介绍以下三种指标。

(一)名义保护率

名义保护率(Nominal Rate of Protection,NRP)是衡量贸易保护程度最普遍使用的指标。它通过测算世界市场价格与国内市场价格之间的差额,衡量保护政策的影响。世界银行将名义保护率定义为:由于保护引起的国内市场价格超过国际市场价格的部分与国际市场价格的百分比。用公式表示为:

$$\text{NRP}=(\text{国内市场价格}-\text{国际市场价格})/\text{国际市场价格}\times 100\%$$

例如,一国政府可通过提高国内信息网络上网费用达到限制外国信息服务进口、保护本国进口替代信息服务厂商的目的。国内网络使用费高出国际网络市场价格的部分,相当于政府对消费者购买国外信息服务征收的关税。假定国内市场网络费率为 1 分/K,国际市场网络费率为 0.20 分/K,那么该国信息服务市场的名义保护率为 400%。

若一国对某种商品仅仅采取边境管制措施,那么,名义保护率的测度方法在评估贸易政策对产出水平的影响方面是有效的。在仅使用关税的情况下,可用名义保护率衡量有关商品的关税等值。然而,并不是所有的政策效果都可通过价格差异来测量。在服务贸易领域,由于各国服务价格的差异往往不仅仅是由关税壁垒引起的,还与要素禀赋、技术差异、规模经济和不完全竞争等因素密切相关。服务贸易大多难以使用关税手段进行保护,这就限制了 NRP 在衡量服务贸易保护程度方面的作用。

(二)有效保护率

有效保护率(Effective Rate of Protection,ERP),或称实际保护率,是相对于名义保护率或名义关税率而言的。用公式表示为:

$$\text{ERP}=(\text{国内加工增值}-\text{国外加工增值})/\text{国外加工增值}\times 100\%$$

或者:

$$\text{ERP}=\frac{[\text{最终产品名义保护率}-(\text{中间品价格}\div\text{最终品价格})\times\text{中间品名义保护率}]}{[1-(\text{中间品价格}\div\text{最终品价格})]}\times 100\%$$

这一概念最初是由澳大利亚经济学家 M. 科登和加拿大经济学家 H. 约翰逊提出来的。他们将有效保护定义为包括一国工业的投入品进口与最终品进口在内的整个工业结构的保护程度。假如这一结构性保护的结果是正,那么其关税保护是有效的;反之,则是无效的。由此可见,一国的关税政策是否有效,不仅要看其最终产品受保护的程度,还要看受保护的那个产业的中间产品进口是否也受到了一定的保护,从而使得该产业的实际保护为正。这也就说明许多政策不仅影响产出价格,而且还影响投入价格。有效的关税保护取决于一个产业所面对的实际关税,而实际关税是由中间产品(即投入)与最终产品(即产出)的关税共同来决定的。有效保护率就是用来衡量投入与产出政策对价值增值的共同影响的指标。

由这一公式可以看出,计算服务贸易的实际保护率,需要获取有关服务业的投入-产出系数等信息资料,而这些详细的资料往往难以得到。另外,实际保护率并没有反映导致产出扭曲的所有政策的效果,所有影响生产要素价格的因素可能在价值增值中没有得到反映,因而没有被包括在实际保护率的计算中,其中包含在衡量商品贸易领域保护程度中广泛采用的国内资源成本(Domestic Resource Costs,DRC)的计算。国内资源成本常以国内生产一单位商品的资源成本(以资源的社会机会成本衡量)与外部价格衡量的商品的增加值之间的比例来表示。国内资源成本分析就是试图找出那些一国具有真正比较优势的商品,它可以用来衡量一国保护某一产业的代价以及由其他扭曲(包括市场失灵和政府干预等)造成的福利损失。但计算国内资源成本,需要大量的与要素市场政策和要素产出系数相关的技术信息,这在服务贸易领域并不可行,也是不现实的。

(三)生产者补贴等值

生产者补贴等值(Producer Subsidy Equivalent,PSE),或称生产者补贴等值系数方法,最早被经济合作与发展组织用于对其成员国农业政策和农产品贸易的分析报告。随着这一衡量方法在许多国家的运用过程中被改进、提高,尤其是在乌拉圭回合多边贸易谈判中被广泛接受后,生产者补贴等值方法日益受到重视,并且不断被完善。

生产者补贴等值是用来测算关税和非关税壁垒,以及其他与分析相关的政策变量的保护程度的一种测度指标。它是对政府各种政策(包括支持、税收和补贴等)的总体效应进行评估,通常可用两种方法获得生产者补贴等值:一种是通过观察政策的预期效果;另一种是通过观察政策措施引起的国内外价格的变动。

我们可用下图来进行说明。在图 3－1 中，S 是国内供给线，D 是国内需求线，S 与 D 的交点是国内消费均衡点，P_w 指世界市场上的价格，P_t 指实行关税后的国内价格。图中可见世界价格 P_w 低于国内供给线和国内需求线的交点，所以人们将会从价格更低的世界市场上进口服务。此时，关税的实施使国内价格上升至 P_t，使得服务进口减少（$Q_d^w - Q_d^t$）。P_tP_wab 是关税使国内生产者增加的福利。由于生产者补贴等值的衡量是建立在现有关税水平的生产与消费基础上的，所以不能准确地测量生产者福利水平。生产者补贴等值的关税影响体现在关税产品价格（$P_t - P_w$）和生产数量（Q_s^t）两个方面。同时，消费者因关税而导致的福利损失则由 P_tP_wdc 表示，消费者补贴等值（CSE）表现在关税产品价格（$P_t - P_w$）和现有关税水平下的消费量（Q_d^t）两个方面。由此可分别得出作为生产价值比率的生产者补贴等值（PSE）和作为消费价值比率的消费者补贴等值（CSE）。

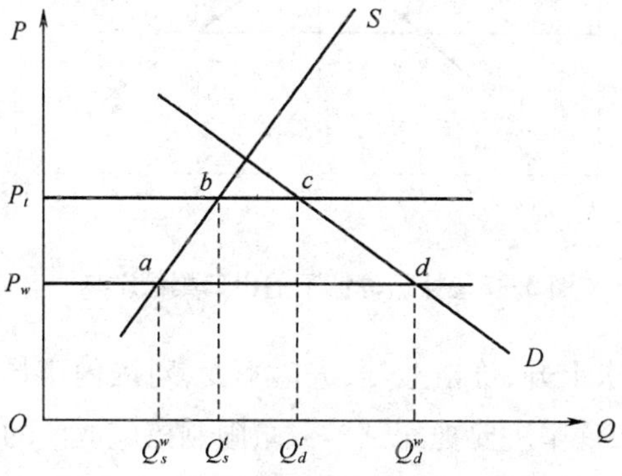

图 3－1　补贴等值下的关税效应

$$\mathrm{PSE} = \frac{(P_t - P_w)Q_s^t}{P_tQ_s^t} = \frac{P_t - P_w}{P_t}$$

$$\mathrm{CSE} = \frac{(P_w - P_t)Q_d^t}{P_tQ_d^t} = \frac{P_w - P_t}{P_t}$$

可用类似方法导出出口配额这种非关税壁垒的保护效果。在图 3－2 中，世界价格 P_w 低于国内供需曲线的交点，所以进口量为（$Q_d^w - Q_s^w$）。在国内需求不变的情况下，若一国政府为本国服务保留一定数量的份额，则必须有效减少本国服务的进口量，如对国外厂商的进口实行配额限制，假设给予外国厂商的配额为 $Q_d^qQ_s^q$，相当于把国内市场供给曲线向右移动至 S_1，国内市场价格上升至 P_q，国内服务的生产将提高到 Q_s^q，消费将下降到 Q_d^q，国内生产者由于市场保护份额而增加了福利(以图 3－2 中 P_qP_wab 表示)。名义保护系数(Nominal Protection Coefficient, NPC)用国内价格与国际市场价格的比率来表示,用公式表示如下:

NPC = 国内市场价格/国际市场价格

与非关税壁垒效果分析的一般结论相同,政府希望通过为国内服务厂商保留市场份额而对其提供有效保护,来替代作为竞争者的外国厂商,但这样做将以提高服务的国内价格为代价。对于消费者而言,配额会造成其福利损失,在图 3－2 中用 P_qP_wdc 来表示。

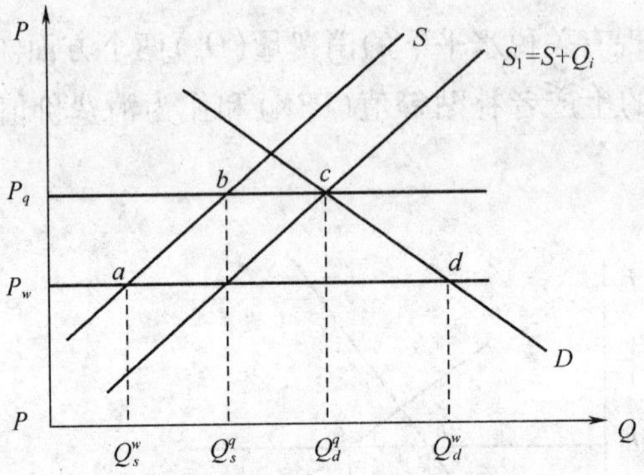

图 3－2　补贴等值下的出口配额影响

实施配额时,需求上升,价格上升,进口不变,对国内市场保护有利,是市场机制的代替,这是 WTO 坚决要把配额等数量限制措施取消的主要原因之一。

生产者补贴等值方法是通过比较国内价格与国外价格的差异来考察一揽子政策的净效果的,考虑贸易政策的总体影响,而不仅仅考察单个政策的效果,它测算的是政策给予生产者的价值转移量或政府政策对生产者收益的贡献。在不同的时期、不同的国家,甚至不同的领域,生产者补贴等值都是不同的。但是,补贴行为被视为不公平竞争,按 WTO 规定,进口国可以对受到补贴的进口商品征收反补贴税,其税额不高于补贴的金额。这样,出口国不仅达不到鼓励出口的目的,而且还会将本国纳税人的钱白白拱手送给进口国。

案例分析

这些年美国服务贸易继续保持在全球领先优势的主要原因,首先应归功于

《国家出口战略》的实施。这是因为，不仅历年《国家出口战略》报告的所有战略、策略、政策、具体措施完全适用于服务贸易出口，而且，更重要的是，根据《国家出口战略》的“商业优先次序”等原则，从一开始，“服务先行策略”就成为《国家出口战略》的最重要内容。

一、加强对外谈判，扩大市场准入

美国经济界、政界一直普遍认为，在国际市场上，美国的许多有形产品竞争优势正在逐步减弱，但多数服务产品在全球却拥有竞争优势，这种优势因世界上许多国家在服务贸易准入上设置的“壁垒”而未能达到其应有的程度，因此，要促进美国服务贸易出口，首先就必须通过加强对外谈判，提高各国对美国服务产品的市场准入程度。

二、巩固传统市场，打开新兴市场

美国贸易促进协调委员会(TPCC)《国家出口战略》报告中指出，美国促进服务贸易出口发展的市场战略方针是：服务业出口要巩固传统市场，打开新兴市场，“两个市场”兼顾。所谓传统市场主要是指欧洲和日本，所谓新兴市场(Big Emerging Markets)主要是指已确定重点开发的墨西哥、阿根廷、巴西、中国经济区(包括中国内地、中国台湾地区、中国香港地区)、印度、印尼、韩国、波兰、土耳其和南非等十大市场。

三、与企业密切合作，注重务实性、技术性促进措施

美国商务部等主要贸易促进机构除了注重通过立法、设立专门机构等手段，建立起较为完善的服务贸易法律法规体系和促进机制，为服务业和服务贸易的健康、迅速发展创造一个良好的制度环境外，特别注重与企业间的密切合作，更多地应用深受服务出口企业欢迎的务实性、技术性出口促进措施。在促进方式上，大量通过派出政府与企业联合商务团组，包括利用类似于召开美中商贸联委会等双边贸易协商方式开展游说与促进工作，以及举办各种商务对接、商务会议、展览等商务促进活动，帮助企业寻找商机。针对服务出口不同于商品出口的不同特点，举办大量技术性、务实性很强的专业培训活动，帮助分析出口目的地国家的市场和投资做法、消费趋势及习惯等，以帮助中小服务企业提高服务出口技能。

四、确定重点行业，实施重点支持

美国服务出口重点产业虽然根据市场情况和美国产业竞争力情况有所调整，但基本上将促进重点放在其具有强大竞争优势的旅游、商务与专业技术服务(包括环保、能源等工业服务)、交通运输、金融保险、教育服务、影视娱乐、电

信服务等领域。对其中的重点行业，商务部分别与能源部、环境保护署、卫生部、教育部等相关机构以及行业协会的官员与专家组成一些机构，采取针对性的促进措施。对金融服务、旅游业和商务服务，商务部国际贸易管理局内部则有专门的办公室予以促进。

思考题

试分析美国促进服务贸易发展的贸易政策。

课后练习题

1. 简述服务贸易壁垒与货物贸易壁垒、国内服务业管制之间的区别和联系。

2. 举例说明发达国家和发展中国家的服务贸易政策取向。

3. 什么是名义保护率？请做图说明。

4. 说明服务贸易壁垒的类型，并分析各种类型服务贸易壁垒的具体表现形式。

5. 如何理解服务贸易自由化政策以及服务贸易保护政策。

第四章 国际服务贸易规则体系

学习目标和要求

1. 了解《服务贸易总协定》(GATS)的形成背景、原因、内容。

2. 掌握《服务贸易总协定》的纪律、原则。

3. 掌握新一轮服务贸易多边谈判的基本知识、区域性服务贸易协议的特点与规则。

引导案例

1997年之前,墨西哥的国内长途和国际电信服务一直由Telmex公司所垄断。1997年之后,墨西哥政府授权多个电信运营商可以提供国际电信服务,但根据墨西哥国内法,在国际电信市场上对外呼叫业务最多的运营商有权与境外运营商谈判线路对接条件,而Telmex公司作为墨西哥对外呼叫业务最多的运营商,自然就享有了该项谈判权利,事实上就拥有了排除外部竞争者的权力,从而引发了希望大举进入墨西哥市场的美国电信业巨头的不满。

2000年8月17日,美国以墨西哥的基础电信规则和增值电信规则违背了墨西哥在GATS中的承诺为由,向墨西哥提出磋商请求,之后,美墨双方进行了两次磋商,但未能达成共识。2002年4月17日,根据DSU第6款,成立了专家组,因双方未能在规定期限内就专家组的组成达成一致,2002年8月26日,WTO总干事最终任命了以彼得斯曼(Ernst－Ulrich Petersman)为首的三人专家组。另有澳大利亚、巴西、加拿大、古巴、日本、洪都拉斯和尼加拉瓜等十国提交了他们的书面意见。专家组分别于2003年11月21日和2004年4月2日提交了中期报告和最终报告,2004年6月1日,经过再次磋商,墨西哥放弃了上诉,正式接受了专家组的最终报告,并最终就此电信服务争端与美国达成协议。协议中，墨西哥同意废除本国法律中引起争议的条款，并同意在2005年引进用于转售的国际电信服务。美国同意墨西哥继续对国际简式电信服务进行严格限制以阻止非授权的电信传输。

第一节　服务贸易总协定

《服务贸易总协定》于1994年4月15日正式签署，并于1995年正式实行。它的出现使得原本无序发展的国际服务贸易有了一系列的国际规则，对于全球范围内以及区域服务贸易的发展都具有重要意义。作为WTO多边贸易体系下的具体协议，《服务贸易总协定》秉承了WTO倡导的自由贸易精神，要求各成员国降低贸易壁垒，积极参与服务贸易自由化。《服务贸易总协定》在其前言中明确表述了它的目标：在增强透明度和逐步自由化的条件下，建立一个有关服务贸易的原则和规则的多边框架，以促进贸易各方的经济增长和发展中国家的经济和社会发展。在尊重各国政策目标的前提下，本着在互利的基础上提高各成员利益的目的，以及确保各方权利和义务的宗旨，希望能够通过多轮多边贸易谈判，促进国际服务自由化的发展。

一、《服务贸易总协定》形成的背景

尽管《关税与贸易总协定》(GATT)中已经有涉及服务贸易的条款，如条款中已经对运输服务做出了明确规定，但是该协议的主要内容以及多次的多边谈判仍然是关于货物贸易的自由化。随着服务贸易在国际贸易中的比重不断提高，尤其是发达国家都已经进入到服务经济阶段，推进全球性的服务贸易自由化符合各国的利益。

在1986年启动的“乌拉圭回合”谈判中，服务贸易正式成为谈判议题。实际上在乌拉圭回合的三大议题中，服务贸易谈判是核心。对于服务贸易的国际规则，各国一直认为不能简单地把关贸总协定的内容照搬过来，需要制定一个全新的多边协定。服务贸易谈判从开始到达成协定历时近8年，大致经历了四个阶段：

第一阶段，从1986年9月发动乌拉圭回合开始到1988年12月蒙特利尔部长级中期审议会议为止。1987年1月28日，服务贸易谈判组制定了谈判的初步安排，并开始就以下五个要素进行谈判：定义和统计问题；服务贸易原则与规则的概念问题；服务贸易多边框架的范围问题；现行国际纪律与安排问题；促进

或限制服务贸易发展的措施与做法问题。这些要素为蒙特利尔中期审议会议之前的谈判提供了框架,但是,直到蒙特利尔中期审议会议前夕,谈判未取得实质性进展。

第二阶段,从1988年底到1990年12月布鲁塞尔部长级会议召开前夕,谈判进入了实质性阶段。该阶段的谈判大体上可分为三个部分:关于服务部门的实验性谈判;关于服务贸易框架协定本身的谈判;关于框架协定附录的谈判。在蒙特利尔中期审议会议上,各国部长审议了服务贸易谈判组取得的进展,决定着手讨论服务贸易的定义。会议决定,在以后的谈判中着重讨论与服务贸易框架协定有关的概念、原则和规则。会议还决定加快关于服务贸易原则和规则的谈判,要求谈判组在1989年年底以前就服务贸易框架协定的草案达成初步协议,以便在乌拉圭回合谈判结束前完成协定起草工作并使之生效。中期审议会议在很大程度上推动了服务贸易谈判的进展,其间为推动实质性谈判而通过的决议,措辞较为平衡、严谨,照顾到了服务贸易出口方与进口方、发达国家和发展中国家的利益平衡,发展中国家制定新的有关立法的权力也得到了承认。

第三阶段,从1990年12月布鲁塞尔部长级会议到1991年底。由于美国和欧共体在农产品问题上相持不下,致使布鲁塞尔部长会议以失败告终。从布鲁塞尔部长会议到1991年4月,乌拉圭回合谈判基本处于停顿状态,服务贸易的谈判也同样没有取得实质性进展。1991年4月乌拉圭回合恢复谈判后,服务贸易谈判组于1991年5月27日举行首次正式会议,计划到1991年年底结束。到12月下旬为止,经过各方紧张的谈判,服务贸易谈判组终于将反复修改的《服务贸易总协定》草案提交多边贸易谈判委员会,列入谈判委员会主席邓克尔的一揽子方案,即《乌拉圭回合多边贸易谈判结果的最后文件》草案。

第四阶段,从1991年底到1994年4月15日乌拉圭回合结束。1992年1月13日乌拉圭回合多边贸易谈判委员会召开会议,决定以邓克尔文案为基础继续进行谈判,服务贸易谈判组的工作也继续进行。在此之后,谈判组的工作以组织关于各国初步承诺的双边谈判为主要内容,各国陆续提交各自的初步承诺开价单,开价单的提交标志着市场准入初步承诺谈判的开始,但是初步承诺谈判取得重大进展是在1992年。从1992年1月开始,服务贸易谈判共进行了5轮初步承诺双边谈判(1992年1,2,3,6,10月),参加谈判的国家有几十个,许多国家在谈判的基础上提出了初步承诺开价单的修改草案。经过两年的谈判,到1993年12月乌拉圭回合非正式结束之际,除少数几个部门外,服务贸易谈判实质上已经结束,各国均提出了自己的减让表,准备附在《服务贸易总协定》

之后,作为乌拉圭回合谈判成果的一部分。1994 年 4 月中旬,参加乌拉圭回合谈判的各个国家和地区的贸易部长在摩洛哥的马拉喀什城举行的会议上正式宣告,历时近 8 年的关贸总协定第 8 轮多边贸易谈判——乌拉圭回合多边贸易谈判结束。①

二、《服务贸易总协定》产生的原因

(一)经济全球化是《服务贸易总协定》产生的基本原因

由于新技术革命,无论是生产成本还是运输成本不断下降,各国经济交往更加密切。经济全球化不断深入,国际商品、服务以及资本、技术信息等要素自由流动的程度不断提高。由于服务业和服务贸易在国民经济中的地位特殊,存在着大量的国内管制和贸易壁垒,造成了各国服务业交流的难度增加。为了提高服务贸易自由化程度,必须建立统一、合理有效的管理服务贸易的国际规则。

(二)服务贸易迅速崛起的必然要求

20 世纪 80 年代以后,国际服务贸易发展十分迅速,在世界经济和贸易中发挥着越来越重要的作用。根据统计数据显示,1970 年世界服务贸易出口为 710 美元左右,1980 年就上升到了 4 020 亿美元,到了 1990 年则迅速增加到 11 851亿美元。在不断增加的规模背后是贸易规则的缺失。由于没有国际规则的约束,各国服务贸易领域的矛盾冲突不断增加。为了保护国内市场,各国对于服务贸易进口都设置了各种各样的贸易壁垒,尤其是各国关注的金融、电信等部门,另外有关社会道德、价值观念的文化娱乐方面也存在很多限制条件,这种状况对于服务贸易的增长造成了很大阻碍。

(三)各国利益需要相互妥协

针对服务贸易自由化,发达国家和发展中国家的态度截然相反。发达国家对于服务贸易自由化的热情很高,尤其是美国。由于货物贸易的逆差不断增加,美国迫切需要通过多边磋商推进全球性、区域性的服务贸易自由化。由于服务业竞争实力的增强,欧盟国家对于服务贸易自由化的热情也在逐渐高涨。

① 杨圣明. 服务贸易中国与世界. 北京:民主与建设出版社,1999:92 ~ 95.

为了协调同欧美的货物贸易关系，日本也加入了服务贸易自由化的阵营。发展中国家对于服务贸易自由化一直怀有戒心，但是随着发展中国家内部出现分化，一部分发展中国家开始转变态度，开始主动参与到服务贸易多边谈判中。在各国的共同努力下，服务贸易作为新议题加入乌拉圭回合的谈判中，并最终达成了相关协议。

三、《服务贸易总协定》的主要内容

（一）《服务贸易总协定》的组成

《服务贸易总协定》由序言、正文、相关文件三个部分组成（见图4－1）。序言主要规定了《服务贸易总协定》的宗旨和目标。正文包括六个部分：第一部分为范围和定义，第二部分为一般责任与纪律，第三部分为具体义务，第四部分为逐步自由化，第五部分为制度条款，第六部分为最后条款。其中包括了8个附件，有免除第二条义务（即最惠国待遇的例外）附件、在协定范围内提供自然人的流动、电信、基础电信谈判、两项金融服务附件、空运服务附件以及海运服务谈判附件。相关文件主要是指历次部长会议关于服务贸易的决议，包括四个部长决议，即《关于制度安排决议》、《关于若干争端解决程序决议》、《有关第十四条（B）项的决议》和《关于服务贸易与环境决议》。此外还有关于基础电信继续谈判、金融服务谈判、商业服务谈判、自然人流动谈判、海运服务谈判及金融服务承担义务的谅解等部长决议，以及各成员具体承诺减让表。

GATS的组成
- 序言　有关服务贸易的认识和总协定的宗旨与目标
- 正文
  - 范围和定义　服务贸易、服务的定义及总协定的调整范围
  - 一般责任与纪律　最惠国待遇、透明度、商业惯例、保障措施、认证认可、垄断与专营服务、国内管制等
  - 具体义务　国民待遇、市场准入、附加承担的义务
  - 逐步自由化　谈判安排、具体承诺计划表、计划表的修改
  - 制度条款　磋商、争端解决、服务贸易理事会、技术合作等
  - 最后条款　利益的拒给、定义、附件
- 相关文件　历次部长会议关于服务贸易的决议

图4－1　《服务贸易总协定》的组成

（二）《服务贸易总协定》的纪律和规定

为了促进各国能够积极做出开放承诺，而且保证开放承诺能够切实兑现，《服务贸易总协定》规定了一系列贸易自由化的纪律和规定。

1. 最惠国待遇。与 GATT 相同，GATS 把最惠国待遇视为一般性纪律，但与 GATT 不同的是，GATS 中最惠国待遇存在例外的规定。

最惠国待遇要求所有成员国都要对其他国家和地区实行非歧视的待遇。《服务贸易总协定》第二条第 1 款规定，在本协定所覆盖的任何措施方面，各成员给予任一成员的服务或服务提供者的待遇，应无条件地不低于给予任何其他国家相同的服务或服务提供者的待遇。最惠国待遇是《服务贸易总协定》的一般性义务也就是水平承诺，它适用于所有服务产品和服务部门。但与 GATT 不同，GATS 中的最惠国待遇可以实行例外。协定第二条第 2 款规定：各成员可以保留与本条第 1 款不一致的措施，但该项措施必须列入协定的附录，并符合附录第二条有关免责条款所规定的条件。也就说成员国可以申请要求在某一些服务部门或服务活动中豁免最惠国待遇，但要经过世贸组织多数成员的同意。另外，对于区域经济一体化中的优惠待遇也是最惠国待遇中常见的例外范围。

2. 国民待遇。国民待遇要求各成员国对其他国家和地区的服务和服务提供者给予与国内的服务和服务提供者相同的经济待遇。在 GATS 中，国民待遇不是一般性义务而变成了具体义务，这是与 GATT 最大的不同。也就是说，国民待遇并非无条件给予的，各成员国通过谈判可以在服务部门中承诺给予国民待遇，也可以在适用上进行一定限制。

GATS 第 17 条第 1 款规定：每一成员方应在其承诺表所列的部门中和按照表内所述的各种条件和资格，给予其他成员方的服务和服务提供者的待遇，就影响服务提供的所有规定来说，不应低于给予其本国相似的服务和服务提供者。由于大部分的服务贸易都需要提供者和消费者的直接接触才能完成，所以建立商业存在是进行服务贸易的必要条件，因此是否得到国民待遇对于外国投资企业的经营状况影响很大。目前世界各国对于外国投资的服务企业除了在开业权进行限制，在经营权上也存在一定的限制，如对企业的业务范围、经营业绩、外汇管理的规定等。国民待遇原则要求要对这些限制措施进行约束，而且《服务贸易总协定》对于国民待遇的要求更加讲求实际，而不强调形式。该协定第 17 条第 2、3 款规定：成员可通过给予其他任一成员的服务或服务提供者与给予己方相同服务或服务提供者形式上相同或不同的待遇，来达到本条第 1 款的要求;如果一成员修改其服务和服务贸易提供者的竞争条件,以有利于它自己的服务和服务提供者,则形式上相同的待遇或形式上不同的待遇都应被认为是对其他成员的同类服务或服务提供者不公平待遇。对这一规定的通俗理解是:尽管实现这种待遇的形式不同,只要是不对外国的服务和服务提供者造成了歧视,就认为是符合国民待遇;即使是采用了相同的形式,但造成了国内外服务或服务提供者的事实上的不平等,也会被认为是违反了国民待遇原则。

3. 市场准入纪律。市场准入纪律不仅是各成员管理服务贸易的规则,而且是《服务贸易总协定》各成员为实现服务贸易自由化应承担的任务。市场准入限制措施是指对进入国内的各类服务和服务企业加以限制、约束甚至是禁止等措施。《服务贸易总协定》对于市场准入纪律的规定非常明确,在协定的第16条中列出了成员不能使用的限制性措施:

(a)以采用数量配额、垄断专营服务提供者或要求测定经济需求的方式,限制服务提供者的数量的措施。

(b)采用数量配额或要求测定经济需求的方式,限制服务交易或资产的总金额的措施。

(c)采用配额或要求测定经济需求的方式,限制服务交易的总数或以数量单位表示的服务提供的总产出量的措施。

(d)采用数量配额或要求测定经济需求的方式,限制某一服务部门或服务提供者为提供某一特定服务而需要雇用自然人的总数的措施。

(e)对服务提供者提供服务所需要通过的法人实体或合营企业进行限制或对其类型进行限制的措施。

(f)对参加的外国资本限定其最高股权比例或对个人的或累计的外国资本投资额予以限制。

在《服务贸易总协定》中,市场准入是作为具体承诺由各成员做出的减让,它和国民待遇原则构成了各国承诺表的主要内容。市场准入是服务贸易得以进行的第一步,它的具体规定和国民待遇的规定一起决定了成员国的服务贸易自由化程度。市场准入与国民待遇原则之间存在着交叉,有些市场准入政策是带有歧视性的,但也有的并没有什么歧视性;即使是给予了外国服务供给者市场准入的机会,但是对国民待遇限制了范围或程度,也会在事实上造成对市场准入的限制。同样的,没有市场准入作为前提,国民待遇根本就无从谈起。市场准入纪律和国民待遇原则的搭配使用造成了服务贸易自由化的复杂程度。

4. 透明度原则。透明度问题对于服务贸易十分重要。在服务贸易领域不存在关税壁垒,限制性措施具体体现为各国国内管制措施(如资格、许可和技术标准等)。作为服务贸易国际规则体系,《服务贸易总协定》承认国内法律制度的独立性,允许国家之间不同管制制度的存在。但是如果国内管制缺乏透明度,各国法律之间的差异就无法为外国服务提供者所知晓或导致信息获取成本过高,从而构成服务贸易的严重障碍。"外国服务提供者在另一个国家的市场成功经营的基础是充分理解影响服务贸易的法规措施。"①为此,《服务贸易总协定》规定的透明度原则,要求各成员立即公布其所有由中央政府或地方政府、非政府立法部门发布生效的法律、条例、行政规章和各种措施,以及所签署的与国际服务贸易有关的国际协议,并且每年需要将其对承诺产生影响的新的立法和对原有立法的修改及其他措施向服务贸易理事会通报一次。

根据《服务贸易总协定》第3条第4款的规定,各成员必须用适当形式让其他成员了解其对服务贸易的管理制度。为此,各成员都需要建立一个专门的咨询机构来负责向其他成员提供必要的资料和回答其他成员在此方面提出的各种咨询。提供资料的范围包括本国所有影响服务贸易的法律、法规和行政措施以及其他决定、规则和操作程序。成员方参与区域经济一体化安排中有涉及服务贸易的内容也需要提供。

5. 国内管制纪律。由于信息不对称、自然垄断、规模经济等方面的原因,各国普遍都对服务业进行了管制。这些管制对于保证服务产品的质量、保护消费者利益以及维护国家安全等起到了重要作用,但是有些管制措施往往会对服务贸易的进行造成障碍,另外管制措施也会被一些国家作为服务贸易壁垒进行滥用。为了减少服务贸易壁垒,《服务贸易总协定》对于国内管制规定了一些纪律,但GATS的目标是逐步实现服务贸易自由化,而不是解除管制。② 所以协定的序言承认成员方为了满足国家政策目标而有权管制其领土内的服务提供,同时鉴于不同国家的服务管制水平存在差异,承认发展中国家尤其需要行使这一权利。

GATS对于国内管制纪律的要求主要是在第6条中体现出来的。GATS有关国内管制纪律的规定,目的在于确保有关管制措施不构成对服务贸易不必要障碍,将国内管制措施对贸易的限制降到最低。这一纪律既适用于已承诺部门

---

① Roger Kamp, Liberalization in Financial Service in CATS and Domestic Regulation. International Trade Law and Regulation, 1997(5):157.

② Aaditya Mattoo. 国内管制与服务贸易自由化. 方丽英,译. 北京:中国财政经济出版社,2004:第3页.

中不属于市场准入和国民待遇纪律约束的限制措施，也适用于许可和资格要求及程序、技术标准。第6条规定，成员方在已经做出承诺的部门以合理、客观和公正的方式管理，对服务贸易产生影响的所有普遍适用的措施，要求建立审查影响服务贸易的行政决定的机制；要求维持或建立司法、仲裁或行政法庭或程序，并提供客观、公正的审查；在已承诺的部门提供服务需要批准的情况下，成员方的主管机关应当在完整的申请提交后，于合理期限内将有关决定通知申请人，在申请人提出要求的情况下应告知其申请办理的情况；成员方在做出承诺的服务部门应建立适当的程序，以验证外国服务提供者的能力。这些规定对成员方在已承诺的服务部门中管制措施的管理方式、司法救济、服务申请的办理和外国服务提供者能力的验证等提出了明确要求。GATS的国内管制纪律是成员方在行使国内管制权力时须接受的约束。

6. 补贴、垄断和保障措施条款。为了促进服务业发展，各国普遍采取了形式不同的补贴，这些补贴会造成服务贸易竞争力的变化。对于补贴问题，GATS认为，在某种情况下补贴对服务贸易可能会引出不正常的结果，但是在GATS中并没有像GATT里有明确的反补贴的规定，只是提出了关于反补贴谈判的要求。为了避免补贴对服务贸易的扭曲作用，GATS要求成员方应举行多边谈判，通过谈判应提出适当的反补贴程序。

由于自然属性和国家管制的原因，某些服务业存在着明显的垄断现象。对于垄断问题，GATS承认了各国服务业中的垄断现象，并对垄断权力的使用做出明确规定。GATS规定，当一成员方的垄断服务提供者，根据该成员方承担的特定义务，不论是直接或通过其分支机构，在其垄断权范围之外参与提供服务的竞争时，该成员方应确保其服务提供者在境内不滥用其垄断地位，不进行与其承担义务不相一致的行动。当其他成员国认为对方滥用了垄断的权力，并对自身造成了损害，有权向服务贸易理事会进行起诉。

服务贸易自由化程度的提高有可能造成进口激增、国内服务业受到严重冲击的影响。为了避免出现这种情况，GATS规定了保障措施条款。GATS认为成员方有权在符合条件下的情况下实施保障措施条款，但必须是基于无歧视原则之上，而且要经过多边谈判方式来确定。GATS对于保障措施的规定是初步的，并没有比较明确的条款。

7. 许可与相互认定。由于服务天生具有信息不对称的现象，尤其是在专业性服务贸易当中，服务提供者的基本素质是决定服务产品质量的保障。为了保证产品质量和保护消费者的利益，各国都会对从事某一专业服务的从业人员进行资格认证。在国际服务贸易中，当其他国家的服务提供者在东道国提供服务时，东道国也有权对其从业资格进行必要的许可和认定。

为了防止在许可要求、认定的程序等方面的规定成为开展服务贸易的壁垒，GATS 第 6 条第 4 款对许可方面做出了规定：服务贸易理事会应设立适当机构制订必要的纪律，确保有关资格要求和程序、技术标准、许可要求不至构成不必要的服务贸易壁垒。这些纪律旨在确保那些资格要求、许可要求等以客观、透明的标准为依据，对服务提供者资格、能力的要求不超出为保证服务质量所必需的限度。许可程序本身不构成对服务提供的限制。该条第 5 款规定：在服务贸易理事会制订的纪律生效前，第 4 款的前述规定适用于成员方对已经承诺开放的那些服务行业所采取的措施。第 6 款进一步规定：对于已经承诺开放的专业服务行业，各成员必须规定适当程序，验证来自其他成员的专业人员的能力。

GATS 第 7 条是关于成员之间资格相互承认问题的规定。第 1 款规定，为了使服务提供者获得授权、许可或证明的标准或者准则得以实施，在遵守第 3 款要求的前提下，成员可以承认在特定国家已经获得的教育或经验、已经满足的要求或者已经给予的许可或证明。成员既可以依据有关协定或者安排给予承认，也可以自动给予。第 2 款规定，参加了有关承认的协定或例外条款安排的成员，无论此类协定或安排是现行的、还是将来要制订的，均应向其他成员开放，给有兴趣的成员提供谈判加入此类协定或安排，或者与其谈判类似协定或者安排的机会。如果成员自动给予承认，则应向其他成员提供机会，以便它表明在其境内获得的教育、经验、许可或者证明以及满足的要求，应该得到承认。第 3 款规定，成员给予承认的方式不得在各国之间构成歧视或者形成对服务贸易的变相限制。

第 7 条还规定各成员须自世贸组织协议对其生效之日起 12 个月内，将其现有的承认措施通知给服务贸易理事会，并指出那些措施是否以有关协议或者安排为依据。成员应尽可能提前把有关协议或者安排开始谈判的情况通知给服务贸易理事会，以便在此类谈判进入实质性阶段前，给予任何其他成员表明其有兴趣参加谈判的机会。在通过新的承认措施或者对现有措施进行重大修改时，成员应及时通知服务贸易理事会，并指明那些措施是否以有关协议或者安排为依据。只要适当，承认就应当以多边商定的标准为依据，各成员应与有关政府间组织和非政府组织合作，以便为承认和开展有关服务贸易、从事专业服务确立和通过普遍的国际标准与原则。

8. 例外条款。考虑到服务业的特殊性，GATS 对服务贸易的开放规定了一些例外的情况，这些例外条款包括：

(1) 对保障国家收支平衡的限制。GATS 第 12 条规定，如果发生了国际收支严重失调和对外财政困难或其威胁的情况下，成员方可对其以具体承担义务的服务贸易，包括对有此类承诺有关的交易的支付和转让，采取或保持各种限制。但这种限制不能造成各成员之间的歧视，并且这些限制不能为保护某一特定服务部门而采用和维持。

(2) 维护公共安全、公共道德、军事安全等目的的限制。GATS 第 14 条规定，成员方可以在下列情况下采取限制措施：为保护公共道德和维护公共秩序所必要的措施；为保护人类、动物或植物的生命或健康所必要的措施；为防止欺诈、保护个人资料隐私、安全所采取的措施；与国民待遇不一致的措施，其条件是，实施差别待遇的目的在于确保对其他成员方的服务或服务提供者公正、有效地征收直接税，或者为了避免双重征税而实行的差别待遇。

(3) 区域优惠安排的例外。GATS 第 2 条规定，为方便毗邻国家交换本地生产的服务的权利可以申请最惠国待遇例外。第 5 条规定，协定不阻止成员方参与双边和多边的经济一体化，参与区域经济一体化的成员不必将区域优惠安排应用到区域组织外的国家，但不能增加其他国家的服务贸易壁垒。

(4) 市场准入和国民待遇例外。

9. 对发展中国家的特别规定。在 GATS 及其附件中，都有关于发展中国家的优惠待遇的具体规定，这具体表现在如下几个方面。

(1) 对发展中国家利益的认可。首先表现在 GATS 的序言中，协定开篇就指出，期望通过提高发展中国家国内服务的生产能力、效率和竞争力，促使他们更多地参与服务贸易并扩大其服务出口。另外 GATS 的第 4 条——“发展中国家更多地参与”，指出发展中国家与发达国家在服务贸易领域的不平衡状态，要求发达国家采取一些具体措施以增强发展中国家国内服务部门的实力和竞争力，并对发展中国家的服务出口提供有效的市场准入。第 4 条还规定，应优先考虑最不发达国家成员方，鉴于他们的特殊经济状况及其在发展、贸易和财政方面的需要，应对最不发达国家成员方在接受商定的具体义务方面的严重困难予以特别地考虑。

(2) 义务的减轻。协定第 5 条第 3 款规定，一般来讲，WTO 成员可以达成实现服务贸易自由化的经济一体化协定，但这些协定应涵盖众多的服务部门并规定实质性地取消所涉部门中所有的歧视性措施。对于参加此类协定的发展中国家,可以显示灵活性。灵活性应根据有关成员方的发展水平确定,这既包括整体水平,也包括单个部门或分部门的水平。

第19条第2款规定,自由化的过程应考虑各成员方的国家政策目标以及其整体和各个服务部门发展水平。对各个发展中国家成员方在开放较少的部门、对较少类型的交易实现自由化,根据其发展状况逐步扩大市场准入,并为实现对世界贸易的更多参与而附加市场准入条件方面给予适当的灵活性。实施期的延长规定在关于透明度的条款中,该条第4款允许在两年期限内设立咨询点以提供法律法规等信息方面,发展中国家可以有一定的灵活性。

(3)技术援助。GATS的框架协议专门规定了技术合作的内容,而对于发展中国家,GATS要求WTO秘书处在多边水平上向发展中国家提供技术援助,并由服务贸易理事会来决定。基于发展中国家在电信技术上的落后状况,关于电信服务的附件对此也做了大量的规定。该附件第6款首先要求各成员应认识到,高效的、先进的电信基础设施在各国特别是发展中国家扩大服务贸易方面是必要的。为此目的,各成员方赞成和鼓励发达国家和发展中国家及其公共电信网和服务的提供者及其他实体,在尽可能充分的程序上参与国际和区域组织的开发计划。其次,各成员方应鼓励和支持发展中国家之间在国际、区域和次区域级进行的电信合作,并应与有关国际组织合作,在可行的情况下,向发展中国家提供关于电信服务和电信及信息技术方面的信息以帮助加强其国内电信服务部门。另外,各成员方应特别考虑给最不发达国家以机会去鼓励外国电信服务提供者参与技术转让,培训和其他活动,以支持其电信基础设施的发展和电信服务贸易的扩大。此外,在附件部分也有关于技术援助的规定,《关于<服务贸易总协定>机构安排的决定》就要求WTO各部门委员会就影响服务贸易的事项应向发展中国家成员方和正在谈判加入WTO的发展中国家提供技术援助。①

(三)《服务贸易总协定》的附件

GATS的附件涵盖了金融服务、电信服务、航空运输服务和自然人流动等内容,这些附件充分考虑了服务的复杂多样性和提供服务方式的差异性,以附件和部长会议文件等方式,对特定服务部门确立了具有针对性的补充规定,为实现进一步自由化的后续谈判提供了指导。

① 李先波. GATS的优惠安排及我国的应对措施. 法治与社会发展,2002(5):132.

GATS 关于金融服务有两个附件,即《金融服务附件一》和《金融服务附件二》。前者对金融服务的范围和定义,有关金融服务的国内法规、认可以及争端解决等实质性内容做了规定;后者主要对金融服务贸易谈判的时间安排做出了规定。

《基础电信谈判协议》已于 1998 年开始生效,但此后仍有一些国家申请加入该协议,目前加入该协议的成员已增至 70 多个,此外,俄罗斯等国也在申请加入的过程中就电信市场开放问题进行谈判。

GATS 在第 1 条第 3 款中定义的自然人流动是指一成员方的自然人在任何其他成员方境内提供服务以获取报酬,也被称为模式 4,相对于其他三种模式的服务而言,其特点是服务提供者是自然人身份。自然人的一般含义是指基于出生这一自然状态而作为民事主体的人。因此,一个显而易见的问题是:这一含义下的自然人在另一方提供的服务是否都属于 GATS 所定义的自然人流动。WTO 在《关于 GATS 下提供服务的自然人流动的附件》(以下简称《附件》)中又对自然人流动进行了更为明确的解释,综合《附件》中的规定,目前各成员方将 GATS 下的自然人类别统一表述为:公司内部人员调任、商业访问人员、合同服务提供者和独立专业人士。

四、关于《服务贸易总协定》的评价

(一)《服务贸易总协定》是服务贸易自由化进程的里程碑

《服务贸易总协定》建立了国际上第一个对服务贸易发展有约束力的多边规则,第一次使服务贸易并入了多边贸易体制之中。作为世界贸易组织一揽子贸易协议的重要组成部分,它的产生拓展了 WTO 多边贸易体制的调整范围,弥补了 WTO 多边贸易体制的不足,标志着一套调整各个贸易部门的全面的“一揽子”多边贸易规则的形成。作为一个多边贸易协议,《服务贸易总协定》实际上是在各国利益相互博弈、相互妥协后产生出来的。虽然发达国家在规则制定上起到了主导作用,但是发展中国家的利益也有了一定程度的体现。《服务贸易总协定》在规定了一系列纪律的同时,为了照顾各国的不同情况,尤其是照顾发展中国家和最不发达国家的经济状况,GATS 给予这些国家特殊的权利,允许发展中国家拥有更多的过渡空间和时间,逐步进行服务贸易自由化。这样从制度设计上来看,《服务贸易总协定》既强调了贸易自由化的一些纪律,同时又考虑到了成员方的实际差别,实行的是一种差别性制度安排,这得到了各成员方的认可。因此,协定中的各项纪律对于每个成员方都具有约束力,无论是发达国家还是发展中国家都已经按照协定的规定,做出了本国的服务贸易减让承诺。从签订以后的执行情况来看,《服务贸易总协定》对于服务贸易的发展,特别是服务贸易自由化程度的提高起到了一定的指导和规范的作用。

(二)《服务贸易总协定》极大地促进了服务贸易的发展

《服务贸易总协定》的实施对于消除和降低服务贸易壁垒、促进服务贸易发展具有重要的意义。GATS 成为经济全球化、贸易自由化的催化剂,为服务业对外直接投资、加速服务业的国际资本流动创造了良好的外部环境和条件。自从 GATS 签订并正式生效以来,国际服务贸易的发展呈现加速的态势。尽管科技的进步增强了服务的可贸易性,由于大部分的服务贸易仍需通过商业存在模式完成,而商业存在是与服务业的跨国直接投资相联系的,因此服务业的跨国直接投资变得非常重要。出于全球战略的考虑,跨国公司大量通过直接投资建立了服务性的商业机构,一方面跨国公司大量使用这些机构的服务实现了市场的扩大和利润的提高,另一方面,这些服务性商业机构也为当地企业、居民提供了更优质的服务,提高了东道国其他产业生产效率和居民福利。另外,服务业跨国投资提高了国内服务市场的竞争程度,丰富了东道国的服务产品供给,同时通过技术外溢促进了国内服务业的进步,增强了东道国服务的出口能力。

(三)《服务贸易总协定》仍需要进一步完善

尽管《服务贸易总协定》对于促进服务贸易自由化起到一定作用,但是其自身存在的缺陷限制了它作为国际服务贸易发展制度框架的作用发挥。就目前条款来说,《服务贸易总协定》并不能完全保证服务贸易自由化进程的顺利进行,由于各国利益的巨大差异,《服务贸易总协定》的规定和纪律更多的是保持现有的开放程度不下降,而没有比较明显的动力促进各国进一步提高贸易自由化的程度。而且在现有的规则框架下,也难以保证各成员方的利益和成本之间的平衡,特别是对发展中国家而言。虽然《服务贸易总协定》对于发展中国家给予了一定优惠待遇,但是这些待遇可操作性并不强,而且很多优惠待遇仅适于最不发达国家。这样对于大多数发展中国家来说,《服务贸易总协定》可以产生的服务贸易自由化动力明显不足。因此作为国际服务贸易发展的制度框架,《服务贸易总协定》能否充分发挥它的作用,将有赖于自身规则和纪律的完善以及各成员方对《服务贸易总协定》的信任程度。

第二节 服务贸易的新一轮多边谈判

2000年6月,世界贸易组织服务贸易理事会启动了服务贸易的新一轮谈判。新一轮谈判的目的在于完善《服务贸易总协定》的各项规定,同时各国继续对服务贸易自由化做出进一步承诺。虽然经过了多年的谈判,但是新一轮的谈判并没有取得实质性的进展,服务贸易自由化的进程进展缓慢。

一、服务贸易新一轮多边谈判的议题

按照服务贸易理事会的安排,服务贸易多边谈判的议题集中在三个方面:

第一,服务贸易部门的进一步开放,这主要体现在各国的承诺出价上。一方面是对传统服务业部门扩大市场准入的地域范围、时间表、限制性条件等方面进行谈判;另一方面是对新兴服务部门与项目的开放。随着服务需求的不断扩大和衍生,一些新的服务门类产生出来,在《服务贸易总协定》关于服务贸易分类表中,许多分类都有"其他"一项,用以涵盖可能产生的新兴服务部门与项目。这些新型服务部门成长非常迅速,并且在新兴服务部门与项目上,发达国家占有绝对优势,他们将力求在新兴服务业部门进行更大范围和更深层次的开放。

第二,《服务贸易总协定》本身协议的完善。由于各国对服务贸易自由化的要求差距比较大,《服务贸易总协定》对一些关键的措施缺乏明确的规定。因此,新一轮谈判对于垄断、反补贴、保障措施等具体规定要进行明确,这需要各国经过谈判共同来制定。

第三,服务的标准化,也就是对服务提供者和服务产品要建立质量标准规范,以约束服务贸易行为。由于服务的特殊性质,服务的标准化问题很难解决。但是为了保护消费者利益和促进国际服务贸易的发展,又必须建立国际服务质量标准体系。关于服务标准化问题主要涉及对拟进入国际市场的服务提供者进行资格审查、对服务产品质量进行规范等。服务质量标准化谈判的内容包括:相关部门服务产品的技术质量标准、环保标准、安全标准体系,以及专业服务领域提供者(自然人)的技术资格认定和相互承认等。

二、各国对于服务贸易新一轮多边谈判的立场

(一)发达国家的立场

发达国家对于新一轮谈判比较积极,发达国家几乎对所有的成员方都提出了要价,欧盟已经向109个成员方提出要价,因此几乎所有的发展中国家都要与其进行双边谈判。在世贸组织香港会议之前,欧盟提出了在多边谈判中应制定数量要求,也就是在155个服务部门中,发达国家必须对其中的139个部门、发展中国家必须对其中的93个部门做出承诺。尽管这一提议由于受到了发展中国家的强烈反对而没有进入香港会议提要,但也反映出发达国家对于新一轮多边谈判的积极性。

另外,发达国家认为在新一轮谈判中应该提高各国承诺的数量和质量,应该在承诺的透明度、连续性和可操作性上获得保证,各国所做的承诺应该是多提供水平承诺,这样可以提高整体的自由化水平。为了提高谈判的效率,应该使用一种水平的、适用于各部门的标准,对各国的贸易壁垒以及对承诺进行评估,采用一定公式计算出各种开放程度,各国只要确定各自开放的程度就可以了。发达国家认为传统的"要价-出价"方法仍然可以起作用,但是为了增加谈判所带来的经济上的规模效应,应该加大公式化方法的应用。发达国家对金融、电信服务贸易强调自主性、自由化,但是要求自由化程度应该不断提高。

为了缓解国内高技术人才短缺的局面,同时也为了提高发展中国家参与多边谈判的积极性,发达国家开始对自然人移动方面的限制进行了调整,其中有8个(欧盟算单个成员方)对自然人移动进行新的承诺。欧盟的出价单对于外来劳工的数量、准入范围和停留时间上的限制都有新的放松,但是所有的准入出价都主要针对与商业存在有关的内部人员流动,只有法律服务中允许单个自然人参与。尽管承诺水平有所提高,但是没有一个成员方的出价是针对中等或低层次技术劳工的,全部都是针对高技能人才的。发达国家对于扩大服务贸易出口和服务业投资的积极性较高,因此对服务贸易前三种模式的承诺比较多,而且对于其他国家的要价也集中在这些方面。对于现有的影响自然人移动的障碍,包括人员的准入、停留时间等方面的限制并没有减少,对于在模式4下的贸易的限制依然比较严。以美国的出价单为例:在自然人移动的水平承诺中,对于公司内人员流动,只限于高管人员、专业技术人员和经理,工作年限不能超过

五年；与公司无关的人员流动，自然人工作年限不得超过3年。[1]

对于服务标准化问题，发达国家对于服务标准化问题比较关心。发达国家主张利用现有的标准体系，建立全球统一的服务技术标准、环保标准。而对于服务提供者的资格审查和认定，发达国家主张应采用国家单独审查的模式，这样各国就可以根据本国的需要制定相对较高的资格认定标准，有效保证服务的提供质量，但是这种主张却容易造成对发展中国家自然人流动优势的抑制。

发达国家的一些主张和做法反映出它们对于服务贸易多边谈判的一个基本立场：尽可能利用多边谈判体制，提高全球服务贸易自由化水平，为本国优势产业的出口和对外投资创造有利环境，同时对国内敏感度较高的服务贸易采取严格限制，避免国内出现较强的反对声音。

（二）发展中国家的立场

在讨论发展中国家在新一轮谈判中的立场时，最大的困难就是发展中国家的多样性。由于经济发展水平、经济结构（关系服务业的重要性）、经济政策（涉及意识形态、传统文化、政治传统等因素）不同，所有因素都会影响发展中国家的谈判立场。除了发展中国家的出价和要价单外，各国对于服务贸易谈判所提的建议也可以反映出各国关注的重点。到目前为止，成员方共提交了134项谈判建议中，有50项是来自于发展中国家，其中43项来自于中低收入国家，最不发达的国家没有提出任何建议。因此可以根据发展中国家对服务贸易谈判的建议，结合发展中国家的出价单，来观察其在新一轮谈判中的立场。

发展中国家对于现有承诺的执行比较关心。发展中国家认为现有的承诺已经具备了较高的自由化水平，目前关键是将现有的承诺有效地执行。因此，从整体上看，发展中国家对于进一步提高自由化水平并不是很感兴趣。另外，在目前的出价和建议中，发展中国家对于模式4（自然人移动）表现很高的热情，在现有的出价单中，有超过80%的国家提出了制定对自然人移动规则的要求，而且印度、巴基斯坦等国还提出模式4是发展中国家的核心利益，坚持将第一种（跨境提供）、第三种（商业存在）贸易模式的自由化程度与第四种贸易模式的自由化结合起来进行谈判。2003年7月，以印度、巴西为代表的（总共26个）一些发展中国家向服务贸易理事会提交了一份建议，提出要对自然人移动进行重新分类，不论是否与商业存在有关，要使用相同的方法对自然人进行分

① 美国经济分析局. The United States of America initial offer.

类，要提高与商业存在无关的服务提供者的准入程度，并且扩大对低层次劳工的准入范围。发展中国家强调多边谈判中所有服务部门和方式都采取无排除原则，主要是对自然人移动谈判的无排除。发展中国家主张继续使用"要价－出价"的方法进行多边谈判，坚持使用肯定式菜单进行承诺。发展中国家要求在开放本国服务业市场上有更大的灵活性。尽管一些发展中国家提出了自己的出价和要价，但是从整体上来看，发展中国家对于新一轮的谈判并没有很高的热情，这是与上一轮服务贸易谈判相类似的。

对于服务标准化问题，发展中国家主张服务产品标准不应该由发达国家来制定，而要根据各成员方的实际水平来决定。另外对于发达国家提出的资格认证和许可单独审查的主张，发展中国家一方面不愿意放弃这种有效的管制方法，但是又担心发达国家利用这种模式制造新的贸易壁垒，影响自身的服务贸易出口，所以发展中国家对于服务的标准化问题，基本上坚持维持现状的态度。发展中国家反对在执行以往承诺上附加一定的条件，主要也是指发达国家在自然人移动方面的认证和许可方面提出的附加条件。另外，发展中国家还要求在自然人许可等程序上的透明度等。

总的说来，发展中国家对于服务贸易自由化的态度仍然是非常谨慎的。对于新一轮的多边谈判，发展中国家主要的立场是先将原有的承诺有效地执行，再继续提高自由化水平，在谨慎开放的情况下，争取在优势项目下获得更大的利益。

三、各国的出价情况

根据服务贸易理事会的计划，应在 2003 年的 3 月前完成成员方的最初出价[①]。但是由于成员方没有做出积极响应，因此截止日期推后至 2005 年 1 月，并且要求在 2005 年 5 月完成正式的出价表。为了让更多的成员方完成出价和还价，在香港部长会议之后最后期限延长至 2006 年 7 月 31 日。但是随着多哈回合谈判的暂停，各国的服务贸易出价和还价谈判也处于停滞状态，不过各成员方仍然继续出价和要价。截至 2008 年 6 月份，服务贸易理事会收到了 71 份出价和要价单，代表着世界贸易组织中的 92 个成员（欧盟的 25 国算做一个成

① 所谓出价和要价（offer－request），是服务贸易谈判中的一种方法，也就是一国把愿意开放的服务业市场作为本国参与谈判的出价，提供给其他国家。同时根据自己的利益所在，对伙伴国提出开放市场的要价。经过谈判后，就可以形成各国具体的承诺内容。

员方)，并且有31个经济体对出价进行了修改。

在已经提交出价和要价单的成员中，发达国家仍然是积极的参与者，所有的发达国家都已经提交了出价和要价单。欧盟向109个成员方提出要价，因此几乎所有的发展中国家都要与欧盟进行双边谈判，欧盟也接到了包括巴西、中国等的发展中国家在内的25国的要价。澳大利亚也接到了23个国家的要价。有41个发展中国家提交了要价和出价单，其中包括印度、巴西、中国这样的发展中大国，发展中国家不仅提出了出价单，而且一些发展中国家也提出了一些要价。其中，泰国对15国提出要价，阿根廷对22国提出要价。①

四、服务贸易新一轮多边谈判的前景

2006年7月，六个关键成员美国、欧盟、日本、澳大利亚、巴西和印度在日内瓦举行的部长级会谈宣告破裂后，世贸组织总干事宣布多哈回合谈判全面中止，服务贸易谈判也随之陷入停滞状态。虽然此后在服务贸易理事会的努力下，成员方对服务贸易出价和要价又进行了多次一般性的磋商，但是服务贸易多边谈判没有取得什么实质性的进展。随着2007年发端于美国的金融危机逐步演变成了全球性的经济衰退，各国忙于应对经济危机，服务贸易自由化的谈判基本上处于停滞状态。而且由于经济危机的影响，贸易保护主义盛行，服务贸易自由化面临着更为复杂的国际环境，服务贸易新一轮的多边谈判前景堪忧。

首先，经济危机加大了提高服务贸易自由化水平的难度。目前在经济危机中贸易保护主义开始抬头，而且有逐步扩大的趋势。这次经济危机发端于美国，然后通过全球化的金融体系迅速波及世界，进而对实体经济造成了严重的影响。各国已经开始对经济全球化、贸易自由化进行反思。在经济危机的大背景下，世界各国对于进一步提高服务贸易自由化水平表现出越来越谨慎的态度。

其次，在现有的多边谈判中，各国的要求差异较大不利于达成一致。在现有的出价国中，发达国家与发展中国家之间的分歧较大。发达国家要求进一步提高商业存在模式的贸易，却对自然人移动贸易模式严加控制。为了提高服务贸易出口，发展中国家积极要求发达国家放松对自然人移动的限制，同时出于对国内调整成本的考虑，对于提高外资对本国市场的准入程度比较谨慎。另

① WTO. Council for Trade in Services – Special Session – Report. 2008.

外,在发展中国家内部也存在着一些矛盾:最落后的国家要求发达国家不仅要扩大对劳工的市场准入,而且要求提高配额分配比例。因为担心最落后国家的比例扩大会侵占他们的份额,中低收入的发展中国家强烈反对这一提议。各国对于服务的标准化问题也存在着较大分歧,发达国家急于通过标准化为本国的服务和服务要素流动创造条件,而发展中国家担心标准化会造成本国的服务出口受到限制,而且对于发达国家的资格认定、许可方面的附加条件非常不满。

第三,对于《服务贸易总协定》本身规则的完善方面关注严重不足。目前,各国在《服务贸易总协定》中已有的各种承诺并没有得到有效地执行,主要原因在于《服务贸易总协定》的纪律漏洞太多,而在如何修改和完善《服务贸易总协定》具体协议内容上,各国的意见分歧巨大。在国内管制纪律上,发达国家主张采用国际标准来限制国内管制对服务贸易的影响,而大部分的国际标准都是由发达国家所控制的,采用这样的标准来约束国内管制,对于发展中国家来说难以接受。在反补贴、反垄断、保障措施上,如何确定这些措施的适用范围、方式也是各国争论的焦点。尽管完善《服务贸易总协定》的条款是多边谈判的议题之一,但是从目前形势来看,规则和纪律的完善方面几乎没有任何进展。基本纪律不能得到确立,承诺的执行就会受到影响,现有的承诺没有有效执行,对于未来的承诺就不会有太大的吸引力。

第四,多议题相互交叉增加了多边谈判的难度。在世界贸易组织的多哈回合谈判中,不仅是服务贸易谈判,而且还包括农产品谈判、与贸易有关的知识产权保护和投资、贸易与环境、电子商务与贸易等议题,各种议题的谈判表面上是独立的,实际上彼此联系。各国在多个议题谈判中,都在进行各种利益的交换。如,美国多次要求印度进一步开放国内的服务业市场,同时暗示可以在农产品贸易上进行让步。对于这些议题来说,大部分都是在发达国家要求下进入谈判进程的,发展中国家已经认识到世界贸易组织多边谈判体制的弊端,对于如此多的议题在短时间内都得到解决并不是很有信心。

由于对如何平衡各议题间利益缺乏准确地认识,发展中国家更关心如何得到发达国家的"可执行的承诺",而不是在各个议题上都进行广泛的承诺。尽管服务贸易理事会极力促成各成员方进行多边谈判,但是就目前出价情况来看,只有不到20个成员完成了最终承诺出价,这充分反映了各国对服务贸易自由化的谨慎态度。服务贸易自由化的利益不确定性要更强一些,能否在服务贸易与其他议题谈判之间进行利益交换,从而使贸易自由化的整体利益最大化,对于发展中国家来说，难度较大，因此许多国家对于服务贸易谈判出价并不感兴趣。

第三节 区域性服务贸易协议

在经济全球化发展的同时，区域经济一体化的程度也在不断加深。基于地理条件、文化历史因素、经济利益牵扯等因素，很多国家纷纷通过签订协议、条约，组建了区域性的国家集团。因此除了《服务贸易总协定》以外，区域性服务贸易协议也对世界服务贸易的发展产生了很大影响。

一、《服务贸易总协定》对区域经济一体化的规定

《服务贸易总协定》提出，世界贸易组织成员可以加入或者签署以促进服务业贸易自由化为目的的经济一体化协议，但是该协议应符合下列条件：

第一，涵盖大多数部门，这是对服务部门的数目、受影响的贸易量及服务提供的模式等而言的。经济一体化协议不得先行排除任何服务提供模式。

第二，消除非歧视性措施。成员间应该就涵盖大多数服务部门的不符合国民待遇的歧视性措施予以削减或者删除，包括删除既有的歧视性措施及机制、避免新的或更多的歧视性措施；歧视性措施消除的期限应为该经济一体化协议成立生效时，或在该协议订立后的合理期间内实施。

第三，要促进贸易自由化。成立服务贸易区域一体化的目的必须是促进成员间的服务贸易，而非提高对区域外服务贸易的壁垒。如果服务贸易区域一体化的协议是想修正或者撤回服务贸易的特定承诺，必须在 90 天前通知服务贸易委员会，并应适用于《服务贸易总协定》第 21 条《承诺表修改》第 2 款、3 款、4 款的规定，进行补偿谈判。

第四，有义务通知服务贸易理事会。世贸组织成员是服务贸易经济一体化协议的成员，在该经济一体化协议的订立、增补或重大修改时，应通知服务贸易理事会，并经服务贸易理事会统一送交区域贸易协议委员会进行审查，在审查完成后将审查报告提交服务贸易理事会进行确认。

二、北美自由贸易区服务贸易规则

美国、加拿大、墨西哥三国于 1992 年签署的《北美自由贸易区协定》(North American Free Trade Agreement, NAFTA)，1994 年 1 月 1 日正式成立了北美自由

贸易区。《北美自由贸易协定》对服务贸易自由化做了大量的、十分具体的规定,为世界其他区域服务贸易协议提供了一个样板。

(一)服务贸易的一般规定

《北美自由贸易区协定》涵盖的服务部门十分广泛。NAFTA 共有 19 章,其中涉及服务贸易的内容有 8 章。例如:协定第 12 章"跨境服务贸易"建立了跨境服务贸易的原则框架;第 13 章通讯服务、第 14 章金融服务以及第 16 章关于商务人员的流动等章节,对服务贸易四种模式都做出了明确规定。协定采用"否定清单"方式来规定服务贸易自由化的范围,即如果一个服务部门没有被明确排除在协定调整范围内,那么该部门就自动适用于协定。通过否定清单的方式,使得北美地区成为开放的服务贸易市场,其服务贸易自由化的水平明显高于多边服务贸易谈判达到的水平。

(二)服务贸易的纪律

《北美自由贸易区协定》对于服务贸易的纪律规定更详细。协定要求各成员在协定生效后,立即消除与国民待遇原则和最惠国待遇原则相违背的措施。协定第 12 章"跨境服务贸易"规定了"非歧视性数量限制",即允许实行非歧视性的数量限制,但要求每一成员把在某一行业限制服务提供者的数量或活动的非歧视性措施列明,其他成员国均可要求对这些措施进行咨询以及就这些限制性措施的自由化及取消进行谈判。《北美自由贸易区协定》要求各成员国需保证与协定相关的法律、法规、程序以及行政规章要及时出版或公布。对于垄断及国有企业的服务者,《北美自由贸易区协定》规定:不得采取与协定义务不一致的措施;在购买或提供垄断性服务时,必须仅依照商业规则,对于其他缔约国的服务提供者不得给予歧视。在贸易争端解决机制上,NAFTA 不仅包括成员国之间的贸易争端,而且还包括投资者或者服务提供者与成员国之间的贸易争端。

三、欧盟关于服务贸易的规定

欧盟作为世界第一大服务贸易经济体,欧盟关于服务贸易的政策与规定对于整个世界的服务贸易发展具有举足轻重的作用。欧盟在推进区域经济一体化过程中,服务领域中的一体化和便利化是重要内容。由于欧盟的服务贸易大部分是发生在成员国之间,欧盟更加重视提升内部的服务业市场的一体化程度，消除贸易壁垒，确保各成员国的企业能够充分竞争，增强其在服务领域全球竞争力。

（一）服务贸易指令的内容

欧盟内部统一市场的服务贸易协议都是以指令形式出现，其主要内容是：

1. 取消人员、资本自由流动的障碍。所有成员国应承认其他成员国出具的同等效力的文件，不再需要公证。成员国应该向服务贸易提供商清晰、明了地介绍本国从事某项服务的要求、主管部门、监督机构等，成员国不能直接或者间接地由于国际或所在地原因提出歧视性要求。服务提供商只需要遵守其居住国的关于服务贸易供应商行为、质量、内容、广告、合同和担保等规定，而成员国不能限制其他成员国的服务贸易提供商的服务。成员国应向服务贸易的用户通报其他成员国有关服务贸易消费者保护方面的规定，并对服务贸易提供商提供法律援助信息。

2. 强化了对非成员国贸易的管理。服务贸易指令是对欧盟内部市场的规定，只针对在欧盟国家的服务提供商，包括那些按照成员国法律成立的、在欧盟有公司的服务贸易供应商。指令不适用于来自第三方首次在欧盟成员国落户的情况；来自第三方希望出口到欧盟的服务贸易活动；来自第三方没有在成员国建立公司的贸易。对成员国向另一成员国派遣来自第三方从事服务贸易活动人员的规定是，消费国不能向服务贸易派遣方或者被派遣者进行诸如出入境签证、居留权许可或者工作许可的预防性监督，但是消费国可以有权审查来自于非成员国的服务人员是否符合《申根协定》的要求。

（二）对具体行业的规定

1. 金融服务业。欧盟 1999 年发起的金融服务行动计划，对金融服务市场一体化所需要的法律与非法律措施以及相应的时间路线图做出规定。在银行方面的目标是：制定各成员国银行监督制度，特别是协调营业许可条件，消除银行服务活动和设立分支机构的内部障碍。在保险方面，欧盟的目标是建立单一的保险市场，使得保险公司可以在成员国内部自由设立分公司，另外保险公司在对方国家的业务不受是否有分公司的限制。

2. 运输服务业。自 20 世纪 80 年代开始，欧盟逐渐形成了共同海运制度，通过多项法规和指令对承运人资格、货运和客运的共同规则、船只安全、环境污染做出了国际标准的规定，制止海运和内河运输的不正当竞争行为，保护成员国不受第三方倾销行为的影响。各国航空公司在各成员国之间自由从事航空客货运输业务，可自由确定价格。1992 年欧盟理事会通过了关于汽车运送旅客共同规则，统一了各国关于汽车提供国际性客运的有关规则，简化了运输服务的程序，统一使用欧盟的运输许可证。

3. 电信服务业。建立电信服务统一大市场的目标是为电信设备和电信服务创造一个更加自由、灵活的市场环境。欧洲委员会建议各成员国将电信业由国家垄断逐步转向以竞争为导向，并使政府和企业在电信管理功能上实行明确分工。成立欧洲电信标准协会，负责管理欧洲电信标准的制定。1998 年 1 月 1 日，欧盟 15 国宣布全部放开电信服务，实施服务贸易自由化，打破垄断，引入竞争，提升区域电信服务贸易的自由化程度。

四、与中国有关的区域性服务贸易协议

（一）中国－东盟自由贸易区《服务贸易协议》

2007 年中国与东盟 10 国签订了《服务贸易协议》，正式宣布服务业开放和服务贸易自由化进入了新的阶段，成为 2010 年正式实行的中国－东盟自由贸易区协议中的一部分。中国－东盟自由贸易区《服务贸易协议》是典型的发展中国家之间缔结的服务贸易协议。《服务贸易协议》规范了中国与东盟服务贸易市场和与服务贸易有关问题的法律文件，共 33 个条款和 1 个附件。

关于服务贸易的相关定义和协议管辖范围，该协议均与《服务贸易总协定》相同，并将政府服务排除在协议范围之外。在义务和纪律部分，除了按照《服务贸易总协定》的模式规定了行为准则，而且对于柬埔寨、老挝、缅甸、越南规定了特殊的参与条款。按照肯定清单方式，中国和东盟 10 国都提出了具体开放的部门和措施。

（二）中国内地与中国香港、中国澳门地区间的服务贸易协议

《内地与香港关于建立更紧密经贸关系安排》（Close Economic Partnership Arrangement，CEPA）是中国内地与中国香港在 2003 年签订的一系列旨在加强两地经贸关系的协议，其中关于服务贸易规定了香港地区企业在内地 17 个服务行业获得市场准入资格，随后在双方签订的 7 个补充协议中与服务贸易有关。除了中国香港地区以外，2004 年中国内地与中国澳门地区也签署了《建立更紧密经贸关系安排》，其内容与香港的 CEPA 内容类似。

根据《补充协议三》(2006),从2007年1月1日起,内地在法律、会展、信息技术、视听、建筑、分销、旅游、运输和个体工商户等领域开放的基础上,进一步采取了15项具体开放措施,其中:4项属于放宽股权限制,2项属于降低注册资本、资质条件,9项属于放宽地域、经营范围和自然人流动的条件。

《补充协议四》(2007)新增了摄影、体育、环境等11个领域的开放内容,加上以往已经开放的27个领域,内地对香港服务贸易的开放领域已达38个。在医疗、保险、银行、证券、旅游、个体工商户等原有17个领域开放承诺的基础上,进一步放宽了香港服务提供者进入内地市场的准入条件。在与管理咨询相关的服务、会展、文娱领域允许以跨境交付方式提供服务,这为香港服务业进一步发挥优势提供了更多的选择。

《补充协议五》(2008)在服务贸易方面,内地将在17个领域采取29项具体措施,进一步对香港扩大开放。在17个服务领域中,新增的领域包括采矿和勘探相关的服务领域。所有服务贸易的开放措施于2009年1月1日生效。《补充协议五》还推出了3项贸易投资便利化措施和2项专业资格互认措施。另外,经中央人民政府批准,香港特区与广东省以先行先试形式,在广东推行共25项开放和便利化措施,其中17项措施已纳入《补充协议五》。

《补充协议六》(2009),该协议扩大内地对香港服务贸易开放和经贸合作,使CEPA涵盖的服务领域总数由40个增至42个。根据《〈内地与香港关于建立更紧密经贸关系的安排〉补充协议六》,内地同意推出29项市场开放措施,涉及20个服务领域,涵盖了香港多个具有发展优势的重要行业,包括旅游、银行、证券、会展、法律、运输、创意产业等,其中"研究和开发""铁路运输"为两个新增领域,使CEPA涵盖的服务领域总数由40个增至42个。内地推出的市场开放措施中,在旅游方面,经营赴台旅游的内地组团社可组织持有效《大陆居民往来台湾通行证》及旅游签注的游客以过境方式在香港停留,以利于内地及香港旅游业界推出"一程多站"式旅游产品。在银行方面,香港银行在广东省设立的分行可在广东省内设立"异地支行"。在证券服务方面,符合特定条件的香港证券公司与内地具备设立子公司条件的证券公司,可在广东省设立合资证券投资咨询公司,香港证券公司持股比例最高为三分之一。为配合"循序渐进"的开放模式,《〈内地与香港关于建立更紧密经贸关系的安排〉补充协议六》中包括了9项以广东省为试点的开放措施,涵盖法律、会展、公用事业、电信、银行、证券、海运及铁路运输等领域。在加强金融合作方面,《〈内地与香港关于建立更紧密经贸关系的安排〉补充协议六》允许符合条件且经中国证监会批准的内地证券公司根据相关要求在香港设立分支机构；积极研究在内地引入港股组合“交易型开放式指数基金”。在专业资格互认方面，《〈内地与香港关于建立更紧密经贸关系的安排〉补充协议六》加入了多项鼓励资格互认或技术交流的措施，涵盖会计、建筑、房地产及印刷等领域。在医疗领域，香港药剂师可在内地考试和注册。

《补充协议七》(2010)，在 CEPA 及其六个补充协议的基础上，对香港进一步扩大开放。在服务贸易方面，内地对香港在 14 个领域采取 27 项具体措施，其中对建筑、医疗、视听、分销、银行、证券、社会服务、旅游、文娱、航空运输、专业技术人员资格考试和个体工商户等 12 个领域在原有开放承诺基础上，进一步放宽市场准入条件、取消股权限制、放宽经营范围和经营地域等。同时，新增加技术检验分析与货物检验、专业设计两个领域的承诺。至此，内地对香港共开放服务贸易领域 44 个，开放措施达 277 项。在贸易投资便利化方面，增加教育、文化、环保、创新科技等领域的合作，明确了合作机制与合作内容等。同时，在检测和认证、会展合作领域补充了新的合作措施。此外，双方还将进一步加强在金融领域的合作。

《补充协议八》(2011)，《补充协议八》共有 32 项服务贸易开放和便利贸易投资的措施，当中包括 16 个服务领域的 23 项开放措施，以及加强两地在金融、旅游和创新科技产业等领域的合作。双方还同意完善货物贸易原产地标准和放宽香港服务提供者的定义及相关规定。

在保险业方面，在《补充协议八》下，允许香港的保险经纪公司以优惠条件在广东省内设立独资保险代理公司，为保险经纪公司进入内地保险中介市场提供了新契机，推动粤港两地保险中介人之间的良性互动。在银行业方面，协议支持内地银行运用香港的国际金融平台发展国际业务，可以加快内地银行国际化进程并提升香港作为国际金融中心的地位。此外，香港银行在内地注册的法人银行可以参与共同基金销售业务，有助扩大香港银行在内地的业务范围。证券业方面，继续支持内地符合条件的证券类金融机构在港设立分支机构及依法开展业务；深化内地与香港金融服务及产品开发的合作，允许以人民币境外合格机构投资者方式投资境内证券市场。在建筑领域方面，通过互认取得内地建筑专业资格的香港专业人士，可以在广东省注册执业，并享有与内地拥有相同专业资格人士同等待遇。这些广东先行先试的措施，将进一步便利香港建筑专业人员在内地开业，有助促进两地专业融合。医疗方面，拓宽香港服务提供者在内地以独资形式设立医院的范围，包括所有直辖市及省会城市。《补充协议八》放宽了"香港服务提供者"定义中有关"实质性商业经营"的标准,除了个别CEPA措施或有特别规定的范畴外,"香港服务提供者"向内地申请使用CEPA优惠措施的范围,无须局限于他们在香港的业务经营范围。

《补充协议九》(2012)在CEPA及其八个补充协议基础上,对香港进一步扩大开放,共有43项服务贸易开放和便利贸易投资的措施,当中包括22个服务领域的37项开放措施,以及加强两地在金融和贸易投资便利化领域的合作,并进一步推动两地专业人员资格互认。

积极推动两地服务贸易自由化是《补充协议九》的一大突出特点。内地将对香港在法律、会计、建筑、医疗、计算机及相关服务、技术检验和分析、人员提供与安排、印刷、会展、其他商业服务、电信、视听、分销、环境、银行、证券、社会服务、旅游、文娱、铁路运输、个体工商户等21个领域在原有开放承诺基础上,进一步放宽市场准入条件、取消股权限制、放宽经营范围和经营地域的限制等。同时,新增加教育领域的开放承诺。

《补充协议九》签署后,CEPA服务贸易开放的领域达48个,开放措施达338项。内地对香港服务贸易开放的部门达149个,涉及世贸组织服务贸易部门分类标准160个类别的93.1%。此外,《补充协议九》在金融合作、检测认证、专业资格互认等领域增加了新的合作内容。尤其在金融合作方面,为支持香港巩固国际金融中心地位,内地支持符合香港上市条件的内地企业赴香港上市。积极研究降低香港金融机构申请合格境外机构投资者资格的有关资质要求。支持符合条件的香港金融机构在内地设立合资证券公司、基金管理公司、期货公司。积极研究深化两地商品期货市场合作的路径和方式,推动两地建立优势互补、分工合作、共同发展的期货市场体系。

案例分析

欧共体香蕉进口、销售和分销体制案

欧共体关于香蕉进口、销售和分销体制案(European Communities—Regime for the Importation, Sale and Distribution of Bananas,下称"香蕉案")是GATT/WTO体制下非常值得关注的一个案件。该案历时近10年,涉及欧共体、美国及一系列拉美国家。该案涉及的协议及条款众多,案情一波三折非常复杂。欧共

体有着仅次于美国的世界第二大香蕉消费市场，每年进口香蕉约 390 万吨，价值近 60 亿美元。自欧共体成立伊始，香蕉问题便一直是一项敏感议题。原因在于，一方面，香蕉是不少亚非拉发展中国家通过出口换取外汇的主要产品；另一方面，从哪些国家或地区进口香蕉、每年具体进口数额的多少，又是欧共体各国贯彻其对外经济和外交政策的重要杠杆。

从总体上看，欧共体市场上的香蕉主要来源于三部分：一是欧共体成员国自产或来自直接隶属于某些欧共体国家的海外领土，如加勒比地区的英联邦成员国及法国的海外省等；二是来自通过《洛美协定》（Lomé Convention）同欧共体保持特惠经贸关系的非洲、加勒比海和太平洋地区国家（Africa，the Caribbean and Pacific，以下简称"ACP 国家"或"非加太国家"）；三是来自拉丁美洲国家。原产于拉丁美洲国家或地区的香蕉因为产量丰富、质优价廉，在欧共体市场中长期占据优势竞争地位。同时，这部分香蕉由于通过 Chiquita 和 Dole 等美国几大跨国公司的海外投资，实施种植、收购、运输、催熟、促销、零售等一体化生产经营战略，因而也被形象地称为"美元香蕉"（US Dollar Bananas）。围绕欧共体的香蕉进口体制，一共发生了三起提交到 GATT/WTO 体制解决的纷争。

一、第一香蕉案（Banana I）

香蕉案的源头可以追溯至 20 世纪 50 年代后期，当时欧共体与 ACP 国家中的几个前欧洲殖民地国家建立了优惠性的贸易安排（其中包括免税进口这些国家的香蕉），目的在于使这些香蕉与来自拉美的香蕉相比具有更强的市场竞争力。但欧共体与 ACP 国家连续的这类贸易安排影响到拉美国家的香蕉在欧共体市场上的地位。鉴于美国几家大的跨国公司在拉美香蕉生产中有重要的投资和利益，欧共体与 ACP 国家之间的贸易安排使美国的经济利益也受到了影响。美国加入香蕉案，使得争端各方更加势均力敌，争端也更加深入复杂且旷日持久。

1992 年，拉美国家（包括哥斯达黎加、哥伦比亚、尼加拉瓜、危地马拉和委内瑞拉等）首先利用 GATT 争端解决程序对欧共体的香蕉进口体制提出异议，宣称欧共体的香蕉进口配额和许可制度违反了 GATT 规则。后来应这些国家要求，GATT 理事会成立了专家组来审理此案。专家组于 1993 年 6 月 3 日裁决，欧共体的配额体系违反了 GATT 第 1 条和第 11 条的规定，但由于 GATT 争端解决机制中要求全体缔约方（包括败诉方在内）"一致同意报告的通过"，导致第一香蕉案的裁决由于欧共体和 ACP 国家的阻挠而未能正式实施。

二、第二香蕉案（Bananas II）

在第一香蕉案之后不久，欧盟理事会通过了"EEC 第 404/93 号规则"，改变了欧共体的香蕉进口体制。该规则自1993年7月1日生效，整合了欧共体成员国的香蕉进口监管模式，并成立了香蕉共同市场组织(Common Market Organization，下称“CMO”)，基本统一了欧共体12个成员国的香蕉市场。

三、第三香蕉案(Bananas III)

(一)案件进程的简要概括

虽然第一香蕉案和第二香蕉案均未能使欧共体改正其有关香蕉进口体制措施，美国及若干拉美国家在WTO成立后，继续寻求问题的解决。1996年2月5日，厄瓜多尔、洪都拉斯、危地马拉、墨西哥及美国，根据DSU第4条、GATT(1994)第23条、《进口许可程序协议》第6条、GATS第23条、《与贸易有关的投资措施协议》(Agreement on Trade - Related Investment Measures, TRIMs)第8条及《农业协议》第19条，再次要求就欧共体有关香蕉进口、销售和分销制度与欧共体进行磋商。

五个原告方单独或联合采取了行动，主张欧共体有关香蕉进口、销售和分销制度与WTO协议不符。各方于1996年3月14日、15日进行了磋商，但未能达成协议。1996年4月11日，厄瓜多尔、危地马拉、墨西哥及美国要求贸易争端解决委员会(DSB)成立专家组，以解决相关争议。专家组于1996年5月8日成立，并于1997年5月22日向成员公布其报告。专家组在报告中裁决，欧共体的香蕉进口体制违反了GATT第1条第1款、第3条第4款、第10条第3款以及第13条第1款，违反了《进口许可程序协议》第1条第3款以及GATS的第2条和第17条。1997年6月11日，欧共体就专家组报告提出上诉，上诉机构维持了专家组报告中的大部分结论，上诉机构报告于1997年9月9日公布。由于双方未就裁决的执行期达成协议，因此依据DSU第21条第3款(c)项规定，该案又成立了仲裁庭，由原专家组成员对此进行裁决。仲裁结果是，要求欧共体在1999年1月1日之前，按照其在WTO项下的义务修改有关香蕉体制中的措施，即欧共体执行报告的期限被确定为从1997年9月25日到1999年1月1日。1998年7月20日，欧共体理事会通过了第1637/98号规则，对原有的404/93号规则中受到争议的措施进行了修改，但对香蕉的进口管理依然以关税配额为基础。此外，欧共体理事会于1998年10月28日通过了第2362/98号规则，对1637/98号规则中的某些执行细节做了进一步的详细规定和部分修改。上述两个规则均于1999年1月1日生效。

(二)进一步的纷争——针对欧共体执行措施的不满及相关行动

美国和其他申请四国认为欧共体关于香蕉进口、分销和销售的新制度只是对原有规则换汤不换药的修改，仍继续保留了原制度中的歧视性，双方由此开始了进一步的纷争。

1998年10月22日，美国宣布根据1974年贸易法“301条款”对欧共体进行贸易报复，并于12月15日公布报复清单。就在美国公布报复清单的当天，欧共体根据DSU第21条第5款，就其香蕉进口制度的修正是否符合WTO规则的问题要求设立专家组进行裁决。美国坚决反对这一要求。1999年1月14日，美国根据DSU第22条第2款，要求贸易争端解决委员会(DSB)授权中止对欧共体的减让，数额为5.2亿美元。1月19日，欧共体根据第22条第6款，要求对美国提出的中止减让水平进行仲裁。1999年1月12日，DSB同意召集原来的专家组，根据第21条第5款审查欧共体和美国的申请。根据第22条第6款，美国提出的中止减让的要求被DSB推迟至中止减让水平的仲裁裁决做出之后。面对美国和欧共体僵持不下的对立局面，1999年1月26日，当时的WTO总干事鲁杰罗为促成美欧达成妥协，以DSB推迟考虑美国授权报复请求作为交换条件，说服欧共体同意就报复水平进行仲裁。在欧共体要求的专家组程序中，专家组裁定，欧共体的实施措施并未符合DSB的建议。而在欧共体要求的就美国提出的中止减让水平的仲裁中，仲裁庭于1999年4月9日做出仲裁报告，认为没有理由等到第21条第5款专家组程序做出结论后，才启动第22条6款进行仲裁，但将美国提出的贸易报复金额从5.2亿美元削减为1.914亿美元。之后，美国亦正式请求DSB授权报复。DSB于1999年4月19日授权美国对欧共体进行价值为1.914亿美元的贸易报复。

由香蕉引发的贸易战愈演愈烈，出于对欧共体修正措施仍然不符合WTO规则的不满，厄瓜多尔于1998年12月18日根据DSU第21条第5款，要求重新召集原来的专家组，审查欧共体实施DSB的措施是否与WTO义务相一致。厄瓜多尔声称欧共体违反了GATT的第1条和第13条，以及GATS的第2条和第17条。在厄瓜多尔要求进行的专家组程序中，1999年4月12日，专家组公布其报告，裁定欧共体的实施措施与欧共体的WTO义务不完全一致。DSB于5月6日通过了该专家组报告。

1999年11月19日，厄瓜多尔要求DSB授权其对欧共体的13个成员国进行贸易报复，欧共体同时要求对报复水平进行仲裁。仲裁报告于2000年3月24日公布，裁决厄瓜多尔遭受的利益损失水平为每年2.016亿美元，厄瓜多尔可寻求授权根据GATT和GATS中止减让，如不足可根据《与贸易有关的知识产权协议》(Agreement on Trade – Related Intellectual Property Rights, TRIPs)相关条款中止减让。2000 年 5 月 8 日，厄瓜多尔寻求 DSB 授权中止减让，DSB 于 5 月 18 日给予其授权。

(三)最终协议的达成——香蕉案的终结

2001 年 4 月 11 日，欧共体与美国就解决香蕉贸易争端达成最终协议，不久欧共体和厄瓜多尔于 4 月 30 日也就解决香蕉贸易争端达成最终谅解。根据这些协议与谅解，2001 年 5 月 2 日，欧洲委员会通过了旨在实施上述协议与谅解的第 896/01 号规则。对冗长的香蕉案争议的最终正式解决是在 2001 年 12 月 19 日，欧盟理事会通过决议，实施新的香蕉进口体制，将在 2006 年 1 月 1 日之前建立只有通过关税调节的香蕉进口体制。在此之前，欧盟将以 1994 ~ 1996 年间的历史贸易额为基础分配进口许可证，并增加 B 类配额 10 万吨，减少 C 类配额 10 万吨。在获得 WTO 根据 GATT(1994)第 13 条给予豁免的前提下，C 类配额将排他地保留给 ACP 香蕉出口国，这将在一定程度上缓解日益增加的竞争对 ACP 国家的经济影响。在新的香蕉进口体制下，传统的香蕉供应国将可以获得全部进口配额中的 83%，非传统的供应国(如厄瓜多尔)可以获得剩余的 17%。欧共体和 ACP 国家签署了伙伴协议(The ACP - EC Partnership Agreement)，以确保将来的香蕉体制不会对 ACP 国家造成太大冲击，但这项协议需要获得多哈授权豁免才能实施。

美国与厄瓜多尔保证，支持欧共体获得所必需的 WTO 授权，一旦完成上述步骤，将明确撤销对欧共体的贸易制裁，欧共体将尽可能迅速地执行上述协议和谅解。在 2001 年 11 月 9 日至 14 日召开的 WTO 第四届部长大会期间，欧共体获得了部长大会根据 GATT(1994)第 13 条给予的豁免。美国与厄瓜多尔随后撤销了对欧共体的贸易制裁。

2005 年 3 月底 4 月初，哥伦比亚、哥斯达黎加、厄瓜多尔、危地马拉、洪都拉斯、巴拿马、委内瑞拉、尼加拉瓜以及巴西针对多哈授权决议诉诸仲裁，认为欧共体在转向完全香蕉进口关税制度中实施的措施与多哈授权不一致。2005 年 8 月 1 日公布的仲裁报告认为，欧共体在转向关税约束过程实施的制度与保证所有享受最惠国待遇的香蕉提供者的全部市场份额之间仍有差距。因此虽然经过这么多年的反复修改，就欧共体的香蕉进口体制进行的纷争仍然没有结束。

思考题

1. 从案例中分析《服务贸易总协定》的争端解决机制如何发挥作用。

2. 分析《服务贸易总协定》争端解决机制的不足之处。

课后练习题

1. 什么是《服务贸易总协定》中的国民待遇？

2. 什么是《服务贸易总协定》的最惠国待遇？

3.《服务贸易总协定》的市场准入纪律包括哪些内容？

4. 试分析中国内地与中国香港等地区的贸易协定中关于服务贸易部分规定与《服务贸易总协定》之间的关系。

第五章　国际服务贸易自由化

学习目标和要求

1. 掌握服务贸易自由化含义和成因。
2. 掌握当前服务贸易自由化发展的现状与特征。
3. 掌握服务贸易自由化的经济与非经济影响。

引导案例

自2001年12月11日中国加入世贸组织之日起，所有客户的外汇业务对外资银行开放；逐步将外资银行经营人民币业务的地域从上海、深圳、天津、大连4个城市扩大到全国所有地区，部分城市的开放还比承诺的时间表提前了一年；逐步将外资银行人民币业务客户对象从外资企业和外国人扩大到中国企业和中国居民，同时，逐步放松对外资银行在华经营的限制，取消外资银行人民币负债不得超过外汇负债50%的比例；放宽对外资银行在境内吸收外汇存款的比例限制；取消对外资银行在华经营的非审慎性限制，在承诺基础上逐步给予外资银行国民待遇。2006年底，中国先后颁布了《中华人民共和国外资银行管理条例》及其实施细则，在法律上保障了外资银行法人机构在中国设立机构、经营业务充分享有国民待遇。2007年银监会下发了《关于外商独资银行、中外合资银行开办银行卡业务有关问题的通知》，正式开始接受外资银行法人机构从事本外币银行卡业务的申请。

根据金融时报"境内人民币业务全面开放换来互利共赢"的报道，截至2007年7月末，在中国注册的外资独资和合资法人银行业机构共23家，下设95家分支行及附属机构，在华外资银行本外币资产总额为1 371.61亿美元，约占中国银行业总资产的2%。

通过银行业对外开放，中国引进了国际上先进的银行经营管理理念和技术，推动了银行业全面改革，提高了银行业的综合竞争力。目前，中外资银行的合作日益密切，从业务合作发展到股权合作，正在形成共同发展、互利共赢的格局。在逐步对外开放的同时，中国银监会参照国际良好监管经验与做法，不断建立健全外资银行科学审慎的监管体系和监管框架，加强非现场监管分析，有计划地实施现场检查，不断提高外资银行监管水平，促进外资银行在华稳健经营。

第一节　国际服务贸易自由化的含义与成因

二战以后，随着服务业在国民经济中的地位上升，加强服务产品和服务要素的交流成为各国促进服务业发展的必需。服务贸易的发展除了依靠科技进步来增强服务的可贸易性以外，更重要的是要依靠服务贸易自由化程度的提高。在WTO的倡导和发达国家的积极推动下，世界各国的服务贸易壁垒都有所降低，全球的服务贸易自由化程度有所提高。

一、服务贸易自由化的含义

就像服务与服务贸易一样，服务贸易自由化也没有统一的定义。一般认为，服务贸易自由化是指各国以促进资源优化配置和维护国家利益为前提，通过降低服务贸易壁垒，促进服务产品和服务要素更加自由流动的一个过程。

首先，服务贸易自由化的前提是优化资源配置和维护国家利益。实现资源优化配置，提高资源的利用效率，促进经济的增长和国民福利的提高，这是每个国家追求的目标。服务贸易自由化必须能够帮助这一目标的实现，而不是相反。虽然传统的国际贸易理论已经证明了自由贸易能够带来全球福利的增加，但由于缺乏合理的利益分配机制，自由贸易的利益分配是不公平的，甚至有些国家会受到一定的损失。由于服务贸易所牵涉的产业部门敏感度较强，如金融、电信部门对国家的经济安全有重要影响，文化、娱乐等服务部门影响社会道德、伦理等方面。因此，服务贸易自由化中强调国家利益是必需的。国家利益不仅表现为经济利益，还包括国家安全利益和文化利益等。

其次，服务贸易自由化不等于解除管制。由于服务产品的特殊性质和服务业在国民经济中敏感性的地位，几乎所有国家都对服务业进行管制，国家管制的内容涉及从市场准入到产品的质量、价格、技术标准等多方面。服务贸易自由化需要放松管制，因为要引进新的竞争者，必然要求放松对市场准入的管制，但是却不一定要求在产品质量、价格等方面的放松管制，也就是说服务贸易自由化只需要部分地放松管制，而不是要解除管制。例如，在金融服务贸易中，贸易自由化只是要求各国服务提供者能够在相同的条件下进行公平竞争，并非要求诸如利率市场化、资本流动不受限制等金融自由化条件。当然随着新的产品和新提供者的加入，国内市场结构会发生变化，也会引起国家管制制度的变革，但是服务贸易自由化只是要求放松市场准入管制和提供公平的竞争机会，而不要求解除管制。

二、服务贸易自由化的成因

从服务贸易自由化的发展进程来看，尽管发达国家和发展中国家对于服务贸易自由化的态度和做法存在着很大的差异，并且各国在利益要求上矛盾重重，但是国际服务贸易自由化的程度仍在逐渐提高，其中的原因既有产业发展的内在要求，也有科技进步和经济全球化的推动。

（一）服务业的快速发展为服务贸易自由化提供了必要条件

从世界经济发展的实践来看，服务业在国民经济逐渐占据了主导地位，服务经济时代已经到来，各国国民经济的服务化趋势明显。所谓国民经济服务化就是指服务业在国民经济中的地位上升，服务业日益成为整个经济的核心，主要表现在服务业产值在GDP中的比重、从业人口比重上升。

全球服务业产出在整个经济中的比重已经从20世纪70年代的46%上升到了2011年的76%。各国服务业的比重与经济发展水平有密切的正相关关系，人均GDP较高的国家，服务业的产出比重也较高。发达国家服务业的比重由1970年的51%上升到了2010年的75%，其中美国服务业的比重已经达到了80%，中低收入国家服务业的比重虽然没有那么高，也已经超过或者接近50%。

服务业在国民生产总值中的比重较快上升有生产与消费两方面的原因：从生产角度看，是由于其他产业对于服务业的需求增长迅速造成的。作为重要的中间投入，服务产品越来越多地被应用到了多个产业的生产中。制造业产品的生产越来越离不开市场调查、技术研发设计、人力资源管理、管理咨询等中间服务。随着制造业的快速增长，对中间服务投入的需求也在不断增长。另外，服务外包呈现不断增长的趋势，这种趋势促进了服务业与制造业的互动。数据表明，制造业部门是生产者服务业部门产出的主要需求，同时也决定了生产者服务的发展程度和国际竞争力。在OECD国家中，服务产品平均被用做中间投入的比重为34%左右，有超过50%的运输和通信服务被用于中间投入，只有20%被用于最终消费，金融和商业服务用做中间投入的比例在40%～60%之间。另外，货物贸易的增长拉动了对服务业的需求。国际货物贸易的发展需要有大量的服务，涉及诸如运输、通信、金融、保险、检验、港口、仓储等多种服务。随着货物贸易的增长，有利于货物贸易发展的服务业快速发展起来。从消费角度来看，随着收入的提高，人们不仅需要更多的休闲娱乐服务，而且也需要各种教育文化服务以及社区服务等。正是由于对生产性服务和生活性服务需求的增加，促进了服务业在国民经济中地位和作用的提高。随着服务业的发展，不仅服务产品的数量，而且服务产品的内容和供给效率都有了很大的提高，为各国服务业的交流奠定了基础。

服务业在国民经济中的地位上升，另外一个明显的标志是服务业的从业人口占全体劳动力的比率不断上升。克拉克采用了发达国家的数据，总结出了劳动力在产业间变动的规律，即随着经济的发展，“劳动人口由农业到制造业，再从制造业移向商业和服务业。”[①]由于克拉克在阐述该定理时引证了配第发现的相关规律，该定理又被称为配第－克拉克定理。这个定理后来不仅被很多经济学家证实，而且世界经济发展的实践证明了配第－克拉克定理的确存在，这个规律与服务业的特性是密切相关的。尽管服务业的种类庞杂，行业之间差距非常大，但是对于大多数服务业来说（尤其是与生活服务有关的行业），劳动密集型的特征比较明显，因此服务业的发展带来了就业率的提高。即使是在资本和技术密集的生产者服务业中，人力资本仍然是行业发展最重要的因素。随着服务业增加值在国民生产总值中的比重提高，在服务业就业的人口比率越来越高。服务业吸纳的就业人口占总就业人口的比重，发达国家为60%～70%，中等收入国家在45%～60%，低收入国家也达到30%～40%。不仅服务业现有的从业人口比重较高，而且服务业提供的就业岗位增长率明显高于制造业，根据OECD秘书处的统计，在1990～2010年，OECD国家中的批发和零售业在就业增长中贡献了15%，机器维修、租赁业贡献了8%。社会和个人服务贡献了大量的就业岗位，其中：教育服务的就业比重占6%，卫生和社区服务占到10%。

（二）科技进步是服务贸易自由化发展的基础

当今世界，国民经济发展的信息化趋势非常明显。信息化一个表现，就是信息技术的大量使用和互联网的应用，无论是农业还是制造业，信息技术都被

① Colin. Clark. The Conditions of Economic Progress. Macmillan & Co. Ltd，1951：395.

大量使用。在信息化技术的推动下,农业、制造业和服务业本身的劳动分工和生产率都在提高;互联网的应用不仅改变了产业内和产业间固有的分工,而且催生了新的产业形态。掌握和使用有效信息成为各产业最重要的需求,而且各产业存在着大量的信息需要处理,因此信息的加工、处理、传递成为发展最迅速的新兴服务业务。通过信息技术的应用,使得原有的服务网络更加高效地运转,扩大了经济交流的规模。信息化的另一表现就是各种产业通过信息技术构建的网络实现了融合,既有服务业内部的融合(如建立在国际互联网基础上的通信、影视服务融合),也有服务业与制造业的融合(如通过国际良好的通信服务完成的制造业服务外包)。

随着服务业在国民经济中的地位上升和作用增强,服务业已经成为衡量一个国家经济发展水平的标志。服务业的快速发展迫切需要跨国的交流,但由于具有不可储存性和无形性的特点,服务的可贸易性较差。长期以来,服务被认为是不可贸易的商品。服务的不可贸易性首先是由于技术的限制难以实现跨国的运输或传递。20 世纪 70 年代以来的科技进步为服务贸易提供了技术支持,信息技术与通讯产业的结合有助于克服以前长期存在的信息储存和数据远距离传输方面的难题,利用数字化的处理方法来收集和处理数据,通过高速、低成本的宽带传输设备,辅之以相应的计算机硬件和软件系统,许多服务产品跨境提供已经不存在问题。许多服务不用生产者和消费者的面对面地接触就可以完成,空间距离、地理位置不再成为贸易的障碍,这些服务的可贸易性越来越强。科学技术的进步还降低了服务贸易的成本。信息技术特别是互联网的应用降低了服务贸易的交易费用,而且科学技术的进步创造出了新的服务需求和新的提供服务的手段,计算机与通讯领域的技术革命产生了许多新的服务贸易品种。

(三)服务贸易自由化是服务贸易发展的内在要求

随着服务业在各国经济中地位和作用提高以及科技的进步,服务业的跨国交流变得越来越普遍,服务业的跨国交流是通过服务贸易来实现的。由于服务的特殊性质,很多服务必须通过生产者和消费者面对面接触才能够完成,因此服务贸易既包括类似于货物贸易的服务产品的贸易,也包括通过服务业投资来完成的贸易。这样,服务贸易的发展不仅促进了服务产品的相互交流,而且还促进了各国在服务业投资的发展。因此,服务贸易不仅起到了对产业的拉动作用,而且还直接形成了服务业的生产能力。

由于世界经济发展对服务的需求越来越大,各国间服务贸易开展越来越频繁，服务贸易成为国际贸易中增长最为迅速的部分。全球服务贸易出口额从1970年的710亿美元，增加至1980年的4 020亿美元，上升至1990年的7 827美元，并于1994年首次突破1万亿大关，2000年达到14 354亿美元，2010年服务贸易的出口额更是达到了36 639亿美元，占整个国际贸易的比重达到1/4左右。根据世界银行的估计，全球服务产出中只有1/10进行了跨国的贸易，而货物产出中超过一半都进行了国际贸易。如果服务产出的可贸易性进一步提高，国际服务贸易的规模还会不断扩大。服务贸易的发展带动了各国服务业的发展和交流，提高了全球的经济福利。

虽然服务贸易的发展对于提高全球福利具有很大促进作用，但是服务贸易的开展受到服务贸易壁垒的严重困扰。由于服务业在国民经济中的敏感性比较强，金融、电信等基础性服务业重要性自不待言，每个国家都不愿意外国控制本国的基础性服务业，教育、新闻、出版、娱乐、影视、音像制品等服务部门虽不属于事关国计民生的基础性部门，但是属于国家的意识形态领域，敏感性更强，任何国家的政府都希望保持本国在政治、文化上的独立性，抵御外国在意识形态方面的入侵。因此，服务贸易壁垒非常普遍，大量的服务贸易壁垒严重阻碍了服务贸易的发展。为了促进服务贸易的发展，服务贸易自由化的程度必须提高。

第二节　服务贸易自由化的现状与特征

在WTO的组织和推动下，各成员方都对国内市场的开放做出了不同的开放承诺，国际服务贸易自由化程度已经有了一定的提高。从总体上看，在承诺的部门数量、部门覆盖率，以及对具体行业的开放程度上，发达国家都明显地高于发展中国家。虽然发展中国家的开放程度相对较低，但是由于大多数发展中国家的服务业基础较差，承受风险的能力较低。因此，即使发展中国家做出了相对较低的开放承诺，也并不能保证在服务贸易自由化中不会出现风险和冲击。另外发达国家也并非完全对外开放，对某些行业仍保留了各种限制。

一、服务贸易自由化的现状

（一）各成员方的服务贸易自由化程度都比较低

按照《服务贸易总协定》的规定，一旦成员方做出相应承诺，那么这种开放承诺就意味着相关贸易壁垒的取消和降低，因此这些开放承诺可以反映各国的服务贸易自由化程度。另外通过观察开放承诺表还可以看出各国对于服务贸易自由化的态度。从表5－1中可以看出,各成员方总体的开放程度并不算太高,减让部门的比重只有32.5%。也就是说,大部分的服务部门都是不对外开放的。这一方面反映出各国对于服务贸易的自由化都持谨慎态度,另一方面也反映出《服务贸易总协定》对于各国服务业发展的影响力还是有限的。

从各类型国家比较来看,发达国家要比发展中国家更加开放一些,这也是服务业在各种类型国家发展水平不同的一种反映。从发展中国家来看,承诺减让的部门比重参差不齐,最不发达国家最少的承诺只有一个部门,而最多的承诺减让部门数量达到了154个,已经超过了发达国家承诺的部门数量。在发展中国家中,转型国家和在1995年后加入的国家普遍承诺的部门数量较高。转型国家承诺开放程度比较高的原因主要在于经过了长期的计划经济体制束缚之后,这些国家都急于转换到市场经济体制,许多转型国家都希望利用外部约束来加快国内经济体制的转换,因此在服务贸易谈判中进行了广泛的承诺,这种情况也同样出现在货物贸易谈判和农产品谈判以及与贸易有关的投资等谈判中。1995年之后加入的国家承诺水平较高主要原因是由于缴纳世贸组织的入门费所致。根据世界贸易组织的规定,在入门谈判中,申请方必须与愿意与其谈判的所有成员方进行谈判,且这种谈判的内容相互封闭,这样的谈判机制造成了新入门的国家不得不提高承诺水平。1995年以后加入的国家都属于发展中国家,比较高的承诺水平对于这些国家来说,调整的压力比较大。

表5－1　不同类型国家的承诺部门数量

成员国	承诺部门平均数量	承诺部门的数量范围	承诺部门比重
发展中国家	42	1～123	26.25%
发达国家	108	87～117	67.5%
1995年后加入国家	106	39～154	66.25%
所有成员	52	1～154	32.5%

注1:成员方153个①,数据截至2010年12月。

注2:这里所说的发展中国家不包括1995年后加入的发展中国家。

数据来源:世界贸易组织秘书处统计数据库(www.wto.org)。

① 按照世界贸易组织秘书处的标准,目前世界贸易组织的153个成员方大体可以分为三种类型:24个发达国家(OECD组织成员国,除墨西哥、韩国外)、111个发展中国家和18个转型国家。后两者是本文所指的发展中国家。

(二)各个服务部门的开放程度不同

在多边的服务贸易减让谈判中,无论是发展中国家还是发达国家总是要求对方开放本国具有优势的服务贸易项目,同时对本国处于劣势的服务贸易项目进行保护。当然也有些例外情况:为了发展本国的某一些服务产业,尽管本国的服务业没有什么优势可言,有的国家也会做出一定的开放减让承诺。因此通过观察各国在不同部门上的承诺,可以反映各国在产业竞争力或者是在产业发展上的意图。

如图 5 - 1 所示,在所有服务部门中,旅游部门的减让承诺是最高的,接下来是金融服务和电信服务①。除了物流、音像和邮政服务以外,发达国家在大部分所列的行业都进行了承诺。差不多所有的发展中国家(92% 的发展中国家,包括最不发达国家)都对旅游服务做出了减让承诺,这反映出发展中国家在旅游方面的比较优势。另外,有相当多的发展中国家在金融和电信服务上做出了承诺,发展中国家的金融和电信服务发展水平一般来说都比较低,之所以做出这样的承诺,主要有两方面的原因:一方面是迫于谈判的压力,由于金融、电信是发达国家优势产业,特别是对美国和欧盟国家来说,金融和电信服务的开放是主要的谈判要价,在发达国家的压力下,一些发展中国家做出一些开放承诺。另一方面的原因是国内管制制度改革以及发展金融、电信基础性服务业的需要。在新自由主义的影响下,从 20 世纪 80 年代开始,发展中国家也纷纷放松对金融、电信的管制,推行新的管制制度。随着管制制度改革的深入,一些发展中国家希望引进新的市场参与者,巩固管制制度改革的成果。作为基础性的服务业,金融和电信对国民经济的发展水平影响很大。为了尽快提升国内金融和电信的发展水平,许多发展中国家都做出金融和电信服务的开放承诺。此外,几乎所有的转型国家和 1995 年以后新加入的国家,除了在金融、电信服务上做了承诺,而且还在建筑和相关工程服务、专业服务、零售等行业也做出了减让承诺。虽然这些国家在这些行业并没有明显的比较优势,做出这样的承诺反映出这些国家想通过开放服务市场促进本国服务业的迫切心情。

尽管对金融、电信服务做出减让承诺的国家比例较高,但也应看到仍有 23% 和 34% 的发展中国家没有做相应承诺。除了金融和电信的情况比较特殊外,发展中国家对于重要的基础服务项目的减让还是比较低的,如海运(33%)

---

① 图中所标出的服务行业既有世贸组织划分的服务部门大类,也有分部门。如商业服务中的物流、专业服务中的与计算机相关服务等。

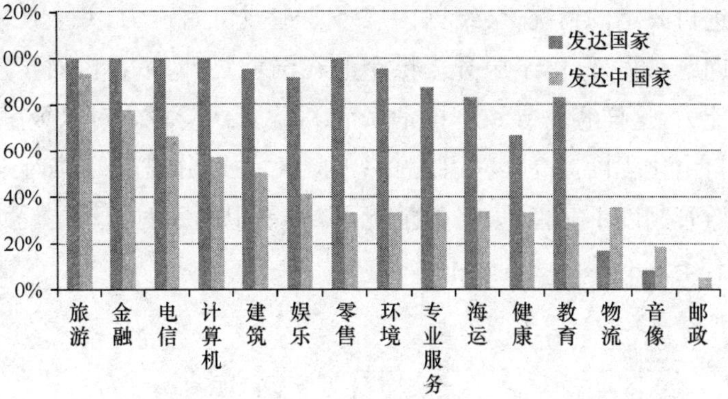

图 5－1　具体部门减让中的各种类型国家所占比例

数据来源：根据世贸组织秘书处统计（WTO Database）绘图。

等。由于商业服务类是取的平均值，因此看不出单个行业的承诺情况。在商业服务中，做出承诺数量最少的是护士和家政服务（只有 10% 的国家做出承诺），做出承诺数量最多的是工程服务（有 43% 的国家做出了承诺）。

（三）不同贸易模式的开放度也不同

按照《服务贸易总协定》的规定，服务贸易有四种贸易模式，即跨境提供、跨境消费、商业存在和自然人移动。对于不同的服务业来说，服务贸易的四种模式所起的作用并不相同，有些贸易模式对于一些服务业来说是至关重要的，但对另外一些服务业来说可能没有什么作用。没有商业存在模式的减让承诺，银行、保险服务贸易就会受到很大限制，但对于电视转播服务来说却没有什么大的影响。跨境提供和跨境消费类似于货物贸易，相对比较简单；商业存在和自然人移动涉及投资、移民、就业政策，因此比较复杂。由于各种贸易模式对于一个国家的服务业、国际收支平衡和社会生活的影响程度并不相同，因此往往不同服务业对于各种贸易模式的承诺水平存在着很大差异。通过观察对于贸易模式承诺的情况，可以得出各成员对于不同贸易模式的态度。

模式 1 也就是跨境提供，这种贸易模式类似于货物贸易，这种模式是通常意义上理解的服务贸易。按照一般的理解，模式 1 的贸易自由化应该是比较高的，但与其他模式相比较，跨境提供的承诺中，无论是发达国家还是发展中国家，包含着大量不承诺的部门，也就是不承诺开放的部门（在所有国家中，有接近 30% 的国家都没有做出承诺）（见图 5－2）。之所以出现这种情况，主要原因在于跨境提供自由化程度的提高，也就意味着服务进口的限制减少，这样有可能会出现进口激增的情况，会给国内服务业造成沉重压力，并会使本国的国际收支出现问题。另外，由于服务提供企业在国境之外，进口国对于服务企业没有监控的能力，这样容易导致本国消费者利益受到侵害。对于金融服务来说，跨境提供自由化程度提高容易引发资本的流动性过分提高，再加上国内金融体系脆弱和监管制度不完善，大多数情况下，发展中国家对金融的跨境提供一般都采取了有条件的承诺或者是不承诺。

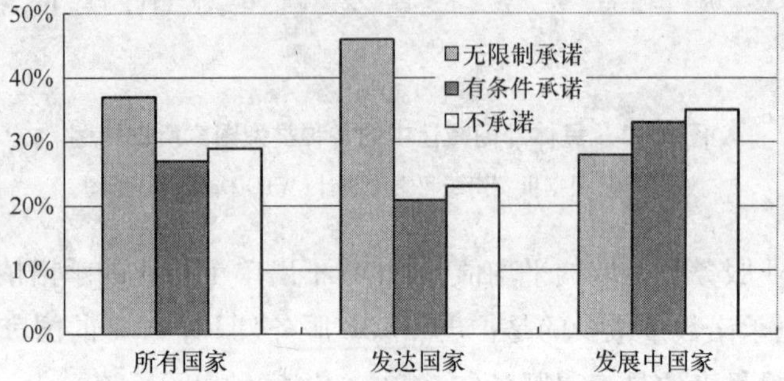

图 5－2　模式 1 的承诺

模式 2 是指境外消费，是消费者到国外去消费服务而发生的贸易。在模式 2 中，无论是发达国家还是发展中国家，无限制承诺的比例比较高（见图 5－3），一方面本国居民出外进行服务消费是居民生活水平提高的表现，另外国家也很难控制居民在国外的消费行为，因此各国对于这种模式都没有过多的限制。发展中国家在这种模式中的承诺自由化程度比较高的另外一个原因是模式 2 基本上是旅游、医疗等服务贸易所采用的，这些很多都属于发展中国家的优势产业，提高自由化程度有助于发展中国家发挥比较优势。

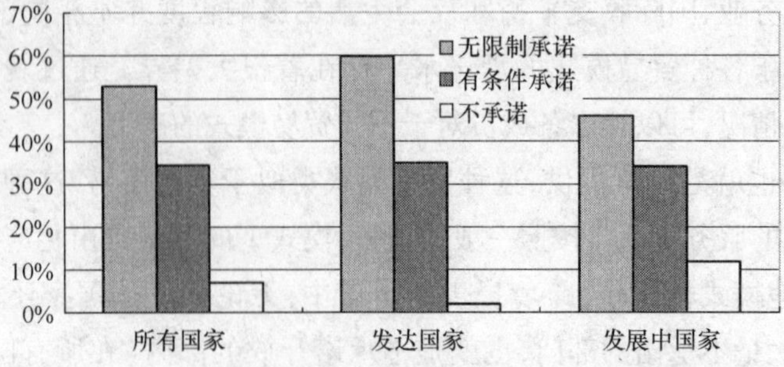

图 5－3　模式 2 的承诺

模式3是指商业存在,是通过跨国投资建立商业存在来完成的服务贸易,这是服务贸易中最重要的贸易模式。根据世界贸易组织秘书处的估计,通过商业存在进行的服务贸易占到全部服务贸易额的一半以上。对于模式3来说,大多数的承诺都是有条件承诺。也就是说,各国都对外资的进入进行了不同程度的限制。这些限制主要是针对重要服务业(如金融、电信等基础性服务业)外资进入的股权限制,还有与政治、意识形态有关的出版、音像娱乐、教育等项目的外资进入限制等。各国对模式3不承诺的比例较低,这反映出各国对于引进外资都持欢迎的态度(见图5-4)。对于发展中国家来说,外资的进入可以解决资金不足和技术水平较低的问题,为国内服务业的发展提供帮助,但是另外一方面由于国外服务企业的进入,国内的服务业市场结构会发生变化,国内服务业的市场份额会受到压缩,国内管制制度受到挑战。因此,发展中国家对于外国投资都施加了比发达国家更多的限制。

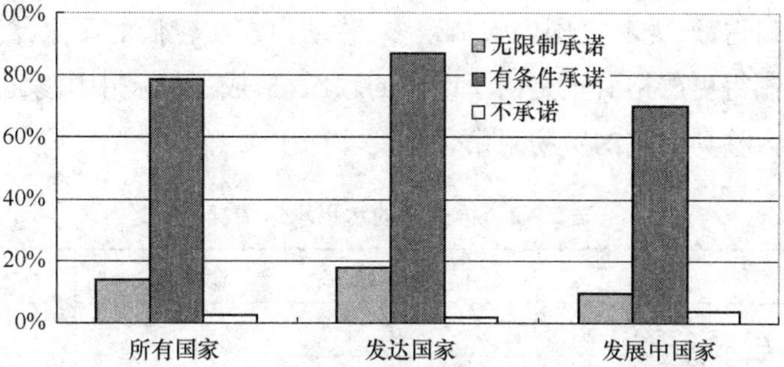

图5-4　模式3的承诺

模式4是自然人移动,也就是通过服务提供者个人移动到别的国家来完成服务贸易。在这四种贸易模式中,自然人移动模式的贸易额是最小的,只占到1%~2%,而对这种模式的限制却是最严格的。尽管根据OECD和世界银行的研究表明,提高自然人移动模式的自由化程度将带来巨大的收益。① 但是由于自然人移动模式很容易和永久性移民相联系,涉及国内的移民法和劳动用工问题,因此各国都比较谨慎。在这个模式上,发展中国家与发达国家的表现没有很大的区别,都对这种模式进行了严格的限制。对自然人移动基本上都限制在专业技术人员和高级管理人员,并且要求与商业存在相联系。见表5-2所示。

---

① OECD(2001)和世界银行(2004)都对此进行了研究。根据Matto等人的研究成果,只要发达国家放松对劳工进入的管制,外来劳工占到总劳工人数的3%,全球每年就可以增加1500亿美元的收入。

不仅现有的承诺中对模式4承诺较少,而且从现在已经提出出价单的国家来看,只有不到20个国家提出了出价,而且他们的出价也全部是与公司内部有关人员流动有关。尽管世界经济已经有所恢复,但是主要发达国家几乎都面临着失业率高企不下、国内排外情绪严重的局面,为避免引发国内的不满情绪高涨,发达国家不愿意提高自然人移动的自由化程度。发展中国家虽然在自然人移动方面有一定的优势,但是并没有做出很高的自由化承诺,主要原因在于发展中国家对于自然人移动自由化程度提高存在着顾虑。发展中国家一方面希望发达国家进一步降低限制的门槛,使自己的劳动力能够进入发达国家工作,特别是普通劳动力的市场准入门槛降低,更是发展中国家所希望看到的;但是另外一方面本国的服务贸易自由化程度提高了,外国专业人员的进入就会增加,这会使得本国专业人员可获得的高薪岗位减少,容易造成本国人才流失。另外,发展中国家的情况也不尽相同,提高自然人移动的自由化程度,会在发展中国家内部形成劳动力的迁移。很多发展中国家都担心本国的服务业就业市场被外来人口占领,尤其是国内人口众多、劳动力素质较低的国家,对于普通劳动力移动控制得更严格。正是由于诸多的顾虑,造成了发展中国家也不愿意过快提高自然人移动模式的贸易自由化程度。

表5-2 模式4的水平承诺情况

		市场准入数量	总的数量	比重
公司内部人员流动	高管人员	56	168	42%
	经理	55		
	专家	56		
	其他	1		
与公司无关的人员流动	高管人员	24	110	28%
	经理	42		
	专家	44		
商业旅行	商业活动	41	93	23%
	销售谈判人员	52		
合同供应		12	12	3%
其他		17	17	4%
加总		400	400	100%

资料来源:Sumanta et al. Moving People To Deliver Services: How Can the WTO Help. World Bank Working Paper 3238,2004:7.

二、服务贸易自由化的特征

从最终的目标来看，与货物贸易自由化一样，服务贸易自由化也是通过不断降低贸易壁垒逐步向自由贸易过渡。但是通过分析服务贸易自由化的原因和性质，并且结合目前服务贸易自由化进程与状况，我们可以发现与货物贸易自由化相比，服务贸易自由化具有鲜明的特征。

（一）开放难度大

服务贸易自由化要求通过降低或者取消服务贸易壁垒，允许外国服务产品和服务要素进入本国市场参与竞争。对外开放本国的服务市场、提高服务贸易自由化程度是世界贸易组织提倡的原则，也是发展国际服务贸易必要的前提条件。由于在要素禀赋、管制制度、历史文化等方面的差异，各国在服务贸易上具有不同的比较优势，客观上存在相互交流的潜在利益，而且各国都认识到了服务贸易的重要作用。但是各国却普遍存在着专门针对外国服务产品和服务要素的贸易壁垒，这些贸易壁垒成为国际服务贸易发展的最大障碍。国际服务贸易的发展始终是与服务贸易自由化程度存在着正相关关系。1995～2005 年全球服务贸易增长率平均超过了 8%，属于历史上发展最快的阶段，同时这个阶段也是《服务贸易总协定》以及相关部门协议达成的时期。对外开放本国的服务市场能够增加国内服务产品供给和生产能力，但是也会对国内服务业带来竞争压力，而且对外开放的范围和速度不合理还容易对国民经济造成严重冲击，因此对外开放服务市场成为服务贸易自由化最受关注的部分。

推进服务贸易自由化的难度比较大。服务贸易自由化水平提高依靠各国对于服务贸易壁垒的减让程度，但是各国在服务贸易壁垒的减让范围、程度、速度，以及对服务贸易自由化的利益分配等关键问题上存在着很大差异，各国的利益差别过大限制了服务贸易自由化的发展。发达国家几乎垄断了附加值高的现代化服务业的贸易（如金融、通信、互联网等），而发展中国家只在少数传统服务贸易项目（如旅游、运输）上具有比较优势，发达国家和发展中国家的利益不对称造成贸易自由化程度提高缓慢。目前，因为在服务贸易上拥有比货物贸易更大的优势，发达国家对服务贸易自由化的态度比较积极。而发展中国家尽管也想利用服务贸易自由化的机遇促进本国服务业的发展，但是由于本身服务业发展水平较低，尤其是在金融、电信、保险和专业服务等领域基本上没有任何优势，再加之担心服务贸易自由化对国内经济稳定程度的影响，发展中国家对于服务贸易自由化态度就更加谨慎。发达国家希望能够进一步提高服务贸易自由化水平,而发展中国家却希望能够首先完成现有承诺。发达国家与发展中国家在服务贸易内部和服务贸易与货物贸易之间的利益交换上也存在着较大分歧。发达国家希望提高金融、电信、信息等现代服务业的开放度,发展中国家则希望尽快提高自然人移动模式的贸易自由化程度。在多边贸易体制下,各国都不会轻易进行单边的贸易自由化行动,在多边谈判中由于各方的利益要求、考虑重点等方面差距很大,各国在服务贸易壁垒减让方面的谈判进展缓慢。另外,服务贸易自由化的利益和风险并存,但利益分配和风险分担的国际规则却很不完善,而且有失公允。和货物贸易一样,发达国家不仅控制着服务贸易国际规则的制定,而且获得了大部分的服务贸易自由化利益,发展中国家不仅获利较少,还要承担贸易自由化对国内服务业和国民经济可能造成的冲击。

与货物贸易自由化程度相比,各国的服务贸易自由化程度还比较低,这不仅是指发展中国家,而且包括发达国家。各国都存在着大量对于国内市场进行保护的贸易壁垒,这一方面说明了各国对于服务贸易自由化都比较谨慎,另一方面也说明了各国的服务贸易自由化程度存在着可以提高的空间。在多哈回合谈判中,服务贸易成为议题之一,其中提高服务市场的开放是主要内容。尽管各国对于国内市场的开放都持有不同的看法,但是有一点是共同的,目前各国都在逐步开放本国的服务市场,只是开放的程度和速度存在差异。

(二)渐进性

美国学者库伯认为:“贸易自由化首先是一个过程而并非一种状态,更不要把贸易自由化与放任自流联系起来。”①与货物贸易自由化一样,服务贸易自由化是一个过程,具有渐进性,并非一蹴而就,而且由于服务业的敏感性使得服务贸易自由化的困难更大,服务贸易自由化的过程会更长一些。

服务贸易自由化标准难以确定,无法确定服务贸易自由化实现与否。对于贸易自由化,有的学者认为是一种状态,特别是对于货物贸易自由化来说,有的学者认为当一国的平均关税下降至5%以下,就可以认为该国已经实现了贸易自由化。如果按照这种理解的话,服务贸易自由化也应该首先有一个标准,才能认定服务贸易自由化实现与否。但是服务贸易壁垒无法准确量化,难以确定标准。服务贸易壁垒都是非关税壁垒,而且主要与国内管制制度相联系,数量

① R. Cooper. Industrial Policy and Trade Distortion. Journal of Economic Literature,1993(41).

化的规定很少,因此不可能像货物贸易那样找到一个比较明确的标准。为了分析各国的服务贸易壁垒的限制程度,目前有的研究人员将现有的贸易壁垒通过主观赋值进行了数量化,得出了各国的贸易限制水平。但是这种研究更多用于各国的比较,并非绝对数值,而且这种方法主观性较强,难以获得统一的认识。目前在服务贸易多边谈判中,各方对于服务贸易壁垒的减让程度并没有明确标准,现在减让承诺都只是成员方通过讨价还价式的谈判产生出来的。由于不能找到一个标准,也就不能确定是否实现了贸易自由化。因此,服务贸易自由化只能是一个过程,并非是一种状态,是一个服务贸易壁垒逐步减少和降低的过程。

(三)复杂性

与货物贸易自由化相比,服务贸易自由化的复杂性非常突出。服务贸易自由化的复杂性体现在复杂的利益交换关系、贸易与投资自由化相互混合、贸易政策的调整需要产业政策配合等三个方面。

首先,复杂的利益交换关系。与货物贸易自由化一样,服务贸易自由化中也存在着利益交换关系。服务贸易自由化中的利益交换有三种形式:第一种是不同服务行业间的利益交换。比如,一国以开放银行业换取对方开放旅游业。这种利益交换虽然表面上与货物贸易利益交换形式类似,实际上差别很大。由于服务业包含的行业非常庞杂,而且不同的服务业在国民经济中的地位和作用差别较大,彼此之间的利益交换比较复杂,我们很难判断一个国家在银行业的开放利益与对方国家开放旅游的利益是否对称。第二种是同业之间开放利益交换,也就是各国都对某一行业进行开放。这种利益交换表面上是对等的,但却会出现由于各国在行业不同的发展水平使得一国的企业或产品很难进入对方国家,从而造成开放利益不对称。第三种形式就是货物贸易与服务贸易之间利益的交换。由于发展中国家的服务业发展水平普遍不高,在与发达国家进行贸易谈判的时候常会出现发展中国家利用开放服务市场来换取发达国家开放货物贸易市场的情况。服务贸易自由化的这三种利益交换形式并不是独立出现,往往是相互混合出现。因此,服务贸易自由化的利益交换关系比较复杂。

其次,贸易与投资自由化的相互混合。在货物贸易自由化中,各国关心的是如何降低货物进出关境的壁垒,促进货物的自由流动。服务贸易自由化不仅涉及服务产品的流动,还要涉及服务要素的跨境流动问题,也就是服务业的投资问题。服务产品的流动涉及国境上的贸易壁垒(如配额管理、许可证管理等数量限制措施),通过各国的谈判,这种国境上的贸易壁垒已经有了很大的降低。但是由于大部分的服务贸易都必须通过商业存在的形式,需要在生产者和消费者面对面的情况下才能完成,服务业直接投资成为服务贸易完成的前提,投资的自由化就成为服务贸易自由化的主要部分,目前多边贸易谈判的中心就是对服务业投资自由化的讨论。提高服务业投资的自由化程度会带来服务要素的流动加快,外国服务企业会进入本国的服务市场。外国企业的加入一方面能够提高国内的服务供给量和供给效率,另一方面会对国内服务业形成竞争压力,甚至还会出现某些服务业被国外企业控制的情况。服务业投资会对国内服务业的内部结构产生重要影响,而且投资自由化程度提高会引起资本跨国的大规模流动,这对于金融管理体系比较薄弱的国家来说会造成管理的压力。服务业投资的自由化要远比单纯的服务产品贸易复杂得多。

第三,服务贸易自由化复杂性还表现为贸易政策的调整需要产业政策配合,尤其是竞争政策的配合。所谓贸易政策是指对本国对外贸易活动中所有干预措施的总称,主要是解决外部竞争者进入本国市场和本国产品出口问题。竞争政策是指为了保证市场的有效竞争和资源高效配置,控制和消除国内市场限制性竞争行为的政策和措施,它的核心是为了维护竞争。

在货物贸易自由化中,由于只涉及商品本身的移动问题,而不牵涉要素流动问题,所以贸易政策的调整不会直接受到产业政策的影响。而服务贸易自由化涉及服务要素的流动,情况就会变得复杂一些。服务贸易自由化要求各国必须调整贸易政策,降低贸易壁垒、扩大市场准入,允许外来服务产品和服务商进入国内市场。但是市场进入壁垒并不全是贸易政策造成的,很多是由于国内厂商的限制性商业行为造成的,如国内卡特尔、价格同盟等同样构成了外来厂商的进入壁垒,这在金融、电信、航空等服务业中表现非常明显。研究表明,只有开放的小国经济可以不依赖竞争政策而仅仅依靠提高贸易自由度来消除国内垄断,而较大规模的经济必须借助竞争政策才能消除此类壁垒,实现贸易自由化。因此,服务贸易自由化不仅需要各国贸易政策的调整,更需要贸易政策与竞争政策之间协调。竞争政策属于国内产业政策,目前世界贸易组织没有对此做出任何规定,但是竞争政策对于服务贸易自由化的影响却在不断增强,各种不同的竞争政策形成了新的服务贸易壁垒,如何协调贸易自由化与竞争政策之间的关系正逐步引起各国的重视。

第三节 国际服务贸易自由化的影响

一、服务贸易自由化的经济效应

目前进行跨境服务贸易的行业绝大多数都是生产性服务业，贸易对象都是能够用于中间投入的服务产品，因此服务产品进口增加不仅对于国内服务业而且对于其他行业也会产生影响。服务贸易自由化必然带来服务业跨国投资的增加，这样会改变国内服务市场的结构，不仅对服务业本身产生影响，并且通过产业间的联系，对其他行业也会产生影响。这些影响都需要一定时间之后才会显现出来。从长期影响来看，服务贸易自由化对一个国家的服务市场结构、管理制度和技术水平的改善和提高都有着很大的促进作用，另外和货物贸易自由化一样，服务贸易自由化也会对收入分配产生影响。

总体而言，服务贸易自由化有利于各国经济效率的提高，主要体现在以下几个方面：①由于外国服务提供者进入市场，东道国能够有更多的机会选择质优价廉的服务，提高企业的经济效益；②东道国能够进口经济发展急需而本国又不能满足需求的生产性服务，从而有利于解决生产发展与服务业落后的矛盾；③外国企业的竞争将迫使东道国的服务企业向国际先进水平看齐，吸收国外先进服务技术与经验，努力降低成本，提高质量和竞争能力，走向世界市场；④有利于东道国发展自己具有优势的服务业，进口不具有相对优势的服务，从而促进经济资源的有效配置，为东道国有优势的服务业出口创造更多的机会。

（一）国际收支效应

服务贸易自由化对国际收支的影响是双重的：一方面，由于各国减少对服务进口的限制，短期内可能导致进口大量增加，造成国际收支恶化；另一方面，各国（尤其是发展中国家）可以利用自由化的国际环境设法扩大自己的服务出口。由于能够采用优质价廉的进口服务，发展中国家有可能降低其物质产品的成本，提高质量，增强货物出口的国际竞争力，从而增加收入。同时，适度开放服务市场还将有利于外资的流入，改善国际收支状况。

（二）收入分配效应

服务贸易自由化虽然能从总体上带来利益，但是这种利益的分配却不均匀。

首先，从行业上来看，服务贸易自由化提高了竞争程度，增加了服务产品和要素的供给，这对于服务业的下游产业带来了利益，但是国内服务业由于竞争程度加剧，利润率下降，从而整个行业利润率比自由化之前有所下降，特别是原先处于垄断地位的服务行业，利润率下降更为明显。

其次，从要素所有者来看，服务贸易自由化为拥有比较优势的服务行业利润的提高创造了条件。由于服务贸易自由化，有比较优势的服务行业出口增加、利润提高，在这种行业内的各种要素所有者的收入都会增加，而没有比较优势的行业由于进口的增加，或者外来投资增加，降低了这类行业的利润，从而使得行业内的要素所有者受到损失。

第三，服务贸易自由化对于就业的影响并非总是正面的，特别是对发展中国家来说，情况更是如此。由于服务贸易自由化，发展中国家开放了跨境的服务贸易，国外进口产品会直接导致国内产品市场占有率下降，从而使得本国企业雇用人员减少。对于商业存在形式的开放，与国内的企业相比，大多数的外资服务企业更加偏重对技术和人力资源密集型产品的生产。因此，这些企业的进入对于就业的拉动不大，反而使得原有企业的人力资源流失。即使是劳动密集型服务行业中，外资服务企业与国内企业相比，资本有机构成要高，对劳动力的需求要小于原有的低效率的国内服务企业。因此，服务贸易自由化有可能会造成失业状况的加剧，尤其是国内外的服务要素之间出现相互替代时，情况就更加严重。1996年，阿根廷电力分销公司被外资收购以后，为了提高生产效率降低成本，曾经在30个月内裁员达到40%。虽然生产力的提高可以部分抵消失业增加带来的损失，但如果没有合理的补偿机制，失业人员的损失就难以弥补。由于国内服务市场的开放以及对服务业管制制度的改革，原有服务企业的交叉补贴会被取消。为了弥补长期边际成本或者是为了提高服务的质量，服务的单位售价会提高，这样会减少穷人获得服务的可能，服务的普遍义务无法实现。服务贸易自由化带来了收入差距加大，这对于整个国家的稳定是不利的，另外由于穷人获得服务的能力受到限制，不利于发展中国家减少贫困。

（三）制度创新效应

由于服务贸易自由化程度的提高，大量的外国服务产品和服务企业会进入发展中国家的服务市场，会引发国内服务市场的变化，不仅是服务业与其他产业之间的关系会发生改变，而且服务业内部各行业之间的关系也会发生很大变化，这要求产业政策、竞争政策都必须进行调整，主要是关于服务业与其他行业的协调、服务行业内新加入企业与原有企业的关系、如何管理外来企业等方面的制度。另外，服务贸易自由化要求对国内管制制度进行改革。随着自由化程度的提高，国内管制制度一方面要放松对市场准入的限制，另一方面又要对可能造成的风险进行防范和监管，因此国内管制制度的改革和创新压力会增加。来自于不同管制环境下的企业和产品同时出现在东道国市场上，如何发挥他们的积极作用、抑制消极作用是管制当局着力的重点。服务贸易自由化的程度越高，对于制度创新的刺激就越强。

服务贸易自由化能够刺激发展中国家去寻找更加有效的制度，但是制度创新效应能否为发展中国家找到一个适应本国的制度还存在很大的不确定性。发展中国家要引入一个新的制度，最简单的方法就是对国外制度进行模仿，学习国外成熟的制度。但是没有两个国家可以采用完全一样的制度。这种制度上的模仿必须要经过试错和修正之后，才能真正适应本国的实际情况。随着服务贸易自由化程度的提高，留给发展中国家进行制度模仿、试错、修正的时间越来越短，或者说是试错、修正的代价越来越大。为了更快获得服务贸易自由化所带来的各种利益，有些发展中国家盲目地模仿发达国家的管制制度，迅速降低了对主要服务业的管制水平，结果造成国家对于国民经济的控制力下降，并在外力的推动下导致了经济和社会的动荡。无论是在引发 1995 年的墨西哥金融危机、1997 年的亚洲金融危机，还是 2001 年阿根廷金融危机的原因中，盲目模仿发达国家管制制度，放松对金融业特别是对银行业的监管都是最直接的原因之一。

二、服务贸易自由化的非经济效应

由于服务业的种类庞杂，不仅包括金融、电信等与国家经济安全息息相关的基础性服务行业，也包括电视、报纸、出版等与意识形态密切相关的部分，因此服务贸易自由化不仅具有经济效应，而且存在着非经济效应。与货物贸易自由化相比，服务贸易自由化的非经济效应更加明显。服务贸易自由化的非经济效应主要体现在对国家主权、国家安全以及环境方面的影响。在参与服务贸易自由化过程中，发展中国家不仅要考虑其经济效应，更应该充分考虑服务贸易自由化的非经济效应。

（一）服务贸易自由化对国家主权的影响

国家主权是一个国家对外独立的排他性权利，国家主权包括国家的政治、经济、文化、领土、军事等多项权利。服务贸易自由化主要是对国家的经济主权、文化主权产生冲击效应：

1. 服务贸易自由化对于国家经济主权的影响。首先，《服务贸易总协定》中的一些规定对于国家经济主权有一定限制。对于《服务贸易总协定》来说，它属于成员都接受的游戏规则，在此规则约束下，国家须让渡部分国家主权。如协定中第三条"透明度规定"、第六条"国内管制纪律"规定，都对国家如何保证服务贸易自由化提出了具体要求，这样就使得国家在出台各项经济政策时要受到国际规则的限制。对于每个国家来说，国家经济主权的让渡，必要的前提是超国家组织有能力保护各成员国的利益。对于世界贸易组织以及《服务贸易总协定》来说，它们所具备的保护各成员国利益能力都有待加强。尤其是对于实力较弱的发展中国家来说，按照共同的游戏规则让渡经济主权，对于自身利益的保护就显得比较薄弱。

其次是对经济主权独立性的冲击。由于服务贸易自由化程度的提高，在国内服务业竞争力比较弱的情况下，大量跨国服务企业的进入会削弱国内服务业对市场的控制力，这对国家经济主权造成了冲击。由于各自的性质不同，东道国与跨国公司的利益并不完全一致。作为一个企业，跨国公司总是首先从公司的全球战略去考虑，不会主动顾及东道国的利益（除非两者的利益是一致的），并且它们会利用对经济的影响力去干预政策以维护自身的利益，这会破坏国家制定政策的自主性。如在2001年，阿根廷金融危机之初，国内出现货币急剧贬值，大量外汇流失，国家急需调整利率和汇率政策，防止事态扩大。但是由于外国银行对国内银行业的控制，使得政府在制定汇率、利率政策时都要事先经过外国银行同意。而外国金融机构不愿意为阿根廷的经济危机承担成本，反对政府出台新的货币政策，致使金融危机不断加剧。

2. 服务贸易自由化对文化主权的影响。所谓的文化主权是指国家在思想文化的生产、经营、管理、传播、消费等方面的权利。每个国家的文化都是世界文化的组成部分，文化的多元化是世界文化得以丰富和发展的基础。服务贸易自由化会对一个国家的文化领域产生较大影响。服务业中包括大量与意识形态密切相关的行业，如教育、文化服务、出版业、广播影视、报纸等，这些服务业的贸易自由化程度提高会促进不同的生活方式、消费模式、价值观念的相互渗透、相互吸收,它有利于各国文化产业的交流,但也会对各国的文化主权方面形成不利的影响。

目前,国际竞争不仅表现在经济领域,而且也体现在意识形态领域,主要的表现就是文化的竞争。发达国家不但物质文明发达,而且在文化领域中也比较先进。随着全球化趋势的加强,西方发达国家在推行经济全球化的同时,也在积极推动文化的全球化。凭借强大的经济实力和高技术手段,通过电影、电视、广播、书籍、报刊、流行音乐等形式向广大发展中国家进行文化渗透,其中美国在文化领域表现突出。目前美国控制着世界75%的电视节目和60%以上的广播节目制作,文化产品是美国最大的出口品,每年的出口额达600亿美元,已经超过了航天航空和电子产品的出口额。文化的全球化中出现了对各国文化主权的挑战,特别是对发展中国家的文化主权形成挑战。发达国家文化产品的大量进入,使得西方的社会政治理念、价值观念、生活方式对发展中国家产生较大影响,发展中国家传统的价值观念、社会道德伦理发生变化。另外发展中国家的民族文化受到挤压,很多国家的民族文化日趋衰落,发展中国家的文化主权受到了较大冲击。文化服务贸易自由化程度的提高会加速文化的全球化,处于强势地位的西方文化产品和服务会进一步占领发展中国家的市场,发展中国家的文化主权会受到更大的冲击。

世界很多国家都已经认识到文化主权的重要性,积极采取措施保护本国民族文化的独立性。为了保护语言和文化的多元性,许多国家对此类服务贸易都有限制,不仅仅是发展中国家,在一些发达国家(如法国、加拿大等国),在美国文化铺天盖地的冲击下,政府对自己的文化也采取了一系列的保护政策,其中包括在电视节目中必须要有一定比例的本土节目以及支持本国的图书出版、电影制作等①。

(二)服务贸易自由化对国家安全的影响

服务贸易自由化对于国家安全的影响主要表现在国家经济安全、信息安全和国防安全上。

首先,国际上经济风险的传递速度会加快,传播范围扩大。由于服务贸易自由化程度的提高,金融服务的自由化发展最为迅速,各国金融市场一体化趋势明显。这种变化有利于全球的资源配置,但也使得经济风险的传播速度加

① 邬思源.全球化与国家主权.湖北社会科学,2004(9):106.

快、传播范围扩大。不仅主要国家的经济出现问题会影响到全球，即便是小国出现问题也会迅速引起全球的连锁反应，这对于抗风险能力较弱的发展中国家来说，经济安全受到更大的考验。

其次，国内经济风险会增加。由于来自于不同管制环境下服务企业的进入，增加了国内管制的难度。而且由于发展中国家普遍存在监管体系不健全、监管经验不足的缺陷，就容易造成一方面对于进入国内的服务企业的资质条件把握不准的情况，使得一些高风险的企业进入国内市场。这样一旦企业出现问题，容易导致整个行业出现系统性风险，危及整个行业的稳定。这在金融业表现尤为明显，一家银行出了问题，就会引起整个银行系统出现紊乱。20 世纪 90 年代，由于英国分支机构出现财务困难而引发的国际信贷银行破产事件，就导致世界范围内的金融恐慌。另外，由于监管制度和体系不完善，很难对外国服务企业进行有效监管。英国巴林银行新加坡分行的违规炒作期货，不仅导致巴林银行的破产，而且还导致新加坡国际期货市场的一度瘫痪。另外，服务贸易自由化程度提高还会加剧发展中国家国内的不平衡性，影响国内稳定。由于服务业投资具有明显的地域指向性，外国服务企业出于利润的考虑，往往会选择经济比较发达、人口密度大、城市化水平高的地区进行投资，不会对经济落后的地区提供服务。这样对边远山区、经济落后地区提供电力、通信和金融服务等普遍义务就很难履行，就会造成发展中国家经济更大的不平衡。

服务贸易自由化会对国家的信息安全造成影响。所谓信息安全是指信息技术的控制权掌握在国家手中，国民经济中存在和发展的重要信息系统的正常运转不受破坏或有能力抵御来自系统外入侵、破坏和潜在威胁的一种状态。以电信和互联网为基础的信息系统成为国民经济运行的中枢系统，由于它的重要性和脆弱性突出，常常成为被攻击的目标。服务贸易自由化程度提高，必然伴随着国际信息服务业交流的增多，国外公司对于本国信息系统的建设和运行参与程度会提高。由于发展中国家软件自我开发能力较低，难以独立完成对重要数据的维护，因此容易造成数据的外泄。另外，由于缺乏对信息网络的保护能力，发展中国家的信息网络容易受到攻击而造成系统瘫痪。

服务贸易自由化还会对国防安全造成影响。服务业中电信、航空、内陆运输都与国家军事安全有密切联系，目前国家的军事安全已不仅仅是涉及国防工业、军事设施的问题，信息的顺畅交换和保密也是军事安全的新内容。随着服务贸易自由化程度的提高，越来越多的外资企业进入电信、航空、内陆运输等行业中，这必然会对国防安全形成一定的影响，因此大多数国家都对与国防有关的服务业进行限制。

(三)服务贸易自由化对环境的影响

随着环境压力的逐步加大,人们对于环境保护越来越重视,各国对于国际贸易对环境的影响也开始关心,但此方面的研究主要是针对货物贸易,很少涉及服务贸易对于环境的影响。由于不会像工业生产那样产生大量的"废气、废水、废渣",所以服务业常被形象地比喻为"无烟工业",甚至认为发展服务业和服务贸易不会对环境保护造成影响。这种认识具有片面性,实际上服务业也能造成严重的环境问题,服务贸易也有着巨大的环境影响,只不过其方式较为间接和隐蔽。

由于服务业包含的行业非常多,不同行业对于环境的影响是不一样的。大部分服务业的生产过程都不会直接产生大量的环境污染,这也是为什么很多人都认为服务业是环保产业的原因,但是很多服务业通过购买产品和对能源的消耗产生污染。一些服务业也直接产生环境污染,如汽车运输、航空运输中排出大量的废气,随着世界航空业的繁荣,飞行中排出的废气已经成为影响空气质量的原因之一。塞尔兹曼(Salzman,1999)认为服务业对环境会产生直接和间接影响,并根据对环境影响不同,把服务贸易部门分为烟囱服务业、累积性服务业和杠杆服务业。

所谓直接影响是指该服务本身直接对环境产生影响。根据这种影响的方式不同将服务贸易分为烟囱服务和累积性服务。所谓"烟囱服务"是指该服务对环境产生相当大的直接影响,如电力服务、航空运输、公路运输和医院等。这些服务的一个共同特征是生产过程中对环境产生很大的污染,如空气污染和废物污染。所谓"累积性服务"是指单个服务的环境影响可以忽略不计,而将这些服务提供者集合起来将产生巨大的环境污染,如快餐连锁店、汽车服务站、牙科诊所等。如一个地区拥有大量的汽车服务站,可能对该地区的环境产生巨大的影响。尽管单个汽车服务站的储油罐渗漏、石油外溢、溶剂和其他危险物质的影响很小,但它们总体的环境影响却很大。

间接影响是指服务提供者运用他们的市场地位对其消费者或供应者的环境行为施加影响。这种环境影响可以分为影响上游的供给和改变下游的投入,即上游影响和下游影响。具有这种影响力的服务业又被称为"杠杆服务"。所谓上游影响就是指服务提供者对其供应者的产品特性和环境实绩产生影响。服务业在生产和供应服务时会采购大量的商品,采购时对于商品特性的要求会对环境造成影响。如餐饮服务业不再为客人提供一次性餐具,会使得一次性餐具的生产减少从而有效减少对森林的破坏;干洗服务业对于干洗剂、洗衣粉含磷量的要求提高,就会影响日化企业的产品特性。所谓下游影响是指服务提供者对其产品消费者的环境影响。这种环境影响通常与下游有关产品的消费有关,如商店可以通过出售绿色产品使消费者选择有利于环境保护的产品。作为生产者和消费者的中间人,商业服务以其在市场中的特殊地位,在向生产者传递有关政府决策和消费者的偏好方面发挥极大的作用。商业企业向消费者提供环境友好的产品,或者提供他们有关购买决策的环境信息,经营者可以帮助消费者改善其环境记录。这种划分上游和下游环境影响的方法使人们对人类行动对自然资源影响的理解更进了一步,同时也为怎样利用某些部门的特征以改善国内环境管理行为和决策提供了一个很好的工具。从总体来讲,服务贸易部门的环境影响是巨大的。

服务贸易部门的环境影响一方面是正面的、积极的,它们既可以通过上下游的影响使得商品生产和消费更加符合环境的要求,也可以通过直接参与环境治理服务,改善环境质量。另一方面也可能是消极的、负面的,一些所谓烟囱服务业随着服务贸易自由化的发展而逐步扩大也会增加环境的压力。在很多情况下,服务贸易部门对于环境的消极负面影响都需要累积到一定程度,或者是服务业达到一定规模后才会显现出来,因此很容易被人忽视。

案例分析

韩国的金融业自由化改革始自20世纪80年代,实质性的发展时期在1990~1997年间,1998年的亚洲金融危机后,韩国加速了金融业自由化的改革过程。金融危机前,韩国没有明确的过境交付金融服务市场开放政策,其过境交付金融服务市场开放仅仅是资本账户自由化行动的一个副产品。

20世纪90年代初期,韩国推行资本账户自由化的主要政策立场是鼓励资本进入、限制资本流出。为此,在渐进、部分的资本账户自由化改革下,仅仅容许企业和金融机构的过境交付金融服务贸易,不允许个体居民的过境交付金融服务贸易,而且相比之下,银行在与外国客户交易方面享有更大的自由。1991年,允许企业和金融机构在海外发行证券;1995年,允许企业海外借款;整个90年代,与贸易相关的短期融资相对自由,对进口的延期付款和出口的预付款几乎没有什么限制。

为吸引外资，韩国于 1991 年取消了对外资银行较高资本要求的限制，允许大量外国银行进入本国市场；1992 年，允许外国证券公司进入韩国市场（仅允许建立分公司）；1993 年，通过了放松利率管制、取消信用限额要求的 5 年金融自由化规划。韩国部分和渐进的金融自由化改革推迟了政府对金融业中存在的结构虚弱和市场扭曲等问题的解决；同时，规制改革严重滞后，透明度和市场纪律甚为虚弱，使金融监管政策未能保证对自由化引起挑战的及时处理；对银行海外借款的放松和对个体居民过境交付金融服务贸易的限制使得通过银行的海外借款急剧增加。外债的过度规模加上由于金融服务贸易市场改革缓慢而导致的金融体系虚弱最终使得韩国没有逃过弥漫亚洲的金融危机。

葡萄牙在 1983～1993 年间，成功实施了金融自由化改革。首先，20 世纪 80 年代的宏观经济失衡现象为金融业自由化改革提供了良好的契机，银行体系被逐步地对内、对外开放，银行提供服务的范围也被逐步拓宽。1986 年，在葡萄牙加入欧盟后，资本移动和过境交付金融服务贸易也逐步对外开放。到 20 世纪 90 年代早期，资本控制被完全取消，过境交付金融服务贸易市场开放改革也获得了成功。与此同时，金融自由化改革也在同步进行：一方面，逐渐放松了对银行业和货币体系的管制，国有银行被私有化；另一方面，也加强了对银行的风险管理。

葡萄牙金融服务贸易市场开放的主要特征：一是改革实施在国家成为欧盟组织成员之时，这使得改革的政治压力减弱；同时，其他欧盟成员国的改革过程也为葡萄牙改革次序、步骤的选择，特别是谨慎规制的强化提供了宝贵的经验。二是资本账户和过境交付金融服务贸易的开放发生在国内市场竞争机制已经形成之后。

思考题

1. 分析金融服务贸易自由化所产生的影响。

2. 对比韩国与葡萄牙的做法，分析一下各自成功与失败的原因。

课后练习题

1. 服务贸易自由化的含义是什么？

2. 简述服务贸易自由化的特征。

3. 简述服务贸易自由化的经济效应和非经济效应。

第六章　服务业的国际直接投资

学习目标和要求

1. 掌握服务业国际直接投资的概念。
2. 了解服务业国际直接投资的发展情况。
3. 了解服务业 FDI 的相关理论基础。
4. 掌握服务业 FDI 对东道国经济的影响。

引导案例

在服务业吸引外资方面印度最为突出的做法是，通过建立出口加工区（EPZs）来吸引各种离岸服务业，或建立针对服务业的科技园区。因为印度软件业十分发达，在印度，各种针对 IT 服务业的专业化科技园区（Dedicated Technology Parks for IT Services）是由各省设立的，被用来吸引各种离岸服务业企业。第一批软件科技园是 1990 年在 Bangalore、Pune 和 Bhubaneshwar 三地成立的，1991 年又设立了另外四家。在有些情况下，私人部门也可以直接从事科技园区的开发。比如，一家新加坡财团和 Tata 公司就在 Bangalore 设立了一个 IT 园区；Infosys，ICICI 金融服务和 Hughes 软件公司在 Karnataka 设立了软件园；Quark 基础设施公司与 Punjab 国家电子开发与生产公司合作在 Punjab 设立了一个科技园；等等。根据印度信息与技术部 2004 年的统计，2003 年，有 39 家这样的园区，注册单位达 7 000 家左右。在 2002～2003 年，这些园区的软件出口占印度软件总出口的 80%。这些园区除了提供现代化的计算机与通信技术外，还推出了一系列激励措施。比如，实施“一个窗口结关”（Single Window Clearance）机制，允许外国股权比例达 100%，提供 5 年的免税期、进口免税，允许将软件开发活动进行分包等。这些做法对中国服务业吸引外资有一定的启示。

第一节　服务业国际直接投资的发展

一、服务业国际直接投资

在给服务业国际投资下定义之前，需要先界定国际直接投资。国际直接投资（FDI）又称为外商直接投资，这是从东道国角度而言的。从投资国角度出发，则称为对外直接投资。外商直接投资、外商证券投资和国外借款构成了国际资本流动的三种基本方式。

国际上对 FDI 并没有一个明确而统一的定义，主要学者和机构分别从不同角度对外商直接投资进行描述，其中 UNCTAD 的概念由于较为全面，在全球范围内得到了较为广泛的应用。在这个定义的基础上，本书将国际直接投资定义如下：

国际直接投资又称外商直接投资（Foreign Direct Investment，FDI），指的是一国（地区）的投资者，将部分或全部生产要素转移到国（地区）外，建立企业，参与生产经营并掌握企业经营控制权的投资行为。从全球范围内国际直接投资实践来看，跨国公司是 FDI 的产物，同时也是 FDI 的主要执行者。

综上所述，本章将服务业国际直接投资定义为：服务业国际直接投资，是指一国（地区）的投资者，将部分或全部生产要素转移到国（地区）外，建立服务型企业，参与生产经营并掌握企业经营控制权的投资行为。

二、服务业国际直接投资现状

（一）国际直接投资发展史

资本在国际中的流动大致可分为三个层次：商品资本的跨国流动，即国际贸易；货币资本的跨国流动，即国际间接投资；产业资本的跨国流动，即国际直接投资。

国际直接投资是资本在世界范围内流动的高级形式，其产生与跨国公司的出现密不可分。可以说，跨国公司是国际直接投资的主要执行者，而国际直接投资又造就了现代意义上的跨国公司。从历史的角度，国际直接投资大体可分为三个阶段。

第一阶段是19世纪末至20世纪初，这一阶段的国际直接投资主要集中在诸如铁路、矿产、农业等资源、劳动密集型产业。这段时间的国际直接投资动因主要有两个方面：一是第二次工业革命的爆发使世界各国分化成了农业国和工业国，工业国对橡胶、石油等初级产品的需求大于其国内的供给能力，急需从农业国进口；二是当时第三世界普遍进行的铁路建设改善了当地的交通运输条件，给工业国进行直接投资创造了有利条件。当时的国际直接投资主要发生在宗主国与殖民地之间。

二战结束后，国际直接投资进入了第二阶段。随着各殖民地的相继独立、西欧的复兴和日本的崛起，各国为了实现工业化纷纷实施进口替代政策，发达国家对外直接投资转向了重工业，这一阶段出现了发达国家制造业的跨国转移。

20世纪80年代以来，随着经济全球化进程的加快，国际直接投资又出现了新的特点。1985～2004年间，随着经济全球化的发展，国际直接投资以年均约30%的速度飞速发展，这几乎是同期世界出口贸易增长率的4倍。在这一阶段，国际直接投资主要集中在技术密集型产业和服务业，尤其是服务业国际直接投资在这一阶段得到了长足的发展。

（二）服务业国际直接投资的特点

1.服务业FDI规模增速快于制造业FDI规模增速（见表6－1）。随着经济全球化的进一步加深，跨国公司在对外直接投资过程中转向服务业的趋势越来越明显。根据联合国贸易与发展会议的统计，1970年，发达国家对外直接投资中第二、三产业所占比重分别为45.2%和31.4%；到了1985年，这一比重已经变为38.7%和42.8%；2000年，发达国家服务业对外直接投资所占比重已经超过50%，比第一、第二产业对外直接投资的总和还要多。

1990～2010年间，流入型服务业FDI存量规模从10 148亿美元增加至128 247亿美元，20年内增加了11.64倍；尤其是2002～2007年间，流入型服务业FDI存量规模年均增长率高达18.45%，高于同期制造业年均增长率6.4个百分点。2007年服务业FDI存量增长最快，较上年增长了29.8%，随后，受金融危机的影响，以美国为代表的发达国家“重振制造业”，服务业FDI存量增速开始放缓。

表 6－1　2010 年国际直接投资的产业分布　　　单位:亿美元

	发达国家	发展中国家	转型国家	世界
总额	141 679	53 435	3 952	199 067
初级产业	9 530	4 030	613	14 174
制造业	34 997	13 060	936	48 993
服务业	90 114	35 750	2 382	128 247
其他	7 038	594	21	7 653

数据来源:根据联合国贸发会议数据库整理。

2. 服务业 FDI 在世界 FDI 总额中的比重不断提高。1990～2010 年间,流入型服务业 FDI 存量占 FDI 总存量的比重从 48.76% 上升至 64.42%,提高了 15.66个百分点;同期制造业的比重持续下降,由41.10% 下降至 24.61%,下降了 16.49 个百分点。目前,发达国家、发展中国家的流入型服务业 FDI 存量比重均在 60% 以上,而中东欧国家的这一比重稍低,2007 年为 44.98%。

流量方面,1990～1992 年间,服务业 FDI 流入额占 FDI 流入总额的 52.69%,而 2007～2009 年间,这一比重提高至 62.75%,提高了 10.06 个百分点。同期制造业的相应比重持续下降,从 30.48% 降低至 24.06%,降低了 6.42 个百分点。

发达国家服务业 FDI 流入额占 FDI 总流入额的比重最高,基本保持在 60% 以上;发展中国家的这一比重略低,但增长速度最快,1990～2009 年间,从 39.56% 增长至 55.17%,提高了 15.61 个百分点。这些情况表明,世界范围内 FDI 的投资重心已经转移到服务业,而这正是 2004 年联合国贸发会议《世界投资报告》的主题。

3. 服务业 FDI 行业集中度降低。20 世纪 90 年代,全球范围内的服务业 FDI 都集中在金融、贸易两大领域。1990 年,两大领域流入型 FDI 存量占服务业 FDI 存量的比重为 64.49%,到 2010 年,这一比重下降为 52.47%,虽然仍然较高,但相较之前已经有了大幅降低。2010 年,服务业 FDI 比较集中的领域扩展到金融业,贸易业,商务服务业,交通运输、仓储和邮政业,这四大行业占流入型服务业 FDI 总存量的比重为 88.07%。见表 6－2 所示。

表 6-2　分部门流入型服务业 FDI 存量变动　　单位:亿美元

	1990			2010		
	发达国家	发展中国家	世界	发达国家	发展中国家	世界
总额	16 966.48	3 844.99	20 811.47	141 679.49	53 434.64	199 066.62
服务业	8 346.18	1 794.59	10 140.77	90 114.34	35 750.46	128 247.26
建筑业	181.45	58.32	239.77	1 260.34	1 045.97	2 406.51
贸易	2 176.07	274.29	2 450.37	13 721.50	4 539.66	18 629.56
住宿和餐饮业	224.54	50.14	274.68	525.62	583.03	1 137.76
交通运输、仓储和邮政业	183.67	140.94	324.61	7 972.27	3 611.44	11 766.32
金融业	3 079.10	1 010.34	4 089.43	37 358.02	10 723.10	48 658.43
商务服务	1 336.37	176.85	1 513.23	19 546.38	13 354.67	33 891.14
公共管理与防务	0.00	0.63	0.63	639.96	128.08	768.37
教育	1.00	0.00	1.00	78.06	19.33	99.41
健康和社会服务	10.52	0.00	10.52	18.06	44.01	66.41
社区、社会及个人服务活动	141.56	0.21	141.76	430.82	284.55	762.68
其他	940.53	50.59	991.11	4 852.05	387.34	5 240.05

数据来源:根据联合国贸发会议数据整理。

4.服务型跨国公司的崛起。与我们接触最为紧密的服务型跨国公司是诸如沃尔玛、家乐福一类的消费者服务企业,由于这类企业提供服务时需要与消费者进行直接接触,因此,要想开发国外市场,就必须进行国际直接投资。这类服务业 FDI 规模占服务业 FDI 总规模的比例并不大。最初的服务业 FDI 活动多是初级部门或制造业部门的企业进行的,这种行为多是为了向企业在国外的客户提供服务(如售后服务),以提高用户的满意度,保持产品在海外市场的市场份额。这一类型的服务业 FDI 表现出对制造业 FDI 的追逐。

随着分工的进一步深化,原本属于制造业内部生产流程一部分的生产服务部门逐渐独立出来,成为服务业跨国公司,专门从事信息咨询、设计、财务管理等专业服务。在日益激烈的国际竞争中,服务型跨国公司也会进行 FDI 活动。这种 FDI 活动可以分为两类:一类是在母公司同一行业进行 FDI 活动;另一类是在海外从事不同于母公司的服务行业,服务母公司或进行企业生产多样化。近年来,此类生产者服务业 FDI 增长速度是最快的,它不再追随制造业,而是通过自主的服务业 FDI 活动,在全球范围内实现生产要素的优化配置,降低成本、提高效率、改善服务质量。这类服务型跨国公司发展速度也很快。

目前,服务型跨国公司在全球跨国巨头中所占的地位越来越重要,这主要表现在两个方面,一是服务业跨国公司在数量上的发展壮大,2005 年《财富》全球 500 强中,服务类公司为 281 家,占比 56.2%;二是服务型跨国公司跨国经营指数的提高,1995 年,服务型跨国公司的跨国经营指数仅为 43.1%,到 2008 年已上升为 61.1%,提高了 18 个百分点,同期制造业的相应指标仅提高了不到 10.1 个百分点,这说明,服务型跨国公司的海外业务重要性已经远超本土业务。

此外,还有一些企业进行服务业 FDI 建立海外附属机构,它们不是为了生产服务,而是为了替母公司执行一定的功能,如在避税天堂投资的金融分支机构或控股公司。

5. 跨国并购业务向服务业集中。20 世纪 80 年代以来,全球跨国并购业务开始由传统制造业向服务业转移。1987 年,全球服务业并购出售额为 213.21 亿美元,占全球并购额比重的 28.6%,而到 1995 年,服务业跨国并购出售额占比就超过了 50%,达到 50.2%。从此,服务业就成为跨国并购的主要领域(见表 6-3)。据联合国贸发会议统计,2003~2005 年间,全球服务业吸收跨国投资额为 4 355 亿美元,占全部跨国投资的 58%。其中:金融业比重最高,占 20%;居第二位、第三位的分别是商务服务业和批发零售业,比重为 16.7% 和 7.6%。2007 年,服务业跨国并购净出售额达到了 6 121.28 亿美元、净购买额为 7 090.43 亿美元,分别占当年全球跨国并购净出售额和净购买额的 59.85% 和 69.33%。金融危机后,全球范围内的跨国并购业务均大幅降低,受以美国为代表的发达国家重振制造业的影响,服务业跨国并购也出现了一定程度的衰落。2011 年,服务业跨国并购净出售额达到了 2 012.41 亿美元、净购买额为 2 542.66亿美元,分别占当年全球跨国并购净出售额和净购买额的 38.27% 和 48.35%。

表 6-3　2005~2011 全球服务业跨国并购情况 单位:亿美元,%

	总额	服务业	服务业占比
2005	4 622.53	2 975.81	64.38
2006	6 253.20	3 692.28	59.05

续表

	总额	服务业	服务业占比
2007	10 227.25	6 121.28	59.85
2008	7 065.43	2 902.28	41.08
2009	2 497.32	1 255.61	50.28
2010	3 440.29	1 357.11	39.45
2011	5 258.81	2 012.41	38.27

6. 服务业 FDI 仍集中在发达国家。1990～2007 年,发达国家服务业 FDI 流入存量占世界总额的比例一直在 70%以上,1990 年更是高达 82.30%。相对的,发展中国家所占的比重虽然逐渐上升,从 1990 年的 17.70%上升到 2010 年的 27.88%,但仍远远低于发达国家。在发达国家内部,美国、日本、德国、英国、法国、荷兰、意大利、加拿大、澳大利亚是主要的服务业 FDI 母国,2006 年,这些国家对外投资存量占全世界对外直接投资存量的 64.7%,吸引 FDI 存量占全世界的 49.1%。

三、中国引进服务业国际直接投资的现状

(一)总体现状

在改革开放之前,我国引进外资的规模几乎可以忽略不计。在改革开放初期,我国引进外资主要在制造业领域,服务业所占比例非常小。产生这样格局的主要原因有两个:一是因为我国服务业发展相对滞后;二是服务业开放较晚,开放程度偏低。

20 世纪末,我国服务业吸引的国际直接投资开始逐年增多。2000 年,服务业 FDI 流入规模仅为 91.89 亿美元。进入 21 世纪,流入服务部门的国际直接投资总额逐年增长,2007 年之后,服务业 FDI 流入规模占总 FDI 流入的比例达到了 40%以上;2008 年服务业实际利用的外商直接投资金额增至 379.48 亿美元,比重为 41.07%;2009 年服务业实际利用外商直接投资的金额增至 385.28 亿美元,比重升至 42.79%,增幅不大;但在 2010 年其又表现出了强劲的增长势头,金额增至 499.62 亿美元,比重达到了 47.25%,接近 50%的水平;2011 年,尽管这一年联合国贸发会议发布的《2011 年世界投资报告》指出,受金融危机影响,全球服务业直接投资放缓,FDI 流量减少最多的就是服务业,我国服务业

实际利用外商直接投资的金额仍然增长了10.57%,达到了552.43亿美元,占当年FDI总规模的47.62%,这一年我国流入服务业的FDI规模首次超过了制造业;2012年,受全球经济不景气的影响,我国FDI规模出现了下降,仅有1 117.2亿美元,但这一年流入服务业的FDI比重仍然上升了0.57个百分点,达到48.19%,继续超过同期制造业的43.7%。见表6-4所示。

表6-4 1997~2012年中国服务业FDI规模及占比 单位:亿美元,%

	服务业FDI流入规模	服务业FDI占比	增长率
2000	91.89	22.57	-17.35
2001	94.76	20.21	3.12
2002	120.41	22.83	27.07
2003	128.52	24.02	6.74
2004	140.53	23.18	9.34
2005	149.14	24.72	6.13
2006	199.14	31.60	33.53
2007	309.82	41.44	55.58
2008	379.48	41.07	22.48
2009	385.29	42.79	1.53
2010	499.62	47.25	29.67
2011	552.43	47.62	10.57
2012	538.4	48.19	-2.54

(二)国际比较

从全球范围来看,与主要FDI流入国在服务业FDI流入流量上经常出现大的波动不同,我国服务业FDI流入基本保持着增长的态势。尤其是2007年美国爆发次贷危机之后,FDI主要流入国的服务业FDI流入流量出现的波动很大。表6-5列出了世界前5大经济体美国、中国、日本、德国、法国服务业FDI流入情况,从该表可以看出,2008年之后,除我国以外,上述国家服务业FDI流入流量均出现了不同程度的减少,美国、日本更是减少了一半以上。而我国服务业FDI流入虽然保持了上升的趋势,但距离美国仍有相当大的差距,也赶不上德国、法国在危机前的水平。

表 6 - 5 世界主要经济体服务业 FDI 流入情况 单位:亿美元

	美国	中国	日本	德国	法国
2004	1 099.77	140.53	12.56	-88.16	246.28
2005	423.50	149.14	48.41	390.96	631.17
2006	1216.53	199.15	-73.29	505.89	572.74
2007	763.80	309.83	205.37	705.01	971.44
2008	1942.96	379.48	209.09	377.89	494.80
2009	839.35	385.28	81.44	302.60	377.08

数据来源:联合国贸发会议:《世界投资报告》各期。

(三)中国服务业 FDI 流入行业特点

1. 投资行业分布不均,集中度较高。2006 ~ 2011 年,服务业 FDI 主要集中在房地产业,平均值为 47.20%,次贷危机爆发的 2007 年,流入房地产业的 FDI 占当年服务业 FDI 流入的 55.16%;位居第二、第三位的是租赁和商务服务业、批发和零售业,两者的平均占比分别是 15.32% 和 11.83%,但两者在发展趋势上又有所区别,表现为前者呈下降趋势,后者则呈明显的上升趋势,2011 年,批发和零售业吸引外资的比例(14.46%)首次超过租赁和商务服务业(14.39%),这说明我国近年来的扩大内需政策还是有所成果的。2006 ~ 2011 年,上述三个行业实际利用 FDI 金额占到服务业 FDI 总额的 74.35%。见图 6 - 1 所示。

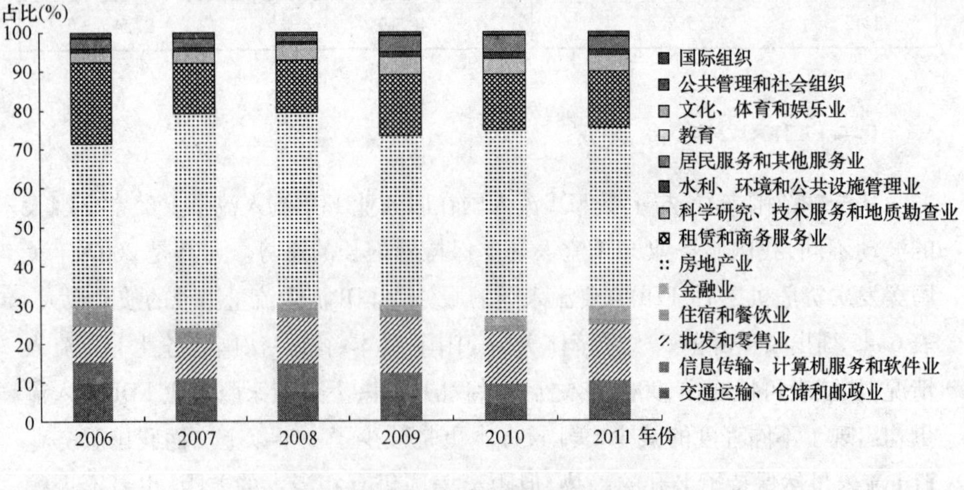

图 6 - 1 2006 ~ 2011 年中国服务业 FDI 行业结构

资料来源:根据 **2007 ~ 2012** 年《中国统计年鉴》整理。

2. 高端服务业吸引外资能力弱,服务业 FDI 流入结构有待优化。在服务业外商直接投资的细分结构中,我国面临着产业发展不均衡的现象。2006 ~ 2011 年间,服务业 FDI 流入多集中在了传统服务业部门,高端服务业和新兴服务业所占比例较低。以金融业、计算机服务和软件业为例,两者利用外资的比重仅为 7.24%,这与两大行业在经济发展中的重要地位严重不符。在发达国家,金融、信息服务等通常是服务业的驱动力。当然,从近几年的数据来看,这一比例有上升的趋势,但仍说明我国服务业 FDI 流入的结构有待进一步优化。

(四)中国服务业 FDI 流入的地域特点

1. 地区分布不均衡。与制造业外资投资一样,我国服务业 FDI 流入也显示出较强的区位导向:大部分服务业外商直接投资投向了东部发达地区,中西部的份额很小。这与我国东西部经济发展失衡有关。国际资本流动对东道国不同区域的投资选择具有明显的"马太效应":强者愈强、弱者愈弱。一个地区越是经济发达、服务业越是具有国际竞争力,越能吸引境外资本进入;反之越是落后的地区,越难以吸引境外资本进入。

2. 直接投资来源地较为集中。现有的统计资料没有对服务业 FDI 的来源地进行直接的统计,但从总体外商直接投资来源地来看,亚洲是我国 FDI 的主要输入区域,其次是拉丁美洲。2010 年、2011 年,亚洲对我国进行的直接投资占全部外商直接投资的比例分别为 73.39% 和 77.16%。在亚洲各国家和地区中,香港又是对我国进行直接投资最多的地区,2010 年与 2011 年分别占我国 FDI 总规模的 57.28% 和 60.77%。此外,自由港(包括开曼群岛、英属维尔京群岛、萨摩亚及毛里求斯)等对我国的直接投资也不容小视,2010 年、2011 年分别占比 14.80% 和 13.09%。由此可以看出,我国 FDI 的资金来源在结构方面表现出了明显的失衡,香港及其他自由港的资金所占比例超过了 70%,这与当今对外直接投资中发达国家占主导地位的世界格局不相称。

第二节　服务业国际直接投资的解释

一、服务业国际直接投资的理论解释

由于早期的国际投资主要集中在制造业,故 FDI 理论研究也以制造业为

主。这些理论主要包括以下四种:海默(S. H. Hymer)以产业组织理论为基础提出的垄断优势理论;巴克利和卡逊(Peter J. Buckley&Maik C. Casson)运用科斯的交易成本概念提出的内部化理论;邓宁(J. H. Dunning)综合了传统的要素禀赋理论和产业组织理论提出的具有一定综合性的国际生产折中理论;弗农(Raymond Vernon)提出的产品周期理论。20世纪80年代,全球国际直接投资开始向服务业转移,随着"服务经济"时代的到来,服务业FDI理论在近20年里获得了较快的发展。

最先较为系统的探讨服务业FDI的是联合国跨国公司中心(UNCTC,1990),到目前为止,服务业FDI的研究框架主要分为两种思路:一是基于传统的外商直接投资理论的视角,将传统的制造业FDI理论应用到服务业FDI中去;二是基于国际贸易理论的视角,将国际贸易理论应用到服务业外商直接投资中去。

(一)基于传统的外商直接投资理论视角

关于这一思路的讨论离不开传统主流的FDI理论对服务业FDI的适用性问题。一般认为,虽然FDI现有的理论可以扩展到服务业,但由于服务业具有不同于制造业的典型特征,传统理论必须对此做出一定的修正。

1. 垄断优势理论在服务业中的扩展。垄断优势理论是海默在1960年的博士论文《国内企业的国际化经营:对外直接投资的研究》中提出并由其导师金德尔伯格(C. P. Kindleberger)在1969年进一步阐述的,这一理论开创了以外国直接投资为研究对象的新领域。两人认为,国际直接投资与间接投资是有区别的,前者不仅仅是一个简单的资产交易过程,也包括非金融和无形资产的转移。由于市场是不完全而不是完全竞争的,跨国公司在不完全市场上就会获得垄断优势(市场垄断优势、生产垄断优势、规模经济垄断优势、信息及网络垄断优势),跨国公司进行对外投资就是为了利用其垄断优势、跨过贸易限制扩展海外市场。

垄断优势理论在某种程度上可以解释服务型跨国公司FDI的一些方面,但却具有相当的局限性。毋庸置疑,服务型跨国公司也具有垄断优势,这些垄断优势主要是商标、专利、品牌效应等无形资产带来的,拥有大量高素质的服务提供人员、雄厚的资金、先进技术的服务型跨国公司可以依靠自身的垄断优势在其他国际市场建立分支机构,提供相关服务产品并规避各国对服务贸易的壁垒。但是这一理论并没有解释为什么服务型跨国公司在追求利润最大化的过程中要采取FDI的形式而不是有偿技术转让的形式来扩展海外市场，也无法解释像中国这类发展中国家的服务型跨国公司（例如银行）的境外投资活动，这类企业通常在国际上并没有太强的垄断优势。

2. 内部化理论在服务业中的扩展。内部化理论也称市场内部化理论，是英国里丁大学的巴克利和卡逊在1976年提出的，1981年，加拿大的拉格曼（A. M. Rugmna）对其进行了进一步的发展。该理论在科斯交易成本概念的基础上，认为企业进行FDI的目的是用企业管理机制替代市场机制，创造可以克服外部市场（商品及要素市场）不完全的内部市场，利用企业内部效率更高的组织体系和信息传递网络，降低交易成本，实现资源的优化合理配置。

巴克利和卡逊认为服务业同样存在内部化市场的优势。服务产品的无形性、生产消费同时性会给买方带来严重的不确定性，这种信息不对称会大大提高外部市场的交易成本，因此，服务型企业FDI是十分有必要的。如，跨国银行对外直接投资就是为了通过将交易内部化而克服国际金融市场的不完全性。但是，由于大多数服务产品的生产和消费必须同时进行，内部化理论只能解释作为中间产品的服务业FDI的动因，而无法解释不具有多阶段生产特征的最终产品的服务业FDI动因。另外，现实中很多服务业跨国公司经营中广泛采用的非股权安排（如特许经营）是建立在外部市场之上而不是单纯的内部化，这一点也使内部化理论并不能完全套用服务型跨国公司。

3. 生产折中理论在服务业中的扩展。作为传统FDI理论奠基人之一的邓宁在其著作《跨国公司与服务增长的一些概念和理论的阐述》中提出了国际生产折中理论。根据该理论，跨国公司进行对外直接投资的意愿取决于三个因素之一或其综合：所有权、内部化优势、区位优势。一个企业只有同时具备所有权优势、内部化优势、区位优势才会在东道国市场进行直接投资；如果拥有所有权优势和区位优势而没有内部化优势，此时贸易是更好的经营方式。这一基本框架是适用于服务业跨国公司的。

（1）所有权优势。所有权优势可以理解为企业满足其当前或潜在客户需求的能力。对服务业跨国公司来说，所有权优势主要表现在以下几个方面，见表6－6所示：

表 6-6　服务业跨国公司所有权优势

质量控制	对公司所提供的服务产品质量的把控能力
范围经济	在地点和品种选择方面能满足客户需求的程度，典型的如零售商店
规模经济	同制造业企业一样，服务企业也存在规模经济，如大医院的医疗服务比小医院的单位成本更低
技术和信息	数据和技术能为规模经济、范围经济以及垂直一体化提供机会
品牌和信誉	服务是典型的“经验产品”，品牌和信誉可以使服务型企业向消费者传达服务产品的质量信息，在一定程度上解决生产者和消费者之间信息的不对称
人力资源	不论是制造业还是服务业，人才的重要性都是不言而喻的

(2)区位优势。区位优势指的是区位的综合资源优势，即某一地区在发展经济方面客观存在的有利条件或优越地位，它不是跨国企业所拥有的，而是东道国所有。因此，对于跨国企业来说，它们无法支配而只能利用。对于服务型跨国公司来说，由于很多服务是无形的和无法储存的，其跨境交易的费用很高，因此，这些服务的生产和消费必须在同一地点、同一时间进行，对于提供这些服务的跨国公司来说，进行 FDI 是向外国市场提供服务产品的最经济方式。因此，区位优势的获得与保持对他们来说就显得尤为重要。见表 6-7 所示。

表 6-7　服务业跨国公司的区位优势

东道国不可以移动的要素禀赋	东道国不可移动的要素禀赋对不同服务业的影响是不同的，比如旅游业就属于区位约束型行业，而金融业受此影响就较少
东道国的基础设施	包括稳定的政治体制、政策优惠、交通设施等，这都能给服务企业投资者更好的竞争环境
东道国产业集聚状况	包含两种程度的聚集：第一种类型是同一产业的竞争者聚集，这会产生很多新的服务机会；第二种类型是互补企业聚集，这能使企业更容易获得中间投入产品，提高自身效率

(3)内部化优势。邓宁吸收了巴克利和卡逊等人的观点，提出内部化优势是指企业能在多大程度上将自己拥有的无形资产所有权优势内部化，因为对无形资产所有者来说，内部化使用比非股权方式转让更具现实或潜在的利益。

能把所有权优势内部化的方式有很多，企业未必会一定选择 FDI。如果企业在国内扩大自己的组织和经营活动，也可以将所有权优势内部化，然后，企业可以通过出口来获得收益。具体在服务业跨国企业，实现内部化优势可以用非股权的国际合作协议(特许经营)来实现跨国经营。服务业跨国公司究竟采用什么组织形式来实现所有权优势的内部化,取决于领导者对投资风险和投资收益之间的衡量。不同的服务型企业对 FDI 的热情也不相同,具体地说,有三大类服务部门倾向于通过 FDI 而非非股权安排来进行跨国经营:一是金融服务业等信息密集行业、管理和工程咨询等专业服务业,在这些服务业中,许多专有知识、信息依赖固定的专业服务人员,难以复制;二是倾向于前向一体化的服务业,如广告、市场调研及与商品有关的个人服务业;三是由非服务型跨国公司所拥有的、与贸易有关的附属型服务企业,这些企业存在的目的通常是为母公司生产和出口的商品和服务提供帮助。

邓宁的国际生产折中理论在服务业的扩展也得到了一些实证的支持,但同时,该理论也受到了一些质疑。例如,一些研究认为,服务业 FDI 的特质和组织结构越来越脱离公司本身的所有权优势,更加依赖于与外部网络的联系;服务型企业 FDI 的主要目的是建立和扩大东道国市场,而不是像制造业企业利用东道国区位优势进行产品返销或转销。

4. 生命周期理论在服务业中的扩展。另一位在传统 FDI 理论中的集大成者——弗农在制造业竞争日益激烈的背景下提出了生命周期理论,认为企业针对产品生命周期在创新、成熟、标准化三个不同阶段的生产、竞争条件而做出是否进行 FDI 的决策。三个阶段中,企业对技术的重视程度依次降低,对成本的重视程度则不断升高,并基于对技术和成本的综合考虑决定在何处进行 FDI。例如当产品进入标准化生产时期,成本就会取代技术成为竞争的关键,创新企业就会进行 FDI,在成本最低的地区建立子公司。

弗农本人对该理论是否适用于服务业并未给出过多的说明,只是简单地认为如果知识的转移与物品的转移是相互替代的,那么制造业 FDI 理论就应该可以应用于服务业 FDI。但不少学者对这一观点持怀疑态度,原因在于该理论成立的前提假设在于:产品在生命周期中存在由技术到资本再到劳动力密集的要素密集轮换过程,而这一过程在服务产品中并不明显——大多数服务始终都是劳动密集型或技术密集型的。服务产品即使存在生命周期,生产成本也不该是其主要竞争因素,因为投资国的服务无法运送到东道国,不存在服务产品的比价问题,只要服务产品在东道国有市场,价格高低都不影响企业进行直接投资。另外,如果该理论适应服务业 FDI,那么可以预见,服务的创新国(通常是发达国家)应该在产品成熟期对其他发达国家进行 FDI,等服务产品进入标准化阶段再对成本更低的发展中国家进行 FDI,但从现实来看,只要创新的服务产品可以适应其他国家的市场，企业通常在全球范围内同步进行 FDI 提供该服务产品。

5. 边际产业扩张论在服务业中的扩展。边际产业扩张理论是由日本著名经济学家小岛清根据大卫·李嘉图的比较优势理论，结合日本对外直接投资的实际情况提出的。该理论认为，FDI 应该从投资国已经或即将处于比较劣势的产业（小岛清称之为边际产业）依次进行。通过对外直接投资，投资国可以把这些边际产业转移到其他国家并使之成为该国的比较优势产业，这种 FDI 模式一方面可以集中资源发展投资国本国的比较优势产业，又可以促进东道国的生产、出口，从而扩大国际贸易的发展。

小岛清的边际产业扩张理论可以解释很多快速发展的发展中国家制造业企业对外直接投资的原因——利用东道国低价的生产要素使东道国成为投资国的生产和加工基地，但对于当今世界直接投资向服务业的转移却不太适用。服务作为商品是难以存储的，使得大部分服务企业必须在服务消费地进行生产活动，服务企业进行 FDI 的主要原因并不像制造业，利用东道国成本优势将其转变为生产和加工基地，因此，边际产业扩张论也并不适用于服务业 FDI 的分析。

（二）基于国际贸易理论视角

将跨国公司理论引入国际贸易框架后，正如可以把贸易分为产业内贸易与产业间贸易一样，我们也可以把外商直接投资分为产业内外商直接投资和产业间外商直接投资。前者指在国际投资中占主要地位的、发达国家之间的企业利用产业间的相对优势进行的国际直接投资，后者指发达国家的企业利用其在某个产业所具有的比较优势向发展中国家进行的直接投资。国际投资究竟是在产业间进行还是产业内进行，取决于两国的经济规模和要素禀赋：在具有相似经济规模和较大差异的要素禀赋的两个经济体之间，产业间的跨国公司主导生产；当两个国家经济规模和要素禀赋都比较相似时，并且国际贸易成本适中或者较高的时候，产业内跨国公司主导生产。

从国际贸易理论的角度解释服务业 FDI 的关键在于，为什么服务业的国际扩张采取对外直接投资的形式而非国际贸易的形式。一些研究认为，企业特性、国家特性和贸易成本可以被用来解释服务型跨国公司在进行国际扩张中在 FDI 与贸易之间选择的主要原因。

二、服务业国际直接投资的动机

（一）国际直接投资一般动机

资本在国际流动的根本原因在于追求收益，国际直接投资作为资本跨国流动的一种方式，其动机可以归结为以下几种：市场导向型、效益寻求型、战略性资产寻求型。

1. 市场导向型。这种类型投资主要以巩固、扩大和开辟市场为目的，具体又可分为几种不同的情况：

（1）出口型企业为规避出口目的地国家的贸易壁垒进行国际直接投资。

（2）跨国公司为巩固和扩大在国外某一特定市场的已有份额，在当地直接投资进行生产、销售，并给顾客提供更多的服务。

（3）企业为更好的接近目标市场，满足当地消费者多元化的需求而进行国际直接投资。

（4）企业在国内的市场已接近饱和或受到其他相似产品的竞争，为寻求新的市场而在外国进行国际直接投资。

2. 效益寻求型。出于这种动机所进行的投资主要是为了降低生产成本，具体来说，可以分为以下几种具体情况：

（1）自然资源导向。不同国家和地区的自然资源禀赋是不同的。如果企业生产的产品需要从国外进口某种自然资源，而最终产品又多半销往非本国市场时，在原料地从事生产经营活动，不仅可以获得稳定的原材料供应，更好地把控原料质量，还可以节省与原料进口和产品出口相关的一系列费用。在这种情况下，跨国公司可能在原材料生产国进行直接投资，建立原材料生产企业或者直接设厂生产最终产品。

（2）廉价劳动力导向。在劳动密集型工业中（如纺织工业），发达国家之所以进行对外投资，主要是因为发达国家劳动力成本过高，想利用发展中国家廉价但有保证的劳动力，以降低生产成本。

（3）减少运输成本。一些商品（如食品、饮料）在运输中容易损坏、变质，还有一些商品的运输成本在总价值中占的比例太高，这些商品的生产企业通常会通过直接投资在市场所在国或其附近的国家和地区建立企业，就近生产、就近销售，以节省运输过程中的损耗，降低运输成本。

（4）规避汇率的频繁波动。汇率是不同货币之间的比价，其变动会直接导致出口商品价格的变动。当一国货币升值时,用外币表示的该国货币的价格就会升高,该国出口商品的价格就会升高,从而影响其商品在国际市场的竞争力。因此,对货币升值的国家来说,通过对外国进行直接投资,可以克服本币升值给本国商品出口带来的不利影响。

(5)利用不同国家关税的差异。关税是指进出口商品在经过一国关境时,由政府设置的海关所征收的税收。不同国家的关税并不相同,如果一国的进口关税税率比较高,那么对其他国家来说,出口到该国的商品的成本就会提高,在该国进行直接投资生产销售该商品更为有利可图;而如果一国的进口关税税率较低,就会有很多国家的商品通过关境进入国内市场,使国内市场竞争加剧,促使该国企业到生产成本更低的国家进行投资生产,然后返销国内。

(6)追求规模经济。当某一企业生产所需的设备、工业产权、专有技术等技术资源没有被充分利用,出现了某种程度的闲置,那么,对于这个企业来说,以对外投资的形式向国外输出这些闲置资源就是有利可图的,这样可以利用规模经济,减少国内企业的生产和经营成本。

3. 战略性资产寻求型。邓宁于 1994 年提出了对外直接投资"战略性资产获取动机说"。他认为,战略性资产获取型投资的目标是通过全球化战略以获得技术等关键资产,从而提高跨国企业的国际竞争力。战略性资产获取动机对传统跨国公司理论是一个重要的补充和发展,突破了比较优势的前提,它的投资方向是从发展中国家向发达国家、技术落后国家向技术领先国家,是一种"逆向型"投资。

这一类投资的目的是为了获取和利用国外先进的技术、生产工艺、新产品设计和先进的管理知识等。有些先进的技术和管理经验通过公开购买的方式不易得到,可以通过在国外设立合营企业或兼并与收购当地企业的方式获取。这些技术和管理经验可用于促进投资企业的发展,提高其竞争力。战略性资产寻求型投资具有较强的趋向性,一般集中在发达国家和发达地区。例如,发展中国家一些跨国企业到美国、日本、欧洲等发达国家和地区进行国际直接投资,很大的原因是因为这些地区拥有世界最先进的生产技术和管理经验,通过直接投资可以利用当地的科技资源和智力资本,通过技术反向溢出来学习和获取先进的技术和经验。

一些研究认为,当投资国某企业同时具备国内市场优势、技术吸收优势,并有条件到具备技术要素区位优势的东道国投资时,它有意愿且有能力进行技术获取型海外直接投资;当某企业只具备前两种优势,但找不到具有技术要素区位优势的东道国或受东道国政策、法律限制无法进入时，则可寻求与跨国公司在境内进行 R&D 合作，以缩短技术差距；当某企业拥有国内市场优势，也能找到具备先进技术要素的投资国，但不具备足够的技术吸收能力，无法对国外 R&D 机构进行有效管理时，就只能退而求其次，以技术引进方式抢占国内技术竞争的制高点。

除上述几种比较普遍的国际直接投资动机外，还有一些不是很普遍的投资动机。如有些企业进行国际直接投资是分散和减少企业所面临的政治、经济上的风险；有些企业是为了提高企业在全球的知名度，在全球范围内树立跨国公司的形象；还有些企业是利用东道国优惠的外资政策，或者仅仅是企业领导人对某个国家的偏好；等等。

但需要注意的是，某一企业进行对外投资，其目的可能是复杂的，可以有一个动机，也可以有数个甚至数十个动机，但根本上，还是为了追求利润最大化，不同类型的国际直接投资动机仅仅是跨国公司追求利润最大化的不同途径和方式。

（二）服务业国际直接投资的动机

虽然制造业 FDI 与服务业 FDI 都是为了克服各自商品的不可以贸易性、降低贸易成本、避开各种贸易壁垒，然而服务相对较弱的可贸易性使服务型跨国公司理论上比制造业跨国公司有更高的 FDI 热情。但由于服务具有无形性、不可分割性、不易储藏性、生产与消费的同时性和异质性，企业很难将服务的生产标准化和规模化。因此，很多学者曾一度质疑服务业跨国公司在实践中进行国际直接投资的可能性。

时至今日，这一问题已经不言自明，因为服务业国际直接投资早已取代制造业，成为全球国际直接投资的主流。但在实践中，服务业国际直接投资与制造业有一些明显的区别。总体来看，服务业 FDI 与制造业 FDI 既有相互推动又有各自独立的特点。

1. 制造业 FDI 与服务业 FDI 相互带动。服务业 FDI 活动离不开服务需求的拉动作用，包括生产者服务需求和消费型服务需求。生产者服务需求的扩张是导致服务型跨国公司出现并扩张的主要原因，其产生大多由于制造业内部的服务生产外部化，从而导致物流、管理咨询等生产者服务业作为一个独立的部门而出现。研究表明，制造全球化程度高的产业，与其相关的服务全球化程度也高。这个角度易于观察：跟随制造业客户进入海外市场并为其提供相关生产性服务,是许多服务企业海外市场扩张的直接动因。

服务业 FDI(尤其是生产者服务 FDI)在某种程度上表现为一定的封闭性,即外资生产者服务业大多只为外资工业企业服务(通常两者属于同一国家或地区,因为企业更有可能识别和认可来自同一国家的生产者服务提供商提供服务的质量),而较少为东道国本土企业服务。这是因为服务的无形性及生产消费的同时性使服务消费者在购买服务前无法获知服务的质量,这种信息不对称性大大增加了其道德风险的问题。这种信息障碍一方面导致东道国当地企业更愿意购买本国企业提供的低质量服务,在东道国市场上形成劣币驱逐良币的现象,减少了东道国对服务业 FDI 的需求;另一方面又导致了一国生产者服务业 FDI 对制造业 FDI 的追逐,当越来越多的来自同一国家的工业企业购买某一跨国生产型服务企业的服务并借此提高了自己的劳动生产率时,这种信息障碍会逐渐降低甚至消除,激励当地企业也开始购买服务业 FDI 企业的服务。

多数研究者认为,全球制造和全球服务相互依赖,任何一方都不可能脱离另外一方单独推进。随着全球化的推进,制造业 FDI 与服务业 FDI 双方依赖关系在加深,服务业所需的制造业投入比例和制造业所需的服务业投入比例都在提高。还有学者提出,发展阶段、产业结构和发展模式的差异,都可能影响制造业和服务业之间的关系,不应笼统下判断,需要针对特定情况进行实证分析。

2. 服务业国际直接投资是由三次产业发展的客观规律决定的。由于许多服务难以贸易甚至根本就无法贸易,因此跨国公司要向海外提供服务就必须通过服务业的国际直接投资进入东道国市场,最明显的就是批发零售业。随着这些企业对市场需求的拓展,许多服务企业迅速向海外扩张,目前,服务业已经取代制造业成为国际直接投资的主流。国际直接投资从制造业转向服务业,是有其独特原因的。

在产业结构理论中,著名的配第 - 克拉克定理指出,随着经济发展和人均国民收入水平的提高,劳动力在三次产业中的分布存在着依次此消彼长的演进规律,即劳动力将首先从第一产业流向第二产业,然后再从第二产业流向第三产业。自 20 世纪 80 年代以来,世界经济的重心开始逐渐向服务业转移。1980 ~ 2010 年的 30 年间,服务业占 GDP 比例的世界平均水平从 56.79% 提高到 70.87%,远远超过第一、第二产业的总和。同时,服务贸易也以远超过货物贸易的速度蓬勃发展,从 1981 年的 7 953 亿美元上升到 2011 年的 81 218 亿美元。随着制造业的资本收益下降,资本和劳动力从物质生产领域向服务领域的转移就变得理所应当。在这种利益驱动下,服务业 FDI 的加速也就不足为奇了。

3. 服务产业的特性决定了服务业国际直接投资的蓬勃发展。随着服务业在国民经济中地位的上升，一些国家的服务部门在国民经济中所占的比重超过三分之二，国内市场已经无法支持服务生产的日益增长，加之国内市场竞争的加剧，服务型跨国公司在客观上需要在国外市场寻找新的增长点。为了降低成本、实现利润最大化，率先进入服务经济时代的国家纷纷对外扩张，争夺世界市场。然而，在服务生产和消费的过程中，无论是生产者服务还是消费者服务，都需要与其直接服务的客户保持密切联系甚至必须直接接触，加之许多服务产品是无法进行贸易的，要想有效地服务客户，必须在目标国市场进行直接投资，设立分公司或分支机构。根据 1994 年关贸总协定乌拉圭回合谈判达成的《服务贸易总协定》(GATS)，国际服务贸易被定义为一国劳动者向另一国消费者提供服务并获得外汇的交易过程。从定义来看，以商业存在方式提供的服务贸易，在很大程度上是和服务业 FDI 重合的，服务提供者要想在他国境内通过商业存在提供服务，就需要进行对外直接投资建立商业存在，这可以被狭义地认为是服务业 FDI 活动。

第三节　服务业国际直接投资对东道国的影响

研究任何一个经济现象，我们都需要知道这种现象对我们来说意味着什么。既然全球 FDI 转向服务业是当今世界经济发展的一大特征，那服务业 FDI 对东道国经济又会产生何种影响呢？概括地说，服务业 FDI 对一国经济既有好的影响又有坏的影响，本节我们将以中国为例，分析服务业 FDI 流入对我国的经济效应。

一、经济增长效应

由于服务业 FDI 在转移资本的同时，也转移了包括技术、管理等一揽子生产要素，能够以直接和间接方式为服务业内部结构升级和加速成长创造条件，进一步提升国内服务业的规模和质量，产生强有力的“催化和牵引效应”，促进经济整体增长。目前，“中国制造”已经走向世界，我国也成为世界工厂，但绝大部分地区的经济增长模式还是粗放式的；经济结构以制造业为主，而且只停留在制造业产业链的中低端，相当一部分收益通过资本收益、知识产权收益、品牌收益以及高附加值的现代服务业收益流出到国外。利用 FDI 发展现代服务业，不仅可以提升国内服务业整体实力和国际竞争力，还可以改善我国在国际分工的不利地位，广泛有效地动员国内资源，推动国民经济的良性循环和持续增长。具体来说，服务业 FDI 可以通过资本效应和技术进步效应促进我国经济增长。

（一）资本效应

国际直接投资不仅能增加东道国的资本存量，而且能为东道国当地资本市场提供具有吸引力的投资机会而动员当地储蓄，成为引发国内投资的催化剂。外资在资本形成方面的作用对于发展中国家来说更为突出，这是因为资本对于发展中国家来说是稀缺资源。用“双缺口模型”的解释就是，外资的增加有效改善了发展中国家储蓄不足，并且有助于将储蓄转化为投资。中国的实践表明，服务业外商直接投资不仅为我国发展服务业带来了大量资本，促进了相关产业资本形成，而且从根本上为中国经济的发展提供了资本引擎。

（二）技术进步效应

根据资本效用递减规律，FDI 投入资本对东道国产生的是短期效应，FDI 对东道国经济增长的长期效应还要依靠技术进步效应来实现。大部分服务型跨国公司都通过 FDI 方式实现技术转移，这是因为：首先，服务生产与消费的不可分性，使软技术传播无法像制造业那样通过引进设备等多种方式，在很大程度上只能通过 FDI 来实现；其次，服务业跨国公司为人员的跨国流动提供了良好的制度和组织安排，人员是服务业核心技术的主要载体，人员流动是服务业实现技术溢出的最重要方式，而跨国公司内部的人员流动十分频繁，非常有利于技术溢出和扩散；第三，在许多服务行业，尤其是生产者服务业，技术往往是“内嵌式”的，存在于企业内部的人际关系中，很难复制，而跨国公司的组织形式为“内嵌式”技术的跨国溢出提供了有利条件。

按照技术溢出的实现方式，服务业 FDI 的技术溢出可分为两类：行业间溢出和行业内溢出。

1. 行业内技术溢出的渠道和效应。服务业 FDI 的行业内溢出效应主要是指服务业外资企业与东道国服务企业之间通过竞争、示范、人员流动等机制，促使 FDI 向东道国服务业产生溢出效应。与制造业 FDI 一样，行业内的溢出效应包括竞争效应、挤出效应、示范－模仿效应和人员培训效应。行业内溢出的主要途径包括以下两种：

（1）竞争效应。服务业 FDI 的进入可增加服务产出的种类，包括带来新的技术、更先进的服务产品，从而提高东道国服务市场的竞争程度。由于竞争加剧，本地企业被迫加大 R&D 投入、改善经营管理以保持其市场份额。如果服务型跨国公司进入的是在东道国有较高行业壁垒的产业，则能在一定程度上消除垄断、提高社会福利。总体看来，外资进入能降低服务产品生产的成本和价格，迫使东道国本地服务企业改善经营和提升服务质量，最终优化东道国服务行业的市场结构，提高企业经营效率。

（2）示范－模仿效应和人员培训效应。服务业 FDI 可通过示范－模仿效应、人员培训效应等途径，导致服务业跨国公司对本地服务提供商的管理、营销、组织专门知识和最佳实践经验等软技术的溢出，促进本地服务业的技术进步。两种效应相互联系、相互作用，实际上是同一过程的两个阶段。其效果取决于两个方面：一是跨国公司与东道国本土企业有一定的技术差距，这种差距不能过大也不能过小，大到超过本地企业学习能力或者小到没有学习的必要都不利于技术溢出的发生；二是本地企业要与技术先进的跨国公司分支机构有直接接触，才能在"看中学"和"干中学"。如果没有服务型跨国公司的进入，本地企业想通过观察学习国外先进企业并不是不可能，但是这种信息获取成本很高。示范效应的作用在于扩展了东道国企业的技术选择，降低了其获得信息的成本，但示范效应的存在并不能表明东道国有能力吸收和转化学习来的技术，最终要取决于东道国的人力资本水平所决定的吸收能力。

2. 行业间技术溢出的渠道和效应。服务业 FDI 的行业间溢出效应，即服务业 FDI 对东道国其他行业尤其是制造业的技术溢出效应。一方面，服务业 FDI 可通过促进东道国本地服务业的技术进步和发展，改善作为制造业重要中间投入的生产者服务，通过前向关联效应，间接促进下游行业尤其是制造业的技术进步和效率提升；另一方面，服务业 FDI 还可通过服务业外资企业的示范效应、个人联系和人员流动获得学习机会，有利于制造业企业获得"软技术"（如管理、组织或营销知识和技术技能等）的溢出。

（1）直接效应。所谓直接效应，是指外资服务业企业的产出直接作用于东道国制造业，对东道国制造业的生产效率产生影响。这具体包括三部分：前向关联型产业间技术外溢、后向关联型产业间技术外溢以及软性技术外溢。

服务业 FDI 产生的前向关联型产业间技术外溢，指的是服务业 FDI 企业本身的产出给东道国下游制造业效率提高所起到的直接促进作用。随着劳动分工的进一步深化，越来越多的生产性服务从制造业中独立出来，服务已经成为制造业发展过程中不可或缺的重要投入要素，是促进其他行业增长的过程产业。服务业跨国公司具有强大的所有权优势,其产出具备更高的知识、技术含量,这些服务产品作为制造业企业的中间投入,必然能提高制造型企业整体的效率。以外资设计公司为例,其可以从六个方面促进本土制造业企业竞争力的提高:促进本土企业经营手段和技术创新能力的提高;促进本土企业吸收新的经营理念;提高本土企业效率;促进本土企业快速进入国际市场;加速本土企业创建品牌;降低企业成本。

服务业 FDI 产生的后向关联型产业间技术外溢,指的是处于制造业下游的一些生产者服务业 FDI 会对制造业产生一定的技术外溢。以批发零售业为例,大型批发零售商虽然本身很少从事制造活动,但它们从事的设计、营销工作能够驱动生产消费者日用品的制造业企业的全球生产链条。制造业企业成为大型零售商的供应商,制造业企业在和拥有跨国零售渠道的零售商进行博弈时,不得不降低成本、提高质量。

与制造业相比,服务业 FDI 更有利于东道国制造业企业获得“软技术”(如管理、组织或营销知识和技能等)的溢出。制造业 FDI 对东道国制造业的软技术外溢包括产业内外溢和产业间外溢,而服务业 FDI 对制造业的技术外溢只能属于产业间外溢。理论和实证的研究表明,产业内技术外溢的难度较大,产业间技术外溢则更容易实现。

处在价值链上游的创造软性技术的生产者服务在很大程度上只能为其东道国分公司的制造过程提供支撑,当产品具备新颖、复杂、没有进行商业应用、由研发密集型企业生产这些特点时,跨国公司的知识性资本更倾向于在组织内部传递,而不会以贸易的形式或许可的形式传递,从这个角度讲,东道国企业要获得制造业跨国公司先进的软性技术面临障碍,只能通过一些非市场性的外溢活动(如合作效应、竞争效应、示范效应)来获得。

服务业 FDI(尤其是生产者服务业 FDI)是服务与制造分工深化、生产者服务“外部化”在全球化过程中的体现。市场寻求型的服务业 FDI 一开始就将客户群指向东道国企业;以跟随制造业客户为动因的服务业 FDI,开始时为其制造业客户在东道国的经营提供服务,但最终其客户范围必定扩大至东道国本土制造业企业。换言之,如果最初服务业跨国公司的服务还有一些“内部性”甚至“排他性”的话,那么随着其自身在东道国的发展,其服务必定逐渐从原本制造业跨国公司客户那里“外部化”,使东道国制造业企业可以市场化地获得其生产者服务或软性技术。

(2)间接效应。间接效应是指服务业的开放促进东道国服务业的发展,改善作为制造业投入要素之一的生产者服务,间接地促进制造业效率提升。具体来说,服务业 FDI 对制造业技术溢出的间接效应表现在以下几个方面:

第一,服务业 FDI 带来的竞争压力促使东道国服务提供商努力创新,提高服务质量。

第二,服务业 FDI 为东道国增加服务产出种类,作为中间投入品的生产者服务种类的增多会提高下游产业的全要素生产率。

第三,服务业 FDI 导致东道国服务价格的下降,使下游制造业企业以更低成本从外部购买服务投入。价格下降原因有两个:一是跨国公司加剧服务市场竞争,迫使服务企业降低成本,某些行业之前被少数企业垄断,跨国公司的进入打破垄断格局,原来的垄断者再无法获得垄断租金;二是对于跨国公司,新的国外市场意味着市场范围扩大,对于差异化和边际报酬递增的服务生产而言,市场范围是规模经济发挥作用的重要限制条件。

第四,服务业 FDI 引入先进的管理理念及服务方式,产生示范效应。跨国公司服务产出质量较高,为国内服务商提供较好的学习机会。与制造业相比,服务业跨国公司的示范效应更明显,因为多数服务活动的生产和消费过程不可分隔,其业务要通过对客户的服务过程来实现,很难进行技术保密。

第五,跨国投资是服务业领域跨国技术传递的主要途径。①制造业的技术获得可以通过引进机器设备等多种方式进行,而服务的“消费与生产的不可分性”使得软性技术传播很大程度上只能通过 FDI 实现;②跨国公司为人力资源跨国流动提供了最佳的组织和制度安排,服务业(特别是生产性服务业)企业的核心技术是“软性”技术,与硬性技术不同,软性技术很难用专利或版权等法律形式进行保护,因此企业更愿意将其内部化,人员流动于是成为服务业技术外溢的最重要方式,而跨国公司内部母子公司之间的人员流动非常频繁;③一些服务行业中(如广告、管理咨询),企业技术为内嵌式,其知识技能的获取是多人合作的结果,存在于内部复杂的人际关系中,很难被外部企业复制,跨国公司总部和分公司之间的组织形式为其跨国外溢提供了最有利的方式;④由于服务业价值链的可分解程度较制造业更差,多数服务业跨国公司在东道国的经营分支更像是其在母国经营的一个缩影,其在东道国与母国使用的技术差距更小,更有利于东道国学习和引进创新技术。

二、产业结构效应

世界经济发展的一个基本规律是:随着人均收入水平的提高,服务业在国民经济中的产值比重呈上升趋势,并最终超过农业和工业而在国民经济中占据主导地位。产业结构的演进是按照农业主导、工业主导、服务业主导的顺序进行的,而产业结构的加速变化必须要在外力推动下进行,FDI 就是这样一种重要的、推动产业结构加速升级的外在推动力。

跨国公司在华投资的一个重要作用,是大大加快了国内产业结构的升级。大多数跨国公司进入了中国产业结构升级过程中正在大力发展的产业,如微电子、汽车制造、家用电器、通信设备、办公用品、仪表仪器、制药、化工等行业,这些都是技术、资金密集型的行业。FDI 的产业结构效应可以理解为 FDI 推动东道国产业结构升级的作用。

服务业 FDI 作为 FDI 一个重要组成部分,对东道国产业结构的作用和 FDI 的作用相似。服务业 FDI 进入东道国,首先作用于东道国的相关服务行业。服务业 FDI 以资金投入为手段进入东道国产业链,对原有产业链上的服务行业产生冲击。与此同时,服务业 FDI 的资金也增强了东道国相关产业的资金实力,伴随着服务业 FDI 资金、技术、管理等要素融合到相关产业,相关产业得到有益的促进和发展,这一变化可以从相关产业规模的变化、产出的变化、市场占有率、市场地位等指标来描述。

然而,这一过程中有两个问题需要注意:一是当服务业 FDI 的进入不能和东道国相关产业融合的时候,会产生两个结果,要么服务业 FDI 退出东道国市场,要么东道国相关产业被挤到发展的边缘甚至被挤出市场。二是服务业 FDI 对东道国服务业投资结构的倾斜,会对东道国产业结构产生不同的效应:如果服务业 FDI 对东道国现代服务业投资倾斜,并能较好地融入东道国产业链中,那么将会明显地促进东道国产业结构的优化,对经济增长产生推动;如果服务业 FDI 是向传统服务业投资倾斜,那么对于东道国改变原有传统服务业占主导的产业结构作用不大,还会强化东道国传统服务业的地位,所产生的优化产业结构的效应不会很明显,对经济增长的促进作用会弱一些;如果服务业 FDI 对生产性服务业倾斜,能提高东道国相关服务业的水平,这对优化产业结构将起到积极的作用,也将极大改善东道国生产行业的服务环境,推动其他产业的发展。可以看到,服务业 FDI 的结构会影响其对东道国产业结构的作用。由于服务业具有依赖性、渗透性强、价值链延展性强等特点,服务业 FDI 对东道国产业结构的作用不仅仅局限在服务业自身,服务业 FDI 对东道国的第一、第二产业结构同样产生作用,尤其是服务业中的生产性服务业是第二产业价值增值的重要动力。

三、贸易发展效应

商品、生产要素的国际流动主要是通过国际贸易与国际直接投资两种途径进行的，关于两者之间的关系，一直都是国际贸易学和世界经济学研究的热点。理论上，贸易与投资之间的关系可以分成替代论和互补论两种：前者以蒙代尔为代表，他从传统的赫克歇尔－俄林的 2×2×2 模型出发，假定两国拥有相同的生产函数，构建了资本流动和商品贸易的替代模型；后者以小岛清为代表，他认为国际直接投资是一揽子资源而不只是资本的流动，并以两国生产函数异质性为前提将国际贸易与国际直接投资统一在国际分工原则的基础之上，以此提出了贸易与投资的互补模型。20 世纪 70，80 年代的实证研究更多地支持了小岛清的互补论。

随着经济全球化的进一步深化，学术界普遍认为，贸易与投资之间是表现为互补还是替代关系受很多因素的影响，如国际直接投资的动机、东道国政策差异、国际直接投资的行业差异等等，这也被视为贸易与投资关系的不确定论。

在国际直接投资与货物贸易关系研究的基础上，结合上述服务贸易与服务业 FDI 的特点，国内外学者也对服务业 FDI 与服务贸易的关系进行了研究。从东道国的角度来看，服务业 FDI 流入对服务贸易出口既有促进效应也有替代效应，两者的大小比较最终决定服务业 FDI 流入对东道国服务贸易出口的影响方向：如果促进效应大于替代效应，那么就表现为东道国服务贸易出口的增加，反之则表现为东道国服务贸易出口的减少。

（一）促进效应

服务业 FDI 流入对东道国服务贸易出口的促进效应主要体现在以下几个方面：

1. 如果服务业 FDI 的目的是利用东道国廉价的自然资源或劳动力，进而降低自己的成本获取更大的出口竞争力，从而向母国或其他国家出口这些服务，那么投资国的服务业 FDI 是出口导向型。这样，东道国服务贸易出口会得到显著增加。

2. 如果服务业 FDI 是市场导向型，即投资国对东道国进行直接投资是为了占领东道国国内的消费市场，在这种情况下，流入东道国的服务业 FDI 企业的服务质量不会低于东道国本土企业服务业的水平。由于服务具有无形性、不可储存性、生产消费同时性等特殊性质，大多数服务业 FDI 都是这种情况。因此，此类服务业 FDI 不会对东道国服务贸易出口产生很大的促进作用,其作用主要体现在长期效应(如技术外溢等)。

3. 服务业 FDI 流入会给东道国带来出口引致效应,即出口导向型的 FDI 带来货物贸易出口的增长,进而带来与此相关的服务业企业在金融、保险、运输等方面的服务贸易出口增加。

4. 从长远来看,服务业 FDI 企业除了通过自身出口来带动东道国服务出口外,其更为重要的影响在于对东道国服务产业竞争力的提升效应,从而从根本上带动东道国服务出口的增加。

(二)替代效应

服务业 FDI 流入对服务贸易出口的替代效应主要体现在两个方面:

1. 如果流入东道国服务业的 FDI 质量低于东道国本身的服务业水平,这说明外资进入东道国是想享受逆向的技术溢出,学习东道国服务业的先进技术、管理经验等。这种外商直接投资会反向提高投资国服务业的发展水平,进而提高投资国服务出口竞争力,逐渐减少自东道国进口的某些服务。也就是说,服务业 FDI 会对东道国原有的某些服务出口产生替代效应。

2. 如果东道国在某一些服务部门具有一定的比较优势,同时外国企业进口该服务存在较高的市场交易费用,那么该外国企业就可能选择以对外投资的方式在东道国建立工厂,从而利用东道国的某些服务或通过企业内贸易达到节省交易成本的目的。如此,投资国会减少对原来以跨境提供模式提供的服务进口,东道国原有的服务出口被以商业存在形式流入的服务业 FDI 所替代。

案例分析

花旗银行的中国扩张之路

花旗银行(Citibank)是花旗集团(Citigroup)下属的一家零售银行,主要前身是 1812 年 6 月 16 日成立的"纽约城市银行"(City Bank of New York)。经过近两个世纪的发展、并购,2010 年 3 月,花旗集团已成为美国第三大银行控股公司,仅次于美国银行(Bank of America)和摩根大通公司(JP Morgan Chase),也是一家在全球近 150 个国家及地区设有分支机构的国际大银行,总部位于美国纽约市公园大道399号。它是当今世界资产规模最大、利润最多、全球连锁性最高、业务门类最齐全的金融服务集团之一。

花旗银行与中国的结缘要追溯到1902年,这一年,花旗将其业务扩展到上海,至1930年成为全中国最重要的银行之一,其后中国业务衰落。改革开放以后,1984年花旗银行在深圳重新建立了其第一家办事处。

中国加入WTO后,根据WTO的协议,2006年以后我国将取消所有对外资银行的所有权、经营权的设立形式(包括所有制)的限制,允许外资银行向中国客户提供人民币业务服务,给予外资银行国民待遇。2007年4月花旗和汇丰同时入驻中国,成为在同一起跑线上厮杀的两家国际性大银行。

在2008年突如其来的金融危机后,花旗集团受到重创,花旗亚太地区却顶住了金融危机的压力,在风雨飘摇中顽强地生存。尤其是在中国,2008年全年净利润同比增长了95%,达1.91亿美元。与此形成鲜明对比的是,花旗集团2008年全年亏损达到了276.8亿美元。

2008年的花旗中国,总资本充足率从2007年的11.5%进一步提高到13.6%,贷存比当年就达到了低于75%的监管要求。花旗环球交易服务部处理的包括企业现金管理、贸易和证券托管的交易超过720万宗,比2007年同比增长了46%。此后,花旗集团的重心转移到亚太地区尤其是中国市场,这时花旗中国已经取得法人资格两年了。

短短几年里,花旗开创了业内数不清的第一:第一个高科技环保型支行、第一家地铁系统支行、第一家智能型支行、第一家打通零售与中小企业业务的银行,独步江湖,同行望尘。

为了铺平在中国内地的发展之路,和汇丰、华侨、恒生一样,花旗也选择了一家中资银行(浦发银行)进行联姻。然而,两者的合作并不愉快,2012年3月19日花旗集团通过大宗交易将其持有的全部浦发银行的股份转让给中国太保及旗下太平洋资产管理公司。同年9月19日,花旗银行(中国)有限公司在上海宣布在中国的信用卡业务正式运作。截至2013年4月底,花旗在国内的网点已包括上海、北京、广州、深圳、成都、天津、杭州、大连、重庆、厦门、贵阳、南京、长沙、无锡共14个城市。

思考题

1. 花旗银行在中国进行直接投资、建立分支机构的目的有哪些?

2. 花旗银行进入中国,对我国金融服务业有哪些影响?

3. 花旗银行进入中国,会在哪些方面影响我国金融服务的出口?

课后练习题

1. 简述服务业 FDI 对东道国产业结构的影响。

2. 简述中国服务业 FDI 的最新趋势。

3. 简述投资与贸易的互补论与替代论的主要内容。

4. 简述服务业 FDI 的东道国技术进步效应。

第七章　国际服务外包

学习目标和要求

1. 掌握外包、离岸服务外包的概念。
2. 了解国际服务外包的动因和效应。
3. 熟悉国际服务外包的发展现状、特点和趋势。

引导案例

当前，全球医药行业正在努力提高研发产能，而医药研发外包、寻求外部合作逐渐成为提高医药研发产能的关键所在。药明康德新药开发有限公司适时抓住这个机遇，专注于研发外包的发展。2007～2012 年连续入选“中国十大服务外包领军企业”。

苏州药明康德成立于2000 年，如今已经成为全球领先的制药、生物技术以及医疗器械研发外包服务公司，服务范围贯穿从药物发现到推向市场的全过程，这为发包方大大缩短了药品和医疗器械的研发时间，有效降低研发成本。除了在上海、武汉、天津等地设立分支机构，该公司还在美国设有运营实体。

药明康德的董事长李革说道，我们能够根据客户的具体要求，提供量身定制的项目解决方案，从而迅速提高客户企业的产能，不断寻求方法支持和协助客户完成其战略目标，促使该公司在国际市场上站稳脚跟。从公司创立至今，药明康德的员工总数从初创时期的 4 人增长至 7 000 多人，由当初一间实验室发展到如今分别位于中美两国近 30 万平方米的研发及生产基地。

药明康德是一家典型的承接服务外包的公司。那么到底什么是服务外包呢？服务外包是不是当今的一种主流趋势？企业在什么情况下愿意选择服务外包？众所周知，服务具有生产与消费的同时性，那么是什么使得服务的生产与消费得以分离，为服务外包的产生与发展提供了条件？服务外包到底有哪些效应，促使它从产生至今发展得如此迅速？这些都是我们在本章需要掌握的内容。

第一节　国际服务外包的定义与特征

一、外包的定义及分类

（一）外包的定义

“外包”一词尚未出现之前，相关的研究主要是从国际分工的角度进行的，巴拉萨（Balassa）首先提出“垂直专业化”来概括该现象。在1982年《韦氏大辞典》中最早出现外包（Outsourcing）一词。1990年，美国学者普拉哈拉德（C. K. Prahalad）与哈默（Gray Hamel）在《哈佛商业评论》上发表的《企业核心竞争力》（The Core Competence of Corporation）一文中正式提出外包概念：企业把一些重要但非核心的业务职能交给外部的更高级更专业的承包商去做，把企业内部的知识和资源集中于那些具有竞争优势的核心业务上，为顾客提供最大价值的满足[①]。外包活动起初常见于欧洲的家具业，随后蔓延到其他行业。但是对于外包的定义，一直众说纷纭，学者们从不同角度提出了自己的看法。[②]

从企业战略管理角度来定义外包的学者主要有森和艾姆（Rahul Sen & M. Shahidul Islam，2005）、吉利和拉希德（Gilley & Rashsed，2000），以及刘慧和胡天佑（2004）。他们认为：外包是企业运用外部资源来进行它过去用企业内部人力物力进行的经济活动，其本质是企业摒弃内在化的基本活动形式。

从外包服务提供方与需求方的相互关系来看，双方主要是一种合作伙伴关系或者合同关系。格罗斯曼和赫尔普曼（Gene M. Grossman & Elhanan Helpman）认为外包是一种由不完全合同控制的寻找合作伙伴与特定关系投资的活动。索思夫和吉拉姆（Sourafel & Holger Girma）认为外包是通过合同的方式把原来由企业内生产的活动转包到公司外部去。英国学者查尔斯·盖伊和詹姆斯·艾辛格认为外包是依据服务协议，将某项服务的持续管理责任转嫁给第三

① 李玉红. 国际外包的成因及效应研究. 北京：经济科学出版社，2010.

② 姜荣春. 国际服务外包浪潮：理论、实证与中国战略研究. 北京：对外经济贸易大学出版社，2009.

者执行。[1]

从技术进步角度来看，斯温森（Deborahl Swenson，2005）认为，外包应该被看做是一种技术创新，这种创新使生产商可以将生产过程进行地理上的分离。

从外包的动机与效应来看，外包的目的一般包括：节约成本（《美国传统词典》）；推动国内附加值的增加并影响就业结构向有利于技术升级的方向移动［迪尔（Markus Diehl），2004］；保证服务的稳定供应和最优的质量（李仲周，2004）等。

本文综合以上各种观点，将外包定义为企业将原来由自己生产的中间产品和服务代之以向其他企业购买的行为。

在此，狭义的外包和垂直一体化是两种不同的活动，前者发生在不同企业之间，后者发生在同一企业之间。因此，狭义的国际外包和垂直一体化类型的国际直接投资是两种不同的活动。就狭义而言，离岸活动是指一个企业将原先自己生产的中间产品和服务交给位于国外的子公司生产的活动，狭义的离岸活动就是垂直一体化类型的国际直接投资。

（二）外包的分类

根据不同的标准，可以将外包分为不同的类型。如查尔斯（Charles）将外包分为活动外包、服务外包、内包、合包和利益关系；孔诺尔（Connor）将外包分为协同外包、纯粹外包、国外采购或合资；我国学者陈忠平把业务外包分为研发外包、生产外包、营销外包、管理外包和信息技术资源外包。在这里，本文则进行如下分类：

1. 按外包对象不同，分为制造外包和服务外包。制造外包（Manufacturing Outsourcing）又称为生产外包，是指企业或其他机构把内部的某些生产环节或工序转移给外部企业来承担。在我国港台地区，习惯上把制造外包称为"代工（Fragmentation）"。

服务外包（Service Outsourcing）是指企业或其他机构把内部的某些服务活动，转移给外部企业来承担。服务外包对象是劳务性投入，指服务提供过程的部分环节或制造品生产中的服务环节，从特定企业内部转到外部企业完成。如果外包的对象是属于服务业内部的一个区段、环节、流程，则属于服务外包。如果制造业的服务流程，如财会管理、人事管理或者售后服务包出去，也叫服务

① 查尔斯·盖伊，詹姆斯·艾辛格. 企业外包模式. 北京：机械工业出版社，2003.

外包。

与制造外包相比,服务外包具有不同的特点:

第一,从出现时间看,服务外包滞后于制造外包。

第二,从外包业务的性质看,制造外包以劳动密集型低附加值为主,而服务外包的技术含量和附加值相对较高。

第三,从发展动力看,服务外包的出现除了与制造类似的条件,信息技术进步起到更为关键的作用。

第四,涵盖的范围不同,制造业外包与有形的商品相关,而服务外包则广泛覆盖制造业、服务业与其他行业内的服务环节和服务流程。

第五,从投资条件看,制造业外包需要大量资本投资,而服务外包可以不需要大量物质投资,进入门槛低,但对人员素质要求更高。

第六,从东道国角度来看,制造业外包往往伴随着高能耗、高污染,而发展服务外包几乎没有污染,资源耗费少。

第七,从母国角度看,制造外包由于在发达国家属于夕阳产业,涉及就业人口较少,从业人员收入较低,对就业与收入的影响小,服务外包则涉及大量中高端就业岗位,在发达国家遇到很大阻力。

2. 按发包方和承包方的国别关系不同,分为国内外包和国际外包。依据发包方企业和承包方企业的空间和国别分布关系差异,可将外包分为国内外包(Domestic Outsourcing)和国际外包(International Outsourcing)。国内外包是指在保留某种产出前提下,依据合约,企业或其他机构把过去自我从事的某些生产环节、区段、工序以及生产性服务活动,转移给本国的外部企业——既包括独立于本公司的国内企业,也包括国内子公司——来承担。

国际外包又称国外外包(Foreign Outsourcing)、离岸外包(Offshore Outsourcing),指在保留某种前提下,依据合约,企业或其他机构把过去自我从事的某些生产环节、区段、工序以及生产性服务活动,转移给外国的外部企业来承担。

在这里要弄清楚外包、离岸和离岸外包的区别。

阿特金斯(Robret D. Atkinson,2004)认为,外包是指企业与另一家企业签订合同,来执行某项具体商业或生产项目的过程;离岸则是指国家疆域之外进行的任何生产过程。利维(David L. Levy,2005)认为,离岸通常是指企业将某项具体的生产活动转包给国外供应商,但不一定是独立的企业,即包括跨国公司与国外子公司之间的企业内贸易;外包的分包对象为独立的公司,既可能是国内的也可能是国外的。罗宾逊和卡拉克特(Marcia Robinson & Ravi Kalakota,

2004）则对离岸与离岸外包区分如下：前者指企业将部分或全部的价值链转移到低成本地区，立足于通过劳动或技术套汇降低成本，还包括跨国公司在遥远的低成本地区建立自己的子公司，并通过它们进行生产，既可能是在企业内也可能是在企业外，但一定是在本土之外，确切的翻译应该是离岸生产；后者是指企业将管理、设计、研发或技术支持性工作委托给低成本地区的第三方服务提供商，还包括为了解决企业运营中产生的问题而设计新流程或指定解决方案的流程再造。

通过以上各种观点可以看出，国际外包的概念需要同时满足离岸和外包两个条件，因此，本文在此将其定义为企业将产业价值链中原来由自己生产的中间产品或服务代之以向本土以外的企业购买的行为。在这里本土以外的企业既包括企业在境外建立的离岸服务中心以及与当地企业创办的合资公司，也包括独立于该企业的境外其他企业，但接包方一定是在本土之外。

二、国际服务外包的内涵

（一）国际服务外包的定义

国际服务外包就是服务外包跨越国界，又称离岸服务外包。关于国际服务外包的界定，也仍然存在争议。

在商务部的服务外包“千百十工程”中，“国际服务外包”指服务接包方向境外客户提供服务外包业务。联合国贸易与发展会议在2004年发布的《世界投资报告》中提到两种离岸服务方式：一是母公司在国外设立分公司，外包业务给其在他国设立的分公司或子公司；二是公司将服务外包业务发包给第三方服务提供者，即外国公司或本国企业在国外设立子公司。该报告将后者定义为离岸服务外包。另外，世界贸易组织在2005年发布的《世界贸易报告》中提到，离岸外包有两种情形：附属离岸外包和非附属离岸外包。二者的区别在于当企业将相关业务外包给海外企业时，服务提供者与外包企业是否存在附属关系。

作为全球化的分工生产方式，服务外包的参与方大多是大型跨国服务业企业，自身全球化特征明显，本书将国际服务外包定义为：公司将其生产过程中原本自我提供的部分服务环节或流程，以合同的方式交由外国服务供应商完成，该供应商可以是该公司设立的海外子公司或分公司，可以是独立的外国企业，也可以是本国其他公司在海外设立的分公司或子公司。

在这里需要强调的是，第一，承包方一定在本国或地区之外；第二，承包方可以是与发包方存在附属关系的海外子公司或合资公司，也可以是独立于发包方的海外企业；第三，发包的内容一定是服务环节或流程，而不是制造业中的有形产品。

（二）国际服务外包的类型

从国际服务外包的运作方式来看，国际服务外包可以分为直接外包、创建全资子公司或与当地企业创办合资公司、间接外包以及“交钥匙”运营①。

从国际服务外包的内容来看主要有三种形式：①ITO（Information Technology Outsourcing）信息技术外包，指发包商战略性选择外部专业技术和服务机构，代替内部部门和人员来承担其 IT 系统或业务系统运营、维护和支持服务，其内容主要包括系统操作、系统应用和基础技术三类服务；②BPO（Business Process Outsourcing）业务流程外包，指发包商将其内部管理、业务运作和供应链管理等一些重复性非核心业务或者核心业务流程委托给第三方机构，按照一整套定义好的规范来拥有、管理和运作整个业务流程；③KPO（Knowledge Process Outsourcing）知识流程外包，指发包商为提高其自身的决策能力和专业化运作水平，要求外包服务提供商利用其独特的专业优势提供全面、及时、综合的市场判断和研究解释，提出专业的研究成果和解决方案，包括数据信息分析、转向业务领域咨询、投资研究和技术研究、监管报告、专利申请、网上教育等。

（三）国际服务外包发展的特征

外包源自于制造业外包，随着互联网技术的普及，IT 服务外包慢慢兴起，并逐渐扩展到服务业各个行业。与制造业外包相比，服务业离岸外包涉及的部门范围更广，同时在环境污染和过渡使用资源等方面服务业也要明显优于制造业。

国际服务外包目前尚处于初级阶段，但服务外包的市场正在迅速扩大，服务外包的国际化日益明显，预计 2013 年离岸外包市场规模将增长至 1 200 亿～1 500 亿美元，年复合增长率在 14%～21%。现阶段国际服务外包主要呈现以

① “交钥匙运营”指跨国公司为东道国建造工厂或其他工程项目，一旦设计与建造工程完成，包括设备安装、试车及初步操作顺利运转后，即将该工厂或项目所有权和管理权的“钥匙”依合同完整地“交”给对方，由对方开始经营。因而，交钥匙工程也可以看成是一种特殊形式的管理合同。

下特点：

1. 服务外包增长迅速、交易范围广。首先，全球服务外包的交易金额越来越大。2010 年全球服务外包市场总规模 7 995 亿美元，2011 年全球服务外包市场规模在 8 200 亿美元，其中 ITO 为 6 440 亿美元，BPO 为 1 760 亿美元。

随着经济全球化发展，以及服务外包业务范围的不断扩大，一些发展中国家的教育水平和劳动力专业素质不断提高，同时他们的工资较为低廉，促使越来越多的企业倾向于选择离岸外包，以达到低成本、高效率、专业服务的目的。根据美国商务部公布的数字，2003 年美国公司外包的一些呼叫中心及数据输入工作的价值总额达到 773.8 亿美元。

美国汇集了世界范围的跨国公司，是服务外包的最大客户，紧接着是欧洲和日本。如通用公司（GE）提出离岸模式占公司外包业务的 70%。根据相关咨询公司的预测，到 2016 年美国将有 37.5 万个工作岗位向海外转移。越来越多的国家开始重视服务外包，国际服务外包的交易金额迅速扩大。在承接国际服务外包方面，印度首当其冲。2010 年印度服务外包行业达到高于 10% 的增速，据印度全国软件和服务企业协会预计，未来印度的服务外包业将保持高速增长，到 2020 年，仅 ITO 和 BPO 外包行业的出口额就可能增长近两倍，至 1 750 亿美元。其他一些国家如中国、俄罗斯、韩国、菲律宾、新加坡、泰国等，也积极承接离岸服务外包，纷纷放松或解除对服务业的经济限制。菲律宾的服务外包行业在 2010 年收入约 100 亿美元，2011 年上升至 120 ~ 130 亿美元，到 2020 年菲律宾的服务外包将会占据全球服务外包业务总量的 20%。中国 2011 年离岸服务外包合同执行金额 238.3 亿美元，同比增长 65.0%，占全球离岸市场比重为 23.2%。

随着信息科技和网络技术的发展，服务外包所需的技术知识含量越来越高，全球知识密集型服务外包兴起，所涉及的业务范围更广、附加值更高。许多公司不仅将数据输入、文件管理等低端服务转移出去，而且还将数据研究、风险管理、金融分析、专业市场分析、研究开发、工程设计服务等技术含量高、附加值大的业务外包出去。服务外包价值链由低端转为高端。从行业角度来看，新一轮的外包已不再依赖劳动密集型产业，而向软件、生物制药、信息技术为主的高端服务业过渡；从生产环节来看，服务外包集中在产业价值链的高端，具有高附加值、高知识含量的特点。

2. 企业实行服务外包的目的在不断演变。最开始，企业进行服务外包的目的在于节约成本。根据富士通综合研究所的估计，外包降低成本的效果在不同领域会有所不同，但平均而言，可有效降低成本 10% ~20%。福里斯特（Forrest）调查公司的分析也证明了外包降低成本的观点：美国企业若自己建立、管理网站，一年的费用大概为 22 万美元，若将此工作转给专业外包公司，该项费用下降为 4.2 万美元。现在企业关注的不仅仅是减少成本，更注重企业核心竞争力的提高。通过把非战略性业务外包出去，企业就可以专注于所擅长的且具有竞争力的核心产业。越来越多的跨国公司，已经注意到外包可以使企业精简结构、缩小规模、轻装上阵，不断强化企业的核心竞争力。

同时，发包方对服务外包的要求也在不断提高，注重服务质量，不断追求卓越绩效，获取节约成本以外的价值。这些价值包括：改善整体流程、带动企业其他部门的绩效、为未来创造更多的价值来源，以及提升销售及赢利业绩等。据埃森哲一份关于 BPO 的报告显示：一直以来，公司对 BPO 的要求比较简单，降低成本、提高效率、简化操作。如今，企业纷纷提高了对 BPO 的期望，他们要求 BPO 服务提供商不仅具有商业洞察力、创新能力、行业专长，能提供更符合个性化需求的解决方案，并能够致力于不断提升服务水平等等。

3. 全球服务外包以 ITO 为主导，BPO、KPO 市场规模迅速扩大。全球信息技术服务外包继续保持长期、稳定的发展趋势，2010 年 ITO 外包占据了全球服务外包市场 60% 以上的市场份额，但是 BPO 和 KPO 外包正在成为发展的主流。

从 ITO 发展来看，TPI 指数显示 2010 年全球 ITO 合同总额为 624 亿美元，比上一年下降 3.7%，远远低于 2000 年的 766 亿美元，这说明受经济危机的影响，全球 ITO 产业尚未走出低谷。但是，随着经济的不断复苏，全球 IT 硬件出货量已经开始实现正增长，意味着软件和信息服务外包也会缓缓增长。据统计，全球 ITO 市场规模于 2010 年第四季度达到 187 亿美元，同比增长了 59%。可见，ITO 仍在全球服务外包中占据主导地位。

从 BTO 市场来看，TPI 指数显示，2010 年 BPO 合同金额同比下降 31%，仅有 170 亿美元。然而，全球 BTO 合同总额在第二季度高达 59 亿美元，同比增长 60%，而 2011 年第一季度迅速上升至 66 亿美元，同比增长 111%，因此，BTO 发展势头比较猛。

KPO 作为服务外包业务新出现的发展方式，其发展前景广阔。2008 年毕马威研究报告已经把 KPO 列为现实的、主流的外包选择之一。目前全球 KPO 产业由一开始的 12 亿美元发展至 100 ~ 120 亿美元，年均增长率有望达到 30% ~40%，其未来的发展更是不可估量。如印度工商协会测算仅印度的 KPO 外包规模在 2012 年就有望达到 100 亿美元。虽然 KPO 正处于初期发展阶段，产业规模还不大，但在新兴产业发展浪潮的推动下，必将成为全球服务外包行业新势力，极大带动全球经济的发展。

目前，全球服务外包市场呈现“三足鼎立”的局面，但是ITO依然占有决定性的优势，BPO和KPO将在未来服务外包的发展中迅速扩张。①

第二节　国际服务外包的发展

一、国际服务外包发展现状

20世纪90年代，以IT技术为标志的技术革新浪潮迅速在世界范围蔓延，造成通讯成本不断下降，信息传输量极大增加，由于地域限制所导致的贸易障碍越来越小，客观上推动了国际服务贸易的快速发展。在经济一体化的大背景下，企业得以在世界范围内进行资源配置，而计算机和信息技术的普及，促使企业将非核心业务外包到世界各地，以达到降低成本的目的。此时，服务外包应运而生，成为帮助企业成就卓越绩效的一种重要的战略工具。

虽然服务外包已经成为国际服务贸易与国际投资领域的热门产业，但目前尚没有统一的统计和分析框架。关于国际服务外包的数据，多来自于联合国贸易与发展会议和一些咨询公司，如麦肯锡、毕博、加特纳等。

（一）国际服务外包的市场规模

1. 全球服务外包及离岸服务外包的整体情况。

（1）首先来看全球服务外包整体情况。根据亚太总裁协会（APCEO）发布的《2012全球服务外包发展报告》，近6年全球服务外包经历了快速增长－急速减少－缓慢上升的阶段。全球服务外包的市场规模2006年为8 600亿美元，2007年达到1.2万亿美元，2008年为1.5万亿美元。然而受欧债危机、通货膨胀以及美元贬值的影响，2009年全球服务外包业处于不太景气的状况，仅为8 099.1亿美元，2010年继续减少到7 995亿美元，全球服务外包市场在2011年呈现出金融危机以来的最快速增长，总额8 200亿美元，其中：ITO为6 440亿，BPO为1 760亿。进入2012年以来，面临复杂的国际经济形势，服务外包市场的短期波动有所加大。

① 亚太总裁协会.2011年全球服务外包发展报告.

根据国际数据资讯有限公司(IDC)的数据,2010 年 IT 服务支出与业务服务支出分别增长了2.9%和2.3%,全球服务支出达到7 994 亿美元。2011 年全球服务外包产业规模达1 100 亿美元,占全球服务业支出的 13%,呈复苏增长态势,预计到2015 年,全球服务外包规模将达到2 100 亿美元,占全球服务业支出的20%,年均增长率为16%。未来,全球服务外包产业仍有望保持比较强劲的增长速度。

根据加特纳公司对全球市场的分析:2012 年全球 IT 支出为 3.62 万亿美元,该公司预测 2013 年全球 IT 支出将达到 3.78 万亿美元,较 2012 年增长 4.1%,而 2014 年全球 IT 支出较 2013 年将增长 4.0%,将增长至 3.92 万亿美元。

根据埃森哲咨询公司的分析和预测,全球服务外包自 2010 年起将缓慢回升,信息技术外包仍然占主导地位,2007 ~ 2013 年 IT 服务外包的年复合增长率达到 3.4%。虽然经济危机对全球市场的服务外包需求带来了不利影响,但 IT 服务市场在外包行业中显示出巨大的恢复能力,如图 7 – 1 所示。

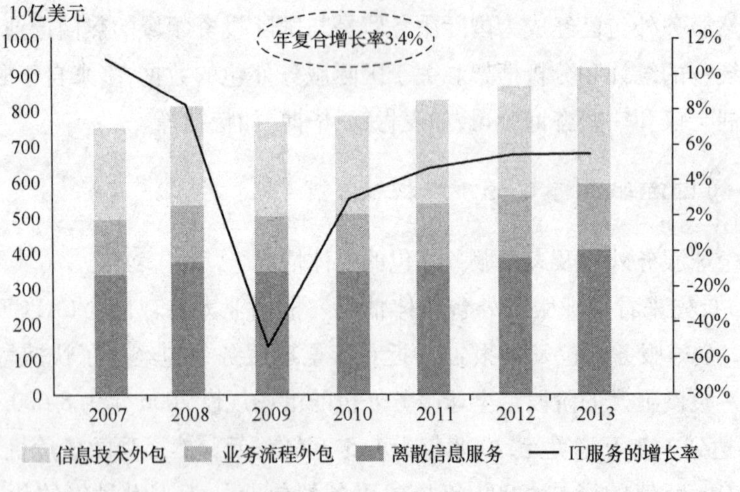

图 7 – 1 全球外包市场概况

资料来源:中国国际投资促进会.2009 年中国服务外包市场研究报告.

(2)离岸服务外包的发展状况。尽管遭受经济危机的创伤,相比一般贸易与投资,国际服务外包增速较快,逐渐成为世界经济的新浪潮。随着全球客户开始着眼于采用新技术(如云服务等)以及长期和成长型项目的释放,今后全球离岸服务将持续高速增长。离岸服务外包可利用海外低廉的劳动力大大降低成本,同时可借助多个时区的外包提供商延长服务时间满足全球各地客户的要求,因此正日益受全球企业的关注,市场潜力巨大。不过为了保证服务的质量,美日欧企业外包业务有很大部分发给在岸高端接包方,在境内完成服务外包业务,如欧美企业多发给如 IBM,EDS,Accenture 等,日本企业多发给 NTT Data,NRI 和 NEC 等。

迄今为止离岸服务的发包方多为发达国家,且集中于数量相对较少的国家。美国是世界上最大的软件生产国和出口国,具有完整的产业链,是国际服务外包的主要客户。依靠其经济基础与科技实力,美国长期处于离岸服务外包市场的领先地位,来自美国的国际服务外包在全球离岸服务外包市场规模的占比高达 62% 以上。2011 ~ 2015 年,美国离岸服务外包市场的复合年均增长率为 18.9%,西欧为 17.2%,日韩为 14.2%;2011 ~ 2020 年,美国离岸服务外包市场的复合年均增长率为 17.0%,西欧为 16.5%,日韩为 14.4%。[①]

根据中国服务外包研究中心(COI)的数据,2011 年全球离岸市场总体规模为 1 100 亿美元,增长率为 12%。随着服务贸易的快速发展,中国服务外包呈现出跨越式发展。数据显示,2011 年中国企业承接服务外包合同执行金额 323.9 亿美元,同比增长 63.6%。其中,承接离岸服务外包合同执行金额 238.3 亿美元,同比增长 65%,比上年提高 22%。与此同时,中国服务外包产业的国际市场份额进一步扩大,2011 年,我国承接服务外包占全球的 23.2%,比上年提高 6.3%。[②] 目前,国际 ITO 市场规模较大,但增速却在不断下降;相比之下,业务流程服务离岸外包规模相对较小,但发展速度却在逐渐增长。

2. 全球服务外包各类型市场的发展现状。

(1)全球信息技术外包(ITO)市场。近几年,IT 投资的持续增长、企业成本和效率的“双重压力”推动着全球 IT 服务外包市场快速增长,其占 IT 服务总支出的份额日益增大。根据加特纳公司估计,2011 年 ITO 为 2 466 亿美元,2012 年增长到 2 517 亿美元,增长了 2.1%。不仅如此,ITO 产业中最快增长的部门是计算机云技术,这部分服务在 2011 年为 34 亿美元,2012 年增长了 48.7%,接近 50 亿美元。加特纳公司预测,到 2015 年大约有 10% 的 IT 安全企业产品(IT Security Enterprise Product)将采用云技术。并且,应用程序外包 2012 年高达 407 亿美元,比 2011 年 399 亿美元的收入增长了 2%。该公司发布了最新的公

① 数据来源:IDC2012。
② 中国服务外包网(http://chinasourcing.mofcom.gov.cn/)。

有云研究报告,报告预测,未来几年的公有云市场将从2012年的1 110亿美元上升至2017年的1 310亿美元,复合年增长率为18.5%。

根据IDC的研究,2008年全球IT服务支出总量为5 767.49亿美元,同比增长7.6%,其中IT服务外包达2 159.52亿美元,增长9.3%,增速比项目型服务、支持与培训分别高出2%及3.8%。ITO占据了IT服务总支出37.4%的市场份额,比2007年所占比例高0.6%,比项目型服务多1.29%,比支持与培训多11.03%。进一步细分IT服务外包市场,发现信息系统外包和网络桌面外包是其主要内容;托管应用管理以及托管基础设施服务以两位数的速度增长。值得关注的是,基于项目的系统集成外包服务在IT服务市场占据较大比重。在IT服务外包中,开发的技术多样化、各种技术长期并存并相互竞争、新技术的不断推出,都会使主流技术面临着市场份额减少甚至被新技术替代的可能性。

(2)全球业务流程外包市场(BPO)概况。如今BPO已成为大多数公司和行业广泛接受的管理方式。从市场结构来看,随着以IT为基础的交付方式日渐成熟,以及发包企业对成本、质量和效率的进一步需求,全球服务外包涉及的范围由传统的信息技术外包拓展到技术水平更高、附加值更大、层次更高的业务流程外包。BPO增长较快的领域有:物流、采购、工程、市场、销售、行政管理、法律、金融和会计。若采用WTO术语来解释,离岸BPO属于服务贸易中的一种重要模式,类似于跨境交付,也就是说承接方为发包方提供远程服务,并接受发包方的支付。表7-1反映了在具体行业中BPO所提供的服务类型。

表7-1　BPO所提供的服务实例

客户所属行业	BPO所提供的服务
保险	呼叫中心、客户支持
咨询	后台支持
银行	结算、呼叫中心
医疗	呼叫中心、客户支持
电信/零售等	呼叫中心、客户支持

资料来源:Evalueserve(www.evalueserve.com).

根据IDC的数据,在BPO出口市场上,美国占63%、欧洲占26%、其他国家约占11%,北美、西欧、日本这三个地区的离岸服务外包总量约占全球的95%左右。按照地域和市场来划分,北美的BPO市场占主导地位;英国的一些公司在采用BPO方面有较快的发展;亚太地区作为新兴的BPO市场,增长速度最快，这一地区的 BPO 已经逐步从离散的业务流程外包转向全面业务流程服务，一些公司的管理水平已经接近美国和西欧的跨国公司。

可以得出，相比 IT 服务外包，BPO 的市场潜力更高。这是因为，对于 IT 投资较大的行业与企业（如金融、电信、电子制造等行业），以 IT 服务外包为主，而 BPO 涉及所有行业；从支出费用而言，对运营维护、行政管理、数据录入等业务的支出要高于 IT 服务。2013 年，埃森哲公司高管在接受媒体采访时，指出 BPO 业务不再只是为企业降低成本，而更加关注于为企业提供发展战略（Strategic Business Impact）。同时，其他研究人员认为，现阶段当 IT 服务外包蹒跚前进之时，对新技术和产业专业见解的需求，使得 BPO 处于领跑地位。① 这表明，未来 BPO 的市场前景将更加广阔。

（3）全球 KPO 市场概况。目前，KPO 作为新的服务外包方式正带领服务外包向高端扩展，成为行业发展新的增长点。KPO 外包涉及的服务大多为企业的核心技术，对员工的素质要求较高，业务流程复杂，属于知识密集型的服务外包产业。

媒体公司 Global Service 公布了 2012 年全球 13 家 KPO 领导者，其中包括 Aegis Limited，Affinity Express，ChinaSoft International Ltd.，CompuCom Systems Inc.，InterGlobe Technologies 等知名企业。有关咨询机构对 KPO 市场规模与涉足领域的测算显示，全球低端服务外包业务从 2003 财政年度的 77 亿美元增长到 2010 财政年度的 398 亿美元，累积年增长率为 26%。同期，全球高端服务外包的收入总额从 2003 年的 12 亿美元上涨到 2010 年的 170 亿美元，累积年增长率达到 46%。

（二）国际服务外包的市场结构

目前，国际服务外包的市场分布按发包方和承接方来看，发包方主要集中在北美洲、欧洲和亚太地区，主要是美国、西欧和日本。亚太市场尚处于潜在发展区，BPO 外包支出不足全球份额的 10%，但增长速度领先全球。

2010 年全球服务外包的数据显示，美国占了全球市场的 64%，欧洲占了 18%，日本占了 10%，其他国家占比不足 10%。全球服务外包市场非常依赖于美日欧，使产业格局呈现出“中心 - 外围”的发展格局。图 7 - 2 显示了 2010 年

① Smita Vasudevan. BPO Climbs Up, While IT Outsourcing Falters. 2013 (1) (http://www.globalservicesmedia.com).

全球服务外包 100 强企业的国家(地区)分布,其中数量最多的依然是美国,其次是印度和中国。

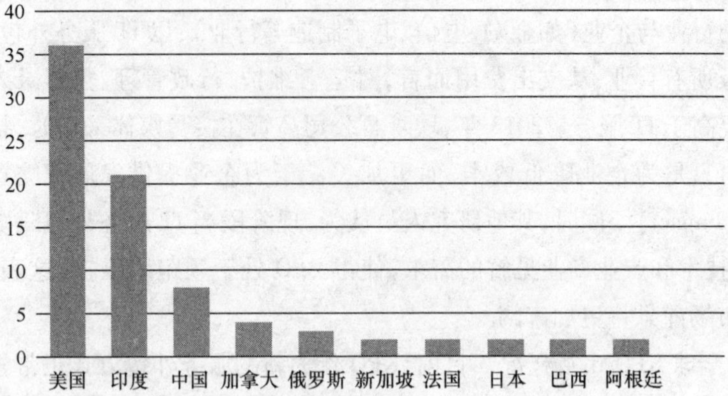

图 7-2　2010 年全球服务外包 100 强企业的国家分布

1. 国际市场的主要发包方。全球离岸服务外包的发包国主要是欧美和日本等发达国家,美国约占了三分之二,欧盟和日本占了近三分之一。

(1)美国。美国服务业市场较为成熟,将非核心的业务转移至劳动力价格较低的国家和地区能帮助其大大节约企业运营成本。在美国 2 600 多万家企业中,采用项目外包形式的企业大约占 2/3,美国 90% 的公司至少将一项业务外包出去。根据美国杜克大学发布的《离岸网络研究》(第五次年报)中关于离岸外包的研究趋势显示:从 2005 年到 2008 年,建立离岸外包战略的美国企业数量已增长一倍,而且只有极少的企业选择将之前的离岸外包转成“在岸外包”。同期,美国企业中拥有离岸外包战略的数量已经从 22% 增加到 50%,这些企业中 60% 有离岸外包业务,并且从 2007 年开始的所有离岸外包项目中,大多数与产品和软件发展高度相关。之所以离岸外包在美国盛行,与美国国内科学和工程领域人才紧缺有很大关系。①

关于美国离岸服务外包模式,由于美国是由各事业部直接管理外包活动,因此可以将其形容为“倒 T 型”。在该模式下,美国跨国公司为了掌握核心竞争力,将资源集中在最具竞争力的公司主业上,常常把不影响企业核心能力的价值链环节全部外包。美国企业的“倒 T 型”模式下的外包活动技术水平较高,一

① 中国服务贸易指南网. 2010 年中国服务外包行业研究报告(http://trade in services. mofcom. gov. cn/index. shtml).

般涉及软件编程、工程设计及商务咨询等。

(2)日本。日本的信息技术非常发达,跨国公司在业务开展中高度重视信息技术的使用。根据日本高德纳公司的预计,日本企业2012年的IT服务支出总额将达到1 233亿美元,此后,将保持1%左右的增长。采用外包体制是日本信息服务业的一大特点。与美国外包的流程不同的是,日本的最终用户把信息服务项目委托给具有强大资金、并拥有技术实力的一级企业,进行总体设计和任务模块分割等,完成上游业务。然后,再将不同的任务转包给若干个经验丰富、实力较强的二级企业,进行中游作业,包括分模块的功能设计与详细设计等。接着再往下进行第三、第四次工作转移,完成更详细的设计和代码开发等。可见,日本的服务外包来自不同级别的多个公司,发挥各自优势共同完成一项任务。基于日本出现的人才瓶颈和成本压力,把下游作业转包到具有大量人才储备及成本优势的海外市场,自然成为解决该问题的最好选择。

与美国模式不同,在日本跨国公司的"金字塔"形外包模式中,仅将价值链环节中一些细小的、具体的服务外包出去,以利用国外低廉劳动力在这些业务方面的熟练技能。与美国离岸外包的差异是,日本外包业务的技术含量很低,仅限于交易处理、代码转换及软件测试等。①

作为全球信息服务外包第二大国,虽然离岸服务外包在日本信息服务市场总额中所占比例仅为5%,但与其他欧美国家发包国不同的是,中国在其信息服务外包中已经居于不可替代的位置,这主要基于交通和通信的便利、地域文化的相似性。据高德纳统计的数据表示,在2012年日本离岸外包业务市场份额占比中,中国获得了77.9%,比位于第二位的印度高出58%。在日本的离岸外包承接国中,中国的份额一直保持在80%左右,日本是我国承接离岸外包业务的重点市场。②

(3)欧洲。由于西欧发达国家的运营成本处于较高水平,对产品的价格竞争力具有不利影响,因此采用离岸外包可有效降低经营成本。由于西欧各国的国土面积狭小,人口处于老龄化阶段,而且劳动力资源缺乏,再加上发展中国家劳动力的知识技能水平不断提高,与西欧文化融合度不断加强,使得离岸服务外包得到较大发展。离岸资源不仅为其节约成本,更为其提供了大量的人员补

① 海恒达远公司.美日欧服务外包模式比较(http://www.seavision.com.cn/390/76/436/48143.shtml).

② 重庆市对外贸易经济委员会.爱尔兰、日本服务外包现状分析(http://www.ft.cq.cn/xxgk/fxbg/19563.htm).

充。欧盟的建立，使欧洲各国关系密切，合作不断增加。从国际外包业务的销售量来看，德国是目前欧洲最重要的市场，占销售额的30%，紧随其后的是英国和法国。

在离岸外包模式方面，欧盟跨国公司也普遍采用类似美国跨国公司事业部的组织结构，但在管理上采用分权模式，本土各部门与国外子公司的经营活动都很少受到公司总部的控制。但考虑到欧盟市场相对狭小，各事业部为了共同开发市场，提高公司的利润率，常常并肩做战，将一些功能相似的价值链环节重组为新的业务部门。为应对国内严格限制离岸外包的法规，新业务部中只有部分低端服务才能外包给海外企业。在该模式下，由于外包业务大多属于新组建的事业部，虽然它们的附加价值都很低，但并不仅限于单一功能的服务外包，少数价值链环节也会采用整体性外包形式。欧盟跨国公司的这种离岸服务外包模式，其外包程度介于美国与日本之间，外包业务的范围涵盖从技术含量较低的呼叫中心业务到技术含量较高的会计业务，但以低技术含量业务为主。

2. 服务外包的主要承接方。发展中国家和部分发达国家共同参与了承接服务外包的国际竞争，现在以中国、印度、巴西等为代表的新兴市场国家逐渐成为主要的外包承接国，其中：选择亚洲作为承接国的最多，约占45%，印度是亚洲的主要承接国，其次是中国和东盟；从欧盟输出外包的承接地，偏好于东欧国家和俄罗斯；巴西成为拉美的第一服务外包承接国。近年来，随着一些发达国家（如加拿大、澳大利亚等国家）加入承接国际服务外包的竞争行列，全球服务外包的承接国逐渐形成三个不同层次：第一层次是最好的承接国，包括爱尔兰、俄罗斯、菲律宾、印度；第二层次是中国、马来西亚、新西兰、墨西哥、澳大利亚、西班牙；第三层次的国家有印尼、以色列、泰国、埃及、巴基斯坦、南非以及部分东欧国家。

在对承接国的筛选上，有这样两种特征：一是就近选择，例如，日本外包业务的50%以上在中国进行；另一种是以美国的远距离服务外包选择为特征，主要以印度、中国、菲律宾等距离遥远，但成本低廉、人才丰富的区域为主进行服务外包。

（1）印度。在这些承接国中，当属印度最具有代表性和竞争力。尤其是在IT服务方面，印度几乎成为各种服务离岸外移的首选目的地。2010年世界前10强ITO和BPO供应商中，印度占据了3家。根据麦肯锡的数据，2010年印度ITO总额达到1 500亿美元。

印度全国软件和服务企业协会（National Association of Software and Services

Companies)的主席向记者们表示,到2020年,仅印度IT外包行业的出口额就可能增长近两倍,至1 750亿美元。他还补充称,到2020年,印度国内IT服务市场的收入可能增长三倍至500亿美元。

(2)爱尔兰。爱尔兰软件和服务外包产业起源于20世纪50年代末,自1994年以来,爱尔兰软件产业异军突起,目前已成为该国支柱产业之一,形成了较强的国际竞争力。如今,爱尔兰已经成为全球最大的软件本地化供应基地,也是欧洲具有代表性的接包国。在欧洲市场,该国软件的占有率超过60%,全球排名前10位的软件商在爱尔兰均设有分支机构。自1991年以来,爱尔兰软件产业年出口比重超过90%,出口额大幅度攀升,主要集中在欧洲和美国。爱尔兰软件外包的飞速发展,很大程度上得益于国家出台的"科技兴国"战略,以及一系列政府的支持措施。

(3)中国。2011年是中国实施"十二五"规划的开局之年,在全国深化改革开放、加快经济发展方式转变的背景下,中国服务外包进入了创新发展的阶段。截至2011年底,全国共有服务外包企业16 939家,其中2011年新增服务外包企业4 233家。离岸服务外包合同执行金额238.3亿美元,同比增长65.0%,占全球离岸市场比重为23.2%,比上年提高6.3个百分点。面对外部市场形势的变化以及内部成本不断上涨的挑战,中国服务外包的比较优势已经由低成本简单服务向具有成本优势的研发设计和整合服务转化,创新成为中国服务外包产业向高端延伸的必由之路。①

市场研究机构国际数据资讯有限公司(IDC)发布报告认为,2010年中国离岸软件开发市场规模达到33.57亿美元,同比增长21.6%,预计未来5年将以24.2%的复合增长率快速攀升。随着信息技术的发展和全球服务产业的转移,向世界提供知识密集型的"中国服务"正成为趋势。

IDC发布的《中国离岸软件开发市场2011~2015市场分析及预测》认为,从市场区域构成来看,中国离岸服务外包项目主要来源于北美、西欧和日本等国。由于欧美的外包业务模式相对成熟,发包业务范围较广,且价格较高,国内服务商积极整合资源,加强在欧美市场的投入。目前中国离岸服务外包市场重心已不再仅仅倚重日韩市场,而是日韩和欧美并重,并且有进一步向欧美市场倾斜的趋势。

不过与世界老牌服务外包国家(如印度、爱尔兰)相比,中国整体外包行业

---

① 李庭辉.《中国服务外包发展报告2012》解读.

尚不成熟，承接的服务外包业务主要集中在嵌入式软件开发、应用软件开发、信息服务（呼叫中心、数据处理中心）等劳动密集型领域。根据汉密尔顿发布的研究报告，有19%的受访者认为中国是产品研发的理想离岸地，有29%的受访者认为中国是采购服务的理想离岸地。

二、国际服务外包的发展趋势

（一）国际服务外包市场长期潜力还很大

目前，全世界的经济结构正在转向服务业，服务业创造的价值与日俱增，由于服务业利润巨大，各行业都在积极向服务业转型。另外，跨国公司在全球范围内进行资本、人力等资源配置，同时与世界各国的企业形成合作关系。再加上第三方服务业的蓬勃发展，促使国际服务外包产业发展迅速，如今已成为大势所趋。

随着产业结构的进一步深化调整，外包业务必将会有更为广阔的前景。2010年全球服务外包市场总规模7 995亿美元，2011年增长到8 200亿美元，其中离岸服务外包1 026亿美元。预计到2013年离岸外包市场规模将增长至1 200亿~1 500亿美元，年复合增长率在14%~21%。联合国贸发会议2004年针对欧洲500强企业进行的调查发现，仅有39%的企业有过离岸商业服务外包的经历，但仅这39%的企业已经创造了两万个海外就业岗位，另外有44%的企业计划在未来几年中外包部分业务。根据有关咨询机构预测，到2016年美国将会产生37 500个工作岗位转移到海外。

再以医疗服务外包为例，这类外包未来发展前景明朗。全球服务社认为，由于新的医疗改革法的实施，美国有3 000万新增个人加入医疗保险，这将对医院、医生、护士等带来一定压力，而外包将是工作顺利进行的解决办法之一。

（二）全球服务外包市场短期内机遇挑战并存

2008年金融危机引发的动荡还未平息，美国、欧洲、日本经济又陷入了低谷，全球通胀压力急剧增加，世界经济的不稳定性一定程度抑制了国际贸易的扩大。自经济危机以来，面对高居不下的失业率，在美国政府的引导下，越来越多的工作被移回本土执行，成为全球服务外包产业二次迁移潮流中的一大特色。但同时，一部分长期从事服务外包的企业抓住机遇，进行全球范围的低成本扩张。例如，赛科斯企业（Sykes Enterprises）2009年，以现金加股票的方式斥资约 2.63 亿美元收购了顾客管理和业务流程外包(BPO)服务提供商 ICT-Group,意在扩大公司规模和全球业务范围。

(三)知识技术密集型的服务外包将成为主流

由于近些年来信息技术的飞速发展,以及全球网络的普及,致使服务外包所用的技术越来越先进、越来越前沿,知识密集型外包逐渐取代传统外包,成为新的发展趋势。我们也看到,越来越多的企业并不局限于数据输入、文件管理等低端业务流程向海外转移,而且将资产管理、金融风险、财务审计、软件研发等高端服务外包出去。发包商和承接商之间的关系,已不是简单的雇佣关系,而变成了战略协作伙伴关系。未来 5~10 年,知识流程外包行业将提高生产业务能力、革新商业模式,随着公司规模的扩大,其增长将更加强劲。KPO 涉及知识产权、股票、金融和保险、人力资源、生物工程等多个领域的核心业务流程。以金融服务外包为例,尽管与其他业务相比,金融服务外包受全球金融危机的影响更明显和直接,但作为现代经济的核心,依靠先进的 IT 技术载体,金融服务外包所涉及的知识较多,对人员素质有较高要求,其发展不可阻挡,将会后来居上。这些业务的外包,将会推动行业摆脱低端化、缺乏科技含量的困境,使服务外包行业向科技密集型方向发展,推动整个行业进一步向高附加值、高科技行业进军。

(四)中国和印度成为全球吸引"离岸外包"的最大市场

现在越来越多的国家参与到服务外包市场中来,如北美的加拿大、发展中国家的泰国、墨西哥等,参与服务外包的国家也呈现出多元化的发展趋势。在全球前 30 个外包目的地排行榜上,发达国家榜上无名,进入榜单的拉丁美洲和亚洲国家的队伍则大大扩张。

凭借语言、大量的 IT 人才、产业政策以及服务质量等优势,印度的离岸服务外包产业已经跻身世界前列,占据了全球 80% 的离岸外包市场。美国市场的服务外包几乎被印度垄断。加特纳公司公布的 2010/2011 全球外包业务排行榜上,领衔排名榜的是长期以来位居外包行业老大的印度。但是,随着其人才供给能力减弱、招募成本上升等问题的出现,跨国公司出于自身经济安全和分散风险的考虑,开始重视对中国、马来西亚、菲律宾、俄罗斯等二级市场的开发。

有分析家指出,在潜在规模方面,中国是印度最大的挑战力量。尽管中国服务外包业务起步晚,规模相对较小,但凭借良好的投资环境、低廉的劳动力、巨大的服务外包市场，以及各项政策的扶持，中国正在成为印度强有力的竞争对手。有调查结果显示，2004 年接受调查的发包商中，没有一家与中国有外包业务往来，而到 2006 年，已经有 6% 的公司向中国发放服务外包。同时，从受访者是否有计划在今后 3 ~ 5 年里向中国提供服务外包业务来看，2004 年只有 8% 的受访者表示有计划，到 2006 年这一比例已经增加到 40%。

在分析各国服务外包优势时，加特纳公司指出，印度、中国和马来西亚的离岸外包服务业很大程度上得益于政府支持。同时，单纯从成本看，印度尼西亚已经超过越南，成为该地区的外包行业领军国家。该公司断言，拉丁美洲国家正在成为美国公司偏好的离岸外包目的地，其中墨西哥和智利受益于政府的大力支持，在成本和劳动力资源方面，墨西哥遥遥领先，智利和巴西的基础设施则广受赞誉。

加特纳公司副总裁马里奥特（Ian Marriott）说："在不断扩张的全球大环境下，跨国供应商将继续携带其专业技能和成熟的业务水平把足迹拓展到不同的国家，而国内的供应商将努力发展成为离岸外包供应商，寻找外包机遇和有利可图的市场。"而作为全球最大的发包国，美国外包回流的趋势将会越来越强。在外包回流及内包重启趋势的影响下，以印度和中国企业为代表的国际外包企业，在美国本土设立分公司和服务交付中心就变得日益重要。

第三节　国际服务外包兴起原因与效应

一、国际服务外包产生的条件

（一）产业链的延长和生产环节的增多

20 世纪中叶以来，新一轮科技革命为全球产业的发展带来了深刻变革。随着技术的不断进步、产业链的延长、市场范围的扩大以及社会分工的细化，特定产品的生产会涉及不同的高技术领域，生产环节增多，从产品的设计、研制到批量生产、市场销售和服务，产品的不同环节构成了一个巨大的系统。而各个环节，其要素密集程度存在巨大差异，很难由一家企业来完成，每个企业只能根据自己的核心能力和优势资源从事具有比较优势的某一环节。

（二）生产环节的可分离性

要实现产品生产各环节由不同地域的不同企业完成，首先需要这些环节具有技术上的可分性。即国际外包的可能性和实现性取决于产品生产技术属性。

随着技术的日益复杂化和分工的细化，特定产品的不同生产环节在空间上具有可分离性。特定产品的生产过程包含的不同环节，被拆散分布到不同国家进行，从而可以充分发挥各自的技术、劳动力、原材料等不同比较优势，形成全球范围内资源的最优配置。

（三）信息技术的发展

对于服务的可贸易性，争议较大。国外学者认为服务产品具有无形性（Intangibility）、生产与消费的同时性（Simultaneity）、不可储藏性或易逝性（Perishability）和异质性（Heterogeneity）等特点，这意味着服务不具有“可贸易性”。赫希（Hirsch，1986）用同时性因素（Simultaneity Factor）说明了可贸易服务与不可贸易服务之间的区别，认为服务的生产者与使用者共同作用期间发生的成本占交易总成本的比例越低，这类服务的可贸易性就越大。采用跨境交付、境外消费、商业存在和自然人流动等方式，只有在技术上具有可分离性，服务业的国际外包才成为可能。

在过去数十年中，信息技术的长足发展使得信息服务、研究和开发服务等可以在某一地点生产，而在其他地点消费，即服务已变得可贸易了。一些服务，不仅可以交换，还可以通过数据交换器储存加工。数字技术具有高精确度和扩增与压缩性能，传统的模拟技术无法比拟，极大地提高了信息传输能力，从而带来了服务可贸易性革命，也为国际服务外包创造了条件。

二、国际服务外包兴起的原因

国际服务外包的发展引起了各界越来越多的重视，对其兴起的原因学者们也纷纷从不同角度进行研究。

（一）从国际贸易理论的角度看

国际贸易理论发展大致经历了古典贸易理论、新古典贸易理论、新贸易理论以及新兴古典国际贸易理论。古典贸易理论主要解释产业间贸易，其中的比较优势理论认为，国际贸易分工的基础是国家技术水平的相对差异所产生的比较成本差异,即“两优相权取其重,两劣相权取其轻”。该理论在解释发达国家和发展中国家之间的贸易模式时具有很强的说服力。发达国家与发展中国家间的国际服务外包,作为国际贸易的表现形式之一,同样也可以采用该理论予以解释:发展中国家较发达国家服务价格的差异可能引起发达国家将服务业务流程发包给发展中国家,以降低成本,提高效率。对于如何判断一国是否在某项服务的生产中具有比较优势,有研究认为取决于两国劳动生产率之比和工资率之比①。当 X 国的劳动生产率和 Y 国的劳动生产率之比高于 X 国与 Y 国的工资率之比时,X 国在劳动密集型的生产环节上有比较优势。

同时,现实中还有大量企业的国际服务外包并不是仅仅追求较低成本,而是追求规模经济效益,这一点可以用新贸易理论中的产业内贸易理论来解释。从产品内容上看,可以把国际贸易分成两种基本类型:一种是国家进口和出口的产品属于不同的产业部门,比如出口初级产品,进口制成品,这种国际贸易称为产业间贸易(Inter - industry Trade);另外一种被称为产业内贸易(Intra - industry Trade),也就是一国同时出口和进口同类型的制成品,因此这种贸易通常也被称为双向贸易(Two Way Trade)或重叠贸易(Over - lap Trade)。产业内贸易理论又称差异化产品理论,它以不完全竞争市场和规模经济为前提,从差异产品和内部规模经济,以及产品特性和消费者偏好差异角度等,阐释了不同国家之间既进口又出口同一产业产品的产业内贸易现象。大规模的生产可以充分利用自然资源、交通运输及通信设施等良好环境,提高厂房、设备的利用率和劳动生产率,从而达到降低成本的目的。承接方通过不断的服务专业化逐渐形成规模经济,进而具有了其他国家或地区没有的竞争优势。如果该优势超过了较低成本带来的收益,发包方必然会选择这一国家或地区。

此外,还有一种情况,就是企业认为信息成本的效益超过了规模经济的效益,无利可图,那么企业就会选择信息成本较低的国家或地区,转而放弃规模经济效益。就国际服务外包而言,企业选择承接方的时候会考虑信息成本,最理想的情况就是承接方的信息成本低且具有规模经济效益。

(二)从交易成本理论的角度看

交易成本理论是产权经济学的核心。1937 年,罗纳德·科斯在他的《企业

① 姜荣春.国际服务外包浪潮:理论、实证与中国战略研究.北京:对外经济贸易大学出版社,2009:92.

性质》一书中提出，交易成本是获得准确市场信息需要的费用以及谈判和经常性契约的费用。交易成本由信息搜寻成本、谈判成本、缔约成本、监督履约成本和违约处理成本构成。当企业决定是否生产某种产品时，市场价格并不是唯一因素，还要综合考虑上述费用之后再做决策。对于国际服务外包来说，具体的成本包括因地域和空间而引起的运输成本、通信成本、不同国家贸易政策成本及时间成本等。

根据交易成本理论，决定生产组织形式是企业还是市场的是交易成本和管理成本的边际价值。交易成本是指市场对资源进行配置的成本，管理成本是指企业对资源进行组织的成本。当市场运作的交易成本大于企业运作的管理成本时，利润最大化要求企业代替市场，企业边界扩大；随着企业规模的扩大，生产效率下降，管理成本超过交易成本时，市场替代企业。国际服务外包就是后一种情况，随着技术进步和信息成本下降，企业内部管理成本上升，企业将部分业务或流程外包出去，实行市场运作。对于国际服务外包而言，企业在权衡交易成本和管理成本后，认为市场更加有利可图，从而受利益驱使将其服务业务对外发包。

（三）从国际投资理论的角度看

国际服务外包的主体是跨国公司，它们可以选择在海外设立分公司或子公司，也可以通过合资公司承接它们的服务外包。这种行为实际上就是国际投资，所以国际服务外包可以用国际投资理论加以解释。在约翰·邓宁于1976年发表的《贸易、经济活动的区位与跨国公司：折中理论探索》中提出所有权优势、内部化优势以及区位优势是企业进行对外直接投资必须同时满足的三个基本条件。其中：所有权优势指企业拥有或能够获得的、国外企业没有或无法获得的资产及其所有权；内部化优势指企业资产的内部使用效率超过外部使用效率时，内部化可以节约或消除交易成本；区位优势指在海外使用企业资产会比国内创造更多利益。

国际服务外包仍然适用国际生产折中理论。所有权优势来源于技术垄断、规模经济和知识产权等方面；内部化优势来源于自身服务的了解和保证、知识产权的完整性、信息的安全性、减少和其他企业合作的风险等；区位优势在于服务是无形的，了解客户的特征和特殊需求才能提供更好的服务。

（四）从企业竞争力的角度来看

1776 年亚当·斯密在《国富论》中提出，企业内部分工的性质和程度是限制规模效益的重要因素，决定了企业的成长限度。1920 年马歇尔指出，企业内部各部门之间、企业之间、产业之间存在着差异分工，这种分工与其各自的知识技能有关，可以认为这些就是企业竞争力的雏形。哈摩尔和普拉哈德在《企业核心竞争力》一文中正式提出企业竞争力的概念，它指企业内部集体学习的能力，特别是如何协调不同生产技能和整合多种技术的能力。这种能力是企业获得长期竞争优势的能力，是企业能在竞争中取得可持续发展的核心能力。企业应该将有限资源投入到具有核心竞争力的业务上，而将其他业务以合同的形式或非合同的形式交由外部承担。

国际服务外包与企业竞争力紧密相关。国际服务外包是在企业确定自身核心业务之后，集中资源于核心业务，加强核心竞争力建设，而将非核心业务外包出去的情况下应运而生的。比如 IT 业将常规的信息服务，或者陈旧的技术及其支持的职能和应用系统外包给承接方，而将力量集中在能更好地满足客户需求、更具价值的新技术研发上，从而增强本企业的核心竞争力。

（五）从价值链的角度看

1985 年迈克尔·波特提出了价值链理论（如图 7－3）[①]，把企业内外价值增加的活动分为基本活动和支持性活动。基本活动涉及企业生产、进料后勤、发货后勤、销售、售后服务。支持性活动涉及研究与开发、人事、财务、计划、采购等，这些活动共同构成了企业的价值链。不同的企业参与的价值活动中，只在某些特定的环节才真正创造价值，这些真正创造价值的经营活动，就是这一企业价值链上的“战略环节”。企业的竞争优势就来自于企业这些战略环节上的优势，这就要求企业合理调配资源，注重在战略环节上获得优势，而企业间的协调或合用价值链也能带来最优化效益。如果企业配合自身战略发展，按照价值链将业务发包出去并保持价值链中各个环节的连续性，这个企业就会获得成功。根据外部环境和自身资源与能力选择服务业务的承接方，专注于企业所擅长的业务，而将不擅长的业务交给更专业的企业，便产生了国际服务外包。企业根据外部环境和自身资源与能力，不断优化和调整价值链并最终实现价值链

① MBA 百科. 波特价值链分析模型.

增值及其效益最大化的战略考虑,促进了国际服务外包的生产和发展。

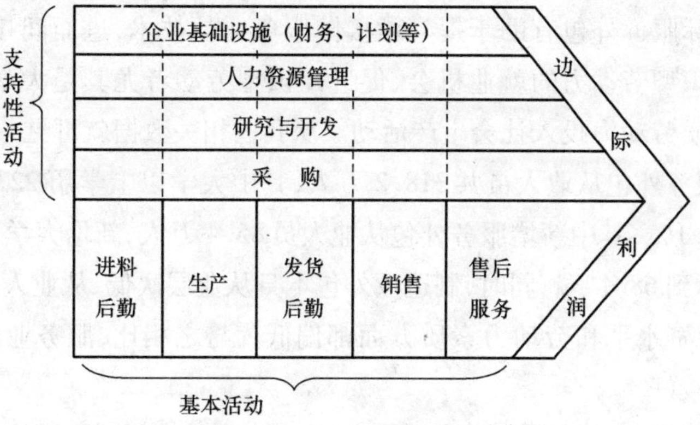

图7-3 价值链理论

除了上述动因之外,以下几点也是促使企业进行国际外包的原因①:一是获得更高质量的专业服务。一般而言,服务提供商是专业的服务提供者,能够提供更全面也更优质的服务。二是提高企业抵御风险的能力。在企业竞争环境日趋复杂的今天,如果一个企业事无巨细地承担所有环节,很难对迅速变化的外部市场和顾客需求做出敏锐的察觉,对风险的反应和抵御能力就会降低,而选择外包,使得发包商和承包方形成一种风险共同体,有助于企业分散和转移风险,提高企业应对变化的灵活性,增强企业的竞争力。

三、国际服务外包的效应分析

国际外包中的发包方和接包方,不是那种一方的获利以牺牲另一方的利益为代价的关系,它主要是基于比较优势的转移,并引发出这种转移所带来的积极效应和消极效应。②

(一)积极效应

1.就业效应。对于承接国而言,承接国际外包可以从直接和间接两个方面促进就业,即带来直接就业效应和间接就业效应。

直接就业效应产生于服务工作从发包国直接转移到承接国,带来了新的就

① 李慧中,程大中.国际服务贸易.北京:高等教育出版社,2007:253~255.

② 联合国贸发会议.2004年世界投资报告:转向服务业.

业岗位，引起承接国就业人数的增加。

间接就业效应一方面体现在对承接国知识型劳动力就业所带来的推动作用。承接国际服务外包有助于提升承接国服务业的技术，进而间接地、广泛地创造更多知识型劳动力的就业机会、促进知识型劳动者尤其是大学生就业，使得大量高素质劳动力投入社会生产活动。从我国相关数据就可见一斑：到2011年底，我国服务外包从业人员共318.2万人，其中大学以上学历223.2万人，占总数比重70.1%；其中新增服务外包从业人员85.4万人，新增大学毕业生58.2万人，占比达到68.1%。同时，制造业外包本身从业层次低，从业人员得不到有效培训，在工资水平和劳动力素质方面都偏低。与之相比，服务业外包则在这些方面表现较好。

承接国际服务外包的间接就业效应另一方面表现在拓展承接国就业空间上。对比承接国际服务外包前后的生产区段，可以发现，在承接前承接国主要从事产品国际生产附加值低的制造区段，而承接后则向生产附加值较高的区段转移。究其原因，在于承接国际服务外包之前承接国投入的主要是低技能的劳动力，而承接后受需求推动，承接国日益重视教育尤其是高等教育，增加了高技能劳动力的供给，使得高技能劳动力价格相对下降，高技能劳动力密集型的生产区段开始凸显成本优势，最终带来承接国研发等服务部门就业岗位的增加，即拓展承接国的就业空间。通过以上分析，可以看出承接国际服务外包所带来的各种就业效应之间是紧密联系、环环相扣的。

事实也证明，承接国际服务外包在给承接国带来相关服务业发展的同时，也带来了就业的增长。例如，印度因承接服务外包新增了数百万个就业岗位，其中仅Infosys，TCS等印度外包巨人的员工就已经超过10万名。菲律宾仅承接的“呼叫中心”服务就提供了20多万个就业岗位。近年来，中东欧地区成为世界新的服务外包中心，服务外包工作岗位的增长遏制了中东欧的劳动力到西欧去找工作，降低了东欧地区的失业率。2007年，捷克共和国的失业率由2002年的7.8%降低到7.1%；波兰的失业率也由5年前的20.2%降低至13.4%；斯洛伐克的失业率由19.7%降低至11.6%。[①] 此外，麦肯锡预计，到2015年中国服务外包直接就业机会270万人，间接就业机会840万人。

对于国际服务外包给承接国，尤其是在餐饮、物流和信息呼叫中心等劳动密集型行业带来的积极就业效应，多数学者持肯定态度。但是，有些学者也注

① CENT科技咨询网. 东欧渐成新外包中心，2010年市场增度将达30%（http://CENT News. com. cn）.

意到国际服务外包对发包国造成的失业问题。特别是近年来,离岸服务外包规模扩大导致工作岗位流失海外的现象日益严重。以美国信息技术离岸外包为例,许多企业为了降低项目成本,已经外包或正准备外包,美国工人不得不面对IT离岸外包而带来的广泛裁员。需要看到的是,为了充分利用从原岗位中遭解雇IT工人的技术,美国面临着就业岗位重组的问题,这将带来对于精通IT技术的工人的强劲需求。这是因为,美国的发包企业更多的是将劳动密集型和标准化的科技业务外包,以集中资源在国内发展创新和附加值更高的业务,确保竞争优势。因此,正如一些经济学家所提出的,严格意义上来讲,海外工人更多的是美国国内工人的补充,发生在海外的多是低档品的生产,而管理、研发和供应等流程仍然在国内。在美国劳工统计局的就业前景展望中,计算机和数学职业在"专业技术及相关职业"中排名第一,工作岗位预计将大量增长。美国信息技术协会(ITAA)提出,从理论上说,美国人的就业机会将随着企业利润的增加、新设备的购买和新实验室的建立而增加。联合国贸发会议报告表明,发包国相同服务行业的岗位不仅没有因国际服务外包而减少,相反,报告预测受外包影响最深的服务行业的就业正在迅速增长。与此同时,我们也应看到,国际服务外包给承接国带来收入增加、购买力增强的同时,也增加了其对商品和服务的需求,这为西方发达国家的出口增长、就业机会增多创造了条件。而且,西方国家服务外包海外的同时,也将带来国外服务"内包"。

2. 直接经济效益。这方面可以从承接方和发包方分别考察:

从承接方来看,外包作为经济和贸易的重要组成部分,有助于承接国资本流入、增加外汇收入、引进先进技术和管理模式,对发展中国家的经济有积极作用。据分析,服务外包的利润率约为10%~25%,比制造业5%的利润率高出很多。而且承接服务外包对GDP的贡献是承接制造业外包的10倍以上,由此可见其对经济的促进作用。更深入地来看,劳动力是服务外包中投入的最主要生产要素,这实际上大幅提高了单位劳动的产出。服务外包行业的平均利润率大约为15%,营业收入中除去各项成本支出和相关管理费用等,剩下的那部分就可以继续购买厂房、招收更多员工、采用更先进的信息基础设施,这些可视为对承接方的直接投资。

从发包方角度来看,购买服务所带来的价值也非常可观。一方面,外包有利于企业降低成本,提高效率。德勤调查的42家运营商中,53%的企业最主要动力就是削减20%以上的成本,包括人员工资、招聘成本、国家保险以及房地产等。麦肯锡环球研究所估计,西方公司每向海外转移1美元业务,能降低成本

58 美分，同质同量的服务外包还可以平均节省费用 65% ~70%。另一方面，对整个国家而言，外包也能创造巨大的价值。据 ITTA 统计，2003 年美国 GDP 中的 336 亿美元是由美国 IT 产业的外包而产生的。据统计，2002 年美国每外包 1 美元的 IT 服务，将会从世界其他国家带给美国“内包”3 美元以上的 IT 服务。

离岸外包所带来的另一个经济效应，就是提高了服务质量。离岸外包的巨大优势之一就是能充分利用世界不同时区的差异，24 小时不间断工作，从而大幅度缩短先进数据服务和应用产品的上市周期。因离岸外包而获得丰厚收入的东道国将会花更多的钱进口工业化国家的先进产品。

3. 工资效应。国际服务外包带来的工资效应从微观层面可以分为直接效应与间接效应。

直接效应表现在，在离岸服务外包造成与发达国家外包职位之间竞争激烈、收入水平下降的同时，承接国因为吸纳了大量相关服务行业的就业，这些岗位一般在当地收入比较高，提高了该行业的薪水和平均收入水平。服务外包行业与流水线或其他制造业相比，是典型的高收入行业。在印度即使从事国际服务外包中收入最低的工作，例如呼叫中心、客户服务等，其收入也排在前十位。因此，服务外包有利于承接国整体工资水平的提高，这是承接国参与国际分工获得的国民利益，也是重要的分工利益。当然也可能同时造成一国或地区内部收入差距的扩大。

间接效应表现在，服务外包在降低成本、提高运营效率的同时，向消费者提供更多更优质而且价格更低的商品和服务，给他们带来正的收入效应。例如，有研究表明，中国质优价廉的商品不仅给世界所有消费中国产品和服务的人群带来收入效应，更有助于遏制世界范围的通货膨胀。

4. 技术溢出效应。随着国际服务外包涉及的环节日益复杂，在价值链中的位置也越来越高。同时，服务的特性决定国际服务外包需要供应商与客户进行大量的业务沟通和交流，因此，相对于制造业中的加工贸易形态，其具有更强的知识外溢效应。

承接服务外包带来的技术溢出效应，主要体现在承接国一方，通过以下几个途径实现。

(1)跨国公司的培训。在服务外包中，为了满足自身的技术标准、管理与质量要求，跨国公司通常要对本土企业进行知识培训。这种培训直接提高了本土企业人员的技术、管理素质，提升了承接国劳动力的技能水平。范隆(Ngo Van-Long,2005)的研究表明，通过外包企业对低工资国家雇员培训，服务业外包可以产生外溢效应，使承接国竞争企业获益。

(2)“干中学”效应。东道国企业的技术和管理水平会随着不断承接服务外包而提高，从而提高企业整体的竞争力水平。由于外包业务的发包方和承包方在技术方面的密切合作，可以使得承接方通过干中学掌握一些技术。另外，承接技术的同时，发包方必然还会转让一些与技术水平相匹配的管理理念和方式，这都有利于东道国企业管理和技术水平的提升。马库森和拉瑟福德(Markusen & Rutherford,2004)认为，东道国劳动力与国外专家一起工作，虽然不同于教育学习，却是另一种获取技术的方式，是一种实践性学习，或者说是一种形式的“干中学”。同时，在承接国际外包业务的过程中，东道国企业也参与到了国际竞争的进程中来，从而有利于企业更好地发挥后发优势，提高企业竞争力，从而带动整个行业和经济的发展。

(3)海外人才回国发展带来的技术溢出效应。国际服务外包的发展会带动承接国的人才回流，从而产生互动发展的效用。20 世纪 90 年代以来，爱尔兰国际服务外包产业的发展，激发了对高技能劳动力的需求，大量人才从英美归来。与美国软件业保持联系与合作的印度裔科学家的回归，同样为印度软件产业的技术水平跻身世界前沿做出了巨大贡献。韩国 IT 服务部门的迅速发展也与韩国大批海外人才的回归分不开。承接服务外包不仅吸引了人才回流，而且也引发了外国专家、人才的流入，而海归人才、外国专家与国内员工共同工作必然会促进知识技术外溢。

(4)人员流动。迈克尔·波特曾形象地说过：“对于产业而言，地理集中性就好像一个磁场，会把高级人才和其他关键要素吸引进来。”①在承接国服务外包产业集聚区，服务外包公司既有跨国公司的子公司，也有当地公司，由于同处于产业园区，这两类企业的人员流动较为频繁：外资公司员工进入本土企业，带来丰富的知识和技术；同时，本土公司为承接服务外包业务，也会聘用一些国外技术和管理人员。这些人才之间的流动，会促进本土员工接触到先进的服务理念、方法，并获得一些新知识和管理技能。从 2006 年开始，中国商务部、信息产业部和科技部先后联合公布了两批共 11 城市为服务外包示范基地城市。这些城市服务外包基地建设进展迅速，正在成为产业集聚和人才集聚地，也成为技能提升的有效载体。②

---

① 迈克尔·波特. 国家竞争优势. 李明轩，邱如美，译. 北京：华夏出版社，2002：148.

② 任志成、张二震. 承接国际服务外包的就业效应. 财贸经济，2008(6)：62～66.

对于发包方而言,国际服务外包刺激发包方进行服务创新。通常情况下,发包方只是将劳动密集型服务和高新技术服务中属于低端的部分进行外包,而在国内进行具有竞争力的技术创新和附加值高的服务创新。

5. 人才培养效应。通过以下几个途径,承接国将获得大量的人力资本积累。

(1)业务培训。服务外包业务的提供质量首先取决于员工的业务水平和积极性,这种特征决定了企业有较大动力开展培训和职业性教育。跨国公司产业转移的知识含量越高,培训成本越高,人力资源开发的作用就越大。Etimes 杂志刊登的研究证明,通过离岸外包,跨国公司"开始使用发展中国家水平较高的工程师,并建立培训制度,使本土工程师水平达到一定程度后能够承接部分设计业务。这些本土设计师、工程师从跨国公司的培训和业务中获取经验,并不断地提高新的技术,在市场竞争中不断获得新的机会"。对教育和培训的投入是促进人力资本积累最有效的途径,对承接国的技术进步、劳动生产率都有积极作用,拉动该国经济增长。①

(2)跨国投资和技术转移。服务外包常常伴随跨国投资和技术转移,而技术转移促进了劳动力技能水平的提升。这是因为,从承接国角度看,那些适应能力很强、具有丰富知识储备的员工最先使用新技术,他们的使用带来了外部性,降低了生产成本并提高了累积知识。当这种知识得到普及,只要是接受较高教育的人就可以获得这种技能。当一种通用技术变得很成熟且较低能力的人也开始掌握这项技术和知识时,从整个社会来看,劳动者技能得到了提升。

(3)投资教育。承接国服务外包部门的员工一般是高技能、高学历的劳动力,具有较高的收入。而较高报酬又会带来信号效应,激励更多的人投资教育。同时,服务外包也促使个人进行预防性教育投资。这是因为,为了避免由于自身技能低而进入到风险高的部门,当教育成本降低时,主动接受教育的人将会增加。因此,服务外包作为风险低的就业部门,能够激励预防性教育投资。

同时,承接服务外包也促进了跨国公司对承接国教育的支持与参与。国际服务外包对承接国劳动力有特定的技能要求,东道国教育培养出的人才可能与跨国公司所需技能不匹配。在这种情况下,跨国公司愿意支持、参与东道国教育事业,特别是高等教育。虽然跨国公司是为了提前培训和选拔员工、积蓄业务发展的后备力量、寻求长期且可持续的利益,但在这一过程中,有利于承接国培养一大批符合产业发展要求的劳动力。当前,在国际服务外包迅猛发展的趋

① Etimes. What's the reason for offshoring design? 2006-08-04.

势下，与服务外包相匹配的人才培训基地建设也成为热潮。根据中国服务外包网的资料，微软等跨国公司与江苏无锡等城市签订战略合作协议，合作建设服务外包人才培训基地。2008 年 3 月，印度国家信息技术学院（NIIT）中国办事处在无锡揭牌，将在 3 年内为无锡培养 10 万服务外包人才。2008 年 4 月，印度最大 BPO 培训公司 HMM 设在苏州国际科技园的中国培训中心正式成立，将在 3 年内培养出 5 000 名多种 BPO 专业人才。

国际服务外包在一定程度上会刺激承接国政府对教育尤其是高等教育的投资，教育所培养出的大量人才反过来也成为吸引国际外包的重要因素。因此，国际服务外包与承接国教育发展呈良性互动关系。

6. 贸易投资效应。作为一种跨境交易，国际服务外包加速了全球化分工，一定程度上改变了国家间的传统贸易模式，大大提升了承接国服务贸易的竞争力和发展水平。离岸服务外包的贸易投资效应无论从理论上讲还是现实经验上，都是显而易见的。从理论上来说，服务贸易在全球贸易中比重不断上升的事实说明，作为贸易的一种，服务外包通过促进服务全球分工扩大了全球服务外包市场容量，有助于国际贸易总量的增长以及贸易模式的转变。从现实实践看，由于离岸服务外包大部分与信息技术有关，本文采用国际收支平衡表中服务贸易项下的计算机与通信服务、其他商业服务这两项来反映这种效应，尽管这两项并不等同于离岸服务外包额，但能在一定程度上反映离岸服务外包的变化趋势。从全球来看，2012 年计算机与通信服务增长 6.12% 以上，其他商业服务增长 1.93%，远远超过国际贸易的 0.42% 增长速度。

离岸服务外包对跨国投资的影响更为显著。从宏观看，国际服务外包将导致更多的跨国投资。若承接国可以提供优质的投资政策和环境，那么跨国公司将会在承接国设立子公司，跨国公司的进入对服务业亟待发展的国家和地区来讲是有益的。市场调研机构加特纳发布报告称，离岸服务外包 2006 年在全球的信息技术服务投资中占到 3%。2008 年，全球 IT 服务市场总额 7 280 亿美元，离岸外包在 IT 服务投资业的比例将达到 7% 左右，大约 500 亿美元。离岸服务外包还导致投资方向的转移和投资主体的改变，前者表现在跨国公司把更多的投资从制造业转移到服务业，服务业直接投资成为 FDI 的重点，后者表现在服务型跨国公司的大量涌现，直接投资的主体发生变化，甚至有些制造业跨国公司本身也在朝着服务型转变。①

① 姜荣春. 国际服务外包浪潮：理论、实证与中国战略研究. 北京：对外经济贸易大学出版社，2009：55.

7. 产业效应。国际服务外包的产业效应包括纵向产业服务化效应、横向产业辐射效应、国际产业转移效应。

所谓产业服务化，指的是信息服务、金融服务、研发服务等服务环节占比不断增加，价值含量以及利润率不断上升，其重要程度不断提高，一方面导致企业将更多自身不擅长的服务流程外包出去以提高效率，另一方面企业不断向服务环节延伸，开始承接其他企业的外包业务，将自身发展成独立的专业服务公司，从而出现了大批第三方服务企业，具体表现在产业结构服务化、产业活动服务化、产业组织服务化。产业结构服务化，这是由于服务外包在产出、就业等方面对经济增长具有积极贡献，将会引导更多资金流向服务业，投资结构出现服务化趋势；产业活动服务化，即服务外包发展推动了更多服务环节或服务流程从产业价值链中分离出来进入市场，除了金融、信息、会计、法律等专业服务业之外，诸如研发设计、采购、物流管理以及市场服务等生产性服务业活动所占比重逐渐增加，产业价值链中来自服务过程的利润率大大上升；产业组织服务化，一方面表现为大量服务型跨国公司的涌现，另一方面实力雄厚的制造业企业尤其是跨国巨头们出现重心向服务业务倾斜的迹象，如 IBM，HP，GE 等。

所谓产业辐射效应，指的是服务外包市场的形成，以及服务外包企业的发展，不仅带动该产业的繁荣，也会带动相关产业的发展。如信息服务企业与软件外包除了带动自身产业的发展，也会带动以 IT 技术为载体的金融服务外包的快速发展，产生辐射效应。

国际产业转移效应，指的是外包服务相关产业从发包国转移到承接国，原理类似于制造外包的产业转移效应。就承接服务外包带动相关服务产业发展而言，印度是最好的案例，以软件外包起家，软件与服务外包产业已经成为印度的主导产业，对拉动经济增长、带动出口、安置就业、提高收入做出了重要贡献，并培育了大批具有国际竞争力的服务外包企业。

（二）消极效应

承接国际服务外包给东道国带来有利影响的同时，也会对东道国特别是发展中东道国国内经济的发展造成不利影响。

从大的方面来讲，对国家的经济安全具有不利影响。联合国贸发会议的报告指出，虽然发展中国家在服务外包领域的技术水平有所提升，但基本上仍处于产业价值链的低端。发达国家企业仅仅把发展中国家作为其廉价劳动力的供应地，只是将非核心业务和标准化的科技类项目外包出去。即使是首屈一指的承接国印度，虽然服务外包领域技术水平有所提升，基本上仍处于价值链的低端。

另外，外包服务部门尽管成为一些国家经济的主要增长点，但这些部门的发展过于依赖发包的少数发达国家，使得本国的经济发展具有很大的脆弱性。与外商直接投资不同的是，服务外包是以外包契约为基础的，双方均有可能产生违约或不完全按照合同执行的情况，这样外包合同就可能产生道德风险。这种风险主要包括由资产专用性（Asset Specificity）导致的套牢问题（Holdup Problem），这是由于接包企业所生产的中间投入品具有较强的针对性，基本上只能出售给特定的发包企业。这种资产的专用性在一定程度上削弱了承包方生产的灵活性，不利于增加利润，提高了对发包方的依赖。在信息不完全条件下，承包方可能为了避免被"套牢"而不严格按照契约的要求研发特定的中间投入品，设法增强中间品的通用性。就发包方而言，为了消除企业的这种倾向，要么支付额外的成本，要么转由自己组织研发。[1]

同时，部分国家地区在国际服务外包中继续被边缘化，服务外包主要集中在一些发达国家和新兴市场经济国家，而一些最不发达国家从中所得甚少。2004年联合国贸发会议的调查显示，在欧洲500强企业国际服务外包中，印度占33%，西欧占29%，中东欧占22%，而非洲不足4%。因此，最不发达国家在全球服务外包的进程中逐渐被边缘化，差距也会进一步扩大。

从小的方面来讲，某些国际服务外包对承接国当地职工的正常生活造成负面影响，他们常常处于亚健康状态。例如，印度传呼中心的雇员在晚间为美国和欧洲的顾客服务，这使得他们处于不正常不合理的工作环境之中，长此以往对工作和家庭产生了不可避免的压力。据Dataquest公司的一项调查，传呼中心雇员大概40%有不同程度的失眠困扰，19%眼睛出现问题，以及34%胃口不适。[2] 同时，由于服务外包承接地主要集中在经济相对发达的地区，而承接服务外包的行业与国内其他行业间联系较弱，外包企业的工薪远高于其他企业，从而可能导致不同地区和部门之间发展不均衡、收入差距拉大，甚至服务外包可能给发展中国家带来更大的文化、价值观和体制方面的冲击。

---

① 胡水晶. 承接研发离岸外包中知识产权风险研究. 上海：上海社会科学院出版社，2012：16.

② 朱正圻. 现代服务跨国外包. 上海：复旦大学出版社，2009：295.

案例分析

浙大网新科技股份有限公司(以下简称"浙大网新")是以浙江大学领先综合应用学科为依托、以信息技术为核心的咨询服务型高科技企业,创立于2001年9月,是中国十大服务外包领军企业,2011年位列IAOP认定的全球外包百强第40名,全球IT服务100强。浙大网新的年营业额从2001年的10亿元增长到2011年58.73亿元。截至2011年12月,浙大网新员工总数4 700人,是2001年员工数的三倍多。浙大网新的重要客户包括:DST,AIG,Microsoft,IBM,Cisco,Intel等。

公司在北京、上海、杭州、东京、纽约等地拥有一流的软件开发和交付基地,分支机构遍及全国30个大中城市和纽约、东京等全球城市。浙大网新先后与10余家国际著名企业建立了战略合作、合资关系,以软件开发、咨询设计为核心,以工程总包、项目管理为突破,浙大网新逐步形成了以软件外包、IT服务、电力环保为核心的三大业务。浙大网新与微软、IBM、思科等国际巨头共同推进360度战略合作,双方互为客户、互为供应商,形成一个多方共赢的商业生态。浙大网新为合作伙伴提供从应用开发、产品本地化到中国推广的三位一体全面服务,成为合作伙伴走向新客户的重要管道。通过IT项目实施与软件服务外包的结合,也为客户提供更持久、更稳定的长期服务,在为客户创造全新价值的同时也实现了企业自身的成长。

通过与道富、微软、日立、富士电机、IBM、思科十余家国际知名企业的战略合作,浙大网新积累了丰富的高端国际服务外包经验,培育出一支技术过硬、具备实战经验的大型软件系统开发团队,并成功将国际先进的软件开发经验辐射到国内市场。2003年,浙大网新对美国道富公司LATTICE股票撮合交易系统一次起死回生的拯救,成功切入了美国金融软件外包市场。继而,浙大网新以100%开发成功率掌握了国际金融信息工程的系列核心技术,并将国际领先的软件开发技术辐射向国内,成功开拓出国家外汇结算中心核心业务系统等外包服务。从为民生银行提供长期IT外包服务到成为民生银行参股的美国商业联合银行(United Commercial Bank)的服务外包提供商,从对日软件外包到开发新农医项目,一系列实践案例表明,浙大网新的国际与国内市场的协同效应越来越明显。

在美国市场，浙大网新是全球金融服务领袖企业——道富银行长期的信息技术提供商，持续十多年为其进行了一系列的核心业务系统开发与服务项目，是第一家打入华尔街市场的中国外包企业。在美国医疗行业，网新曾承接超过2 000万美元的软件集成开发总包项目，并为美国医疗数据标准转换及应用提供全球领先的测试服务产品。

在日本市场，浙大网新是名列前五大的中国软件服务外包商，为日本主要证券公司和著名科技公司提供十多年专业服务。浙大网新注重和客户建立长期的双赢伙伴关系，先后与美国道富、日本富士电机、日立系统建立了合资合作关系，是微软公司在亚太地区最大的合作伙伴之一，并与思科、IBM、联想等公司建立了战略合作关系。

浙大网新钟明博认为，服务外包的核心是服务，虽然我们是高科技公司，是以IT技术作为手段来做，但是这毕竟是工具，核心是服务，所以说我们这个行业和客户之间粘度是极其重要的，或者说是客户满意度，一个好的公司必定拥有大批的很忠诚的客户。在我负责的服务外包业务中，我们有几个特点：一是高端的和总包的项目比较多，主要集中在金融和重大的社会基础方面，如电信、能源、教育、医疗等这些领域中，一般的管理系统、流通业、制造业的系统我们很少做；另一特点是背靠学校，这样可以有效地利用研发成果。

浙大网新钟明博在接受中国服务外包网采访时，分享了该公司在开拓离岸业务新市场方面的经验。

(1)在开拓新市场方面，企业开拓一个新客户的过程中，双方都满意的情况不是很多，所以我们开拓一个客户一般从开始接触、试着做、到最后业务稳定大概有两到三年的一个过程，但是一旦稳定了之后，可能就是一个十年的合作甚至是二十年的合作。所以，我们服务外包做的不只是项目，做的应该是面向特定客户长期的服务，这样才能有价值。

(2)目前浙大网新的外包还是海外占比重高，公司的外包超过50%是纯粹的离岸业务，会受到经济危机的影响(受金融危机影响，整个离岸外包的形势不是很好)，但只要专注于自身的业务、专注于能力的提升，即使是市场缩小了，你的份额也可能会增加。可以说，现在中国服务外包进入到一个大浪淘沙的阶段，大家采取的措施都不一样，并购是一个非常好的手段，但也有并购以外的一些方法。

作为中国服务外包十大领军企业，浙大网新的离岸服务外包业务占比达到50%，国际与国内市场的协同效应越来越明显。我们可以看到浙大网新的海外市场主要是美国和日本，并与一些国际企业有业务合作，为其提供信息技术和软件外包服务，服务外包交易金额都比较大。在开拓国际市场时，浙大网新强调以IT技术为载体、服务为核心的理念，与客户保持了良好的长期合作关系。作为全球服务100强企业，浙大网新有非常多的经验值得我国服务外包企业借鉴。

思考题

1. 浙大网新的离岸服务外包主要涉及哪些服务？

2. 试总结浙大网新发展国际服务外包的成功经验。

课后练习题

1. 试从经济学视角阐述国际服务外包的产生原因。

2. 国际服务外包通常会对一国经济产生什么影响？

3. 试述20世纪90年代以来国际服务外包的特征和发展趋势。

第八章　我国服务贸易的发展与战略

学习目标和要求

1. 了解我国服务贸易的发展状况。
2. 了解我国参与国际服务贸易自由化的状况。
3. 掌握我国发展服务贸易的战略。

引导案例

自2001年12月11日中国加入世界贸易组织之日起，所有客户的外汇业务对外资银行开放；逐步将外资银行经营人民币业务的地域从上海、深圳、天津、大连4个城市扩大到全国所有地区，部分城市的开放还比承诺的时间表提前了一年；逐步将外资银行人民币业务客户对象从外资企业和外国人扩大到中国企业和中国居民。同时，逐步放松对外资银行在华经营的限制，取消外资银行人民币负债不得超过外汇负债50%的比例；放宽对外资银行在境内吸收外汇存款的比例限制；取消对外资银行在华经营的非审慎性限制，在承诺基础上逐步给予外资银行国民待遇。2006年底，中国先后颁布了《中华人民共和国外资银行管理条例》及其实施细则，在法律上保障了外资银行法人机构在中国设立机构、经营业务充分享有国民待遇。2007年银监会下发了《关于外商独资银行、中外合资银行开办银行卡业务有关问题的通知》，正式开始接受外资银行法人机构从事本外币银行卡业务的申请。

通过银行业对外开放，中国引进了国际上先进的银行经营管理理念和技术，推动了银行业全面改革，提高了银行业的综合竞争力。目前，中外资银行的合作日益密切，从业务合作发展到股权合作，正在形成共同发展、互利共赢的格局。在逐步对外开放的同时，中国银监会参照国际良好监管经验与做法，不断建立健全外资银行科学审慎的监管体系和监管框架，加强非现场监管分析，有计划地实施现场检查，不断提高外资银行监管水平，促进外资银行在华稳健经营。

第一节 我国服务贸易的发展

改革开放以来，我国的服务业和服务贸易出现了较快的发展，服务业在国民经济中的地位在上升，服务贸易的规模迅速扩张，服务贸易对国民经济的拉动作用增强。但是就目前情况来看，服务业在 GDP 中的比重还比较低，服务贸易仍处于逆差状态，并有逐年扩大的趋势。随着入世承诺的不断兑现，服务业市场的对外开放进入了新的阶段。

一、我国服务业的发展状况

改革开放以来，我国国民经济保持快速增长，综合国力大大增强，社会生产力水平明显提高。按不变价格计算，1978 ~ 2011 年中国 GDP 增长了 21 倍，年均增速达到 9.6%。在此期间，服务业得到了快速发展，在国民经济中的重要性日益加强。服务业增加值从 1978 年到 2011 年的 32 年间增长了 30.28 倍，年均增长 10.3%，高于同期 GDP 增速。服务业的就业比重也不断上升，已成为吸纳全社会新增劳动力和劳动力在产业间转移的主要渠道。

（一）服务业增长速度较快，但是所占比重仍然较低

长期以来，由于对生产性劳动的僵化认识，服务业被认为是非生产性活动，只是在协助生产性部门完成社会产品的流转过程，不是真正创造价值，因此服务业被定位在从属地位。服务业在国民经济中的地位较低，发展一直没有引起足够重视，这种状况一直延续到改革开放以后。从 20 世纪 80 年代开始，我国先后对于农业、工业进行了改革，但是服务业并没有被作为主要的改革领域，无论是产业组织结构、企业组织形式等方面，服务业一直采用计划经济条件的模式，国有资本垄断重要服务业的基本格局没有发生很大的变化。但是随着我国经济发展的不断加快和社会分工不断深化，其他产业对于服务的需求不断增加，而且随着收入的增加，消费者服务需求在升级，在我国就业压力不断增加的现实中，服务业成为吸纳就业的主要渠道，因此整个社会和经济发展对服务业的依赖性不断增强，服务业的发展正受到越来越多的重视。进入到 20 世纪 90

年代，银行、保险、电信、交通等重要服务行业的改革先后启动，国有资本的垄断格局出现松动，各种所有制的资本开始参与到服务业中，生产者服务以及基础性服务业的发展开始加速。特别是我国成功加入世界贸易组织之后，外国资本开始逐步参与到国内服务市场中来，服务业中的投资主体增加，竞争程度有所提高，发展开始加速。

从改革开放以来，我国的产业结构发生了很大变化，一个比较明显的特征是第一产业在 GDP 的比重下降很快，第三产业的比重上升也较快。从 1990 年我国服务业比重超过 30% 以后，随着第一产业比重下降，大量的劳动力被转移到第三产业尤其是商业流通、餐饮业中，服务业开始加速发展。根据国家统计局 2011 年统计公报的数据，第一产业在 GDP 的比重已经由 1978 年的 30% 下降到 2011 年的 4.6%，而服务业在 GDP 的比重已经由 1978 年的 23.9% 上升到了 2011 年的 43.8%，产业结构的变化标志着我国经济发展水平在不断提高。虽然服务业的比重在上升、产业结构在改善，但是与发达国家相比甚至是与发展中国家相比，我国服务业在 GDP 的比重仍然较低，而且从 2000 年以后，第三产业的比重一直徘徊在 42% 上下，之所以会出现这样的状况，主要原因在于长期忽视服务业的发展造成了基础太差，改革严重滞后，市场准入程度低，垄断现象比较严重，因此服务业的比重难以有更大提高。另外，很多地方狭隘地认为走新型工业化道路就是提高工业的比重，而对服务业的发展不予重视，从而使得服务业尤其是生产者服务业难以发展，这样不仅不利于服务业本身，也影响到了工业的生产效率。

（二）主要服务业的垄断性比较强

在我国，对于重要的服务业都采用了比较严格的市场准入管制，并由此形成了很强的垄断性。随着对管制制度认识的深化，我国逐步放松了对服务业市场准入的管制，逐步降低了市场准入门槛，允许更多的资本进入到服务业，服务市场的竞争程度已经有了一定提高。但是我国的主要服务业中垄断现象依然非常严重，而且主要是行政性垄断，特别是电信、铁路运输、航空运输的行政性垄断最为严重。在银行、电信、航空、保险等行业中，多数投资都是由国家来完成的。在服务业企业中，国有资本一股独大的现象超过了第二产业。目前，在银行、电信、保险、航空等行业中，我国采取了将原有超大型企业分割成几个大企业的方法来增加市场的竞争程度，希望用这种方法来降低服务行业中的垄断程度。这种做法虽然能够提高市场的竞争程度，但是并没有从根本上改变国有资本垄断的问题，而且这种做法实行的时间较短，银行、保险、航空、电信等重要服务业的垄断程度并没有得到有效地降低。由于缺乏竞争，严重的行业垄断经营导致服务企业服务意识差、创新能力不强、服务质量不稳定、劳动效率低、服务创新能力普遍不足，在服务质量和数量上都无法满足消费者要求。

二、我国国际服务贸易发展的基本状况

进入20世纪90年代以后，随着我国国民经济结构调整的加速和货物贸易的高速增长，服务贸易出现了快速发展的局面。

（一）贸易增长速度快，但在世界上的比重仍然较低

由于对外开放的步伐不断加快，我国服务贸易的发展十分迅速。从速度上看，从1982年到2011年的30年间，服务贸易的增长速度年平均为15.9%，同期GDP的增长速度为9.6%。2012年服务贸易总额超过4 191亿美元，其中出口1 821亿美元，进口2 370亿美元，分别是1982年的73倍和125倍。从贸易的内部结构上看，传统服务项目仍占据主导地位，但比重有所下降。服务贸易的收支仍主要集中于运输和旅游服务项目，两项收支合计占总规模的56%，通讯、保险、金融、专有权使用和特许费、计算机信息服务、咨询、广告等新兴服务贸易项目开始兴起。

20世纪80年代，我国服务贸易额占世界服务贸易额的比重一直在1%左右徘徊，90年代后期以来这一比重开始呈现上升趋势。但是与货物贸易相比，这一比重还比较低。2011年中国服务贸易出口的全球排名为第4位，比重为4.4%，进口额排名第3位，比重为6.1%。表8－1列示了2011年世界服务贸易前十位的出口和进口国家。

表8－1　2011年世界服务贸易前十位出口和进口国家（地区）

金额单位：亿美元

排名	出口国家（地区）	金额	比重（%）	增长率（%）	排名	进口国家（地区）	金额	比重（%）	增长率（%）
1	美国	5 780	13.9	11	1	美国	3 910	10.1	6
2	英国	2 740	6.6	11	2	德国	2 840	7.3	8
3	德国	2 530	6.1	9	3	中国	2 370	6.1	23
4	中国	1 821	4.4	7	4	英国	1 710	4.4	7

续表

排名	出口国家（地区）	金额	比重（%）	增长率（%）	排名	进口国家（地区）	金额	比重（%）	增长率（%）
5	法国	1 610	3.9	11	5	日本	1 650	4.3	6
6	印度	1 480	3.6	20	6	法国	1 410	3.6	7
7	日本	1 430	3.4	3	7	印度	1 300	3.4	12
8	西班牙	1 410	3.4	14	8	荷兰	1 180	3.1	12
9	荷兰	1 280	3.1	11	9	意大利	1 150	3	5
10	新加坡	1 250	3	12	10	爱尔兰	1 130	2.9	6

资料来源：商务部网站。

（二）与货物贸易的差距明显，而且有扩大趋势

货物贸易与服务贸易之间存在着相互促进的关系，货物贸易的发展会带动服务贸易的扩张，而服务贸易的发展会降低货物贸易的交易成本并提高交易效率，因此货物贸易与服务贸易的发展应保持平衡，而且服务贸易的比重应该是上升的。根据世界贸易组织的统计，2011 年世界服务贸易在国际贸易总额的比重为 18%，美国的比重为 20.5%，欧盟为 20.9%，中国为 10.3%。虽然我国的服务贸易增长较快，但是却远远落后于货物贸易，货物贸易与服务贸易失衡现象比较严重，二者在规模上有逐步扩大的趋势：1997 年我国货物贸易占总贸易额的比重为 85.32%，服务贸易额的比重为 14.82%；2011 年货物贸易占总贸易额的比重接近 90%，而服务贸易额比重却下降到 10.3% 左右。之所以出现这种情况，一方面是由于入世的促进效应带动了货物贸易的增长，另一方面也与我国服务业发展水平低和开放进程相对较慢有关。货物贸易与服务贸易发展失衡不仅无法发挥两者之间的相互促进作用，而且还会破坏我国对外贸易的可持续发展。表 8－2 列示了 2011 年世界主要国家服务贸易占比的情况。

表 8－2　2011 年世界主要国家（地区）服务贸易与货物贸易占比情况

金额单位：亿美元

国家/地区	对外贸易总额	服务贸易		货物贸易	
		金额	占比（%）	金额	占比（%）
世界	446 155	80 175	18.0	365 980	82.0

续表

国家/地区	对外贸易总额	服务贸易		货物贸易	
		金额	占比(%)	金额	占比(%)
欧盟(27)	155 115	32 418	20.9	122 697	79.1
美国	47 146	9 685	20.5	37 461	79.5
德国	32 644	5 365	16.4	27 278	83.6
法国	16 134	3 016	18.7	13 118	81.3
英国	15 548	4 452	28.6	11 096	71.4
荷兰	15 043	2 467	16.4	12 576	83.6
意大利	13 010	2 212	17.0	10 799	83.0
日本	19 846	3 077	15.5	16 769	84.5
新加坡	10 108	2 356	23.3	7 753	76.7
俄罗斯	9 894	1 442	14.6	8 452	85.4
印度	10 260	2 784	27.1	7 475	72.9
巴西	6 027	1 098	18.2	4 929	81.8
南非	2 535	350	13.8	2185	86.2
中国	40 611	4 191	10.3	36 421	89.7

数据来源:国际贸易统计数据库(International Trade Statistics Database)。

(三)服务贸易逆差不断增大

由于服务业发展比较滞后,从1992年起我国的服务贸易长期处于入超的局面。2004年服务贸易逆差达到高位——95.5亿美元。在此后几年间,服务贸易逆差开始缩小,2007年为79.04亿美元,比2006年下降了11.2%,但是到了2009年服务贸易逆差再一次扩大,而且成为历史的最高水平,逆差额为295亿美元。服务贸易逆差的出现,一方面是由于国内强劲的服务需求拉动,这表明了我国经济发展的良好势头,另一方面也说明了国内服务业发展水平低,贸易出口增长相对缓慢。从贸易逆差的来源看,运输服务是逆差的主要来源。由于近年来国际运输业出现了许多新的变化(如远洋集装箱运输的使用),运输业更多地向资本、技术密集型转变,我国在这方面明显薄弱,由此造成运输服务成为服务贸易逆差最大的部门,而且逆差的规模还在继续扩大。自2008年服务贸易逆差首次突破100亿美元以来,尽管逆差的增幅有所减小,但总额依然在继续扩大,2009 年仅运输项目的逆差达到了 230 亿美元。服务贸易顺差主要来自旅游和其他商业服务项目,另外计算机和信息、建筑服务开始由逆差转变为顺差。由于经济危机的影响,外部需求出现急剧萎缩,目前服务贸易逆差又出现了进一步扩大的趋势。表 8 - 3 列示了 1997 年至 2011 年中国服务贸易差额的情况。

表 8 - 3　1997 ~ 2011 年中国服务贸易差额　　单位:亿美元

年份	2006	2007	2008	2009	2010	2011
总计	-89.1	-76.0	-115.6	-295.1	-219.3	-549.2
运输服务	-133.5	-119.5	-119.1	-230.1	-290.5	-448.7
旅游	96.3	74.5	46.9	-40.3	-90.7	-241.2
通信服务	-0.3	0.9	0.6	-0.1	0.8	5.4
建筑服务	7.0	24.7	59.7	36.0	94.2	110.0
保险服务	-82.8	-97.6	-113.6	-97.1	-140.3	-167.2
金融服务	-7.5	-3.3	-2.5	-2.9	-0.6	1.0
计算机和信息服务	12.2	21.4	30.9	32.8	62.9	83.4
专有权利使用费和特许费	-64.3	-78.5	-97.5	-106.4	-122.1	-139.6
咨询	-5.6	7.2	46.1	52.1	76.8	98.1
广告、宣传	4.9	5.8	2.6	3.6	8.4	12.4
电影、音像	0.2	1.6	1.6	-1.8	-2.5	-2.8
其他商业服务	84.3	86.8	28.9	59.2	184.1	140.1

资料来源:商务部网站。

(四)服务贸易的竞争力不强

通过对发展现状的分析,可以看出中国服务贸易存在着贸易规模不大、逆差比较突出等问题,这些问题的出现很大程度上是由于服务贸易出口增长相对较弱造成的。出口增长的快慢是由贸易竞争力决定的,在此,我们采用显性比较优势指数(RCA 指数)来反映竞争力。

RCA 指数是指一国出口中某类产品所占比重相对于该产品在全球贸易总额中所占比例的大小。该指数可以用于各国间竞争力的比较。显性比较优势指数的公式：

$$RCA = (Xa/Xi)/(Xwa/Xw)$$

Xa 是国家 i 在产品 a 上的出口，Xwa 是 a 产品在世界上的总出口；Xi 是国家 i 的总出口；Xw 是世界的总出口。一般来讲，$RCA>1$，表示产品具有比较优势，数值越大优势也就越大；$RCA<1$，则表示产品处于比较劣势。

此处采用世界贸易组织的国际贸易统计数据库(International Trade Statistics Database)和我国国际收支平衡表提供的 2011 年数据，计算各国的服务贸易显性比较优势指数，并进行国际比较(如图 8－1 所示)。

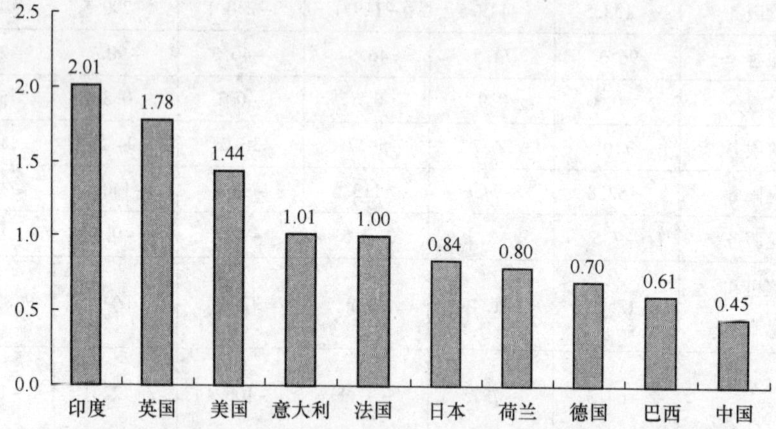

图 8－1　世界主要国家的服务贸易 RCA 指数

从计算结果可以看出，在世界主要国家中我国的 RCA 指数是最低的，尚不到印度的 1/4。指标反映出我国服务贸易整体上几乎没有比较优势，这也就解释了为什么我国的服务贸易一直处于逆差的局面。由于缺乏比较优势，服务贸易出口难以快速增长，而由于国内服务业落后，为了满足需求就必须大量进口服务，因此服务贸易长期出现逆差就在所难免。

第二节　我国服务贸易市场的开放与影响

在入世承诺书中，我国对于货物贸易、服务贸易以及与贸易有关的投资和知识产权保护等方面，都做出了广泛的承诺。其中，有关服务贸易的承诺主要体现在入世议定书附件 9 中。

一、我国服务贸易开放情况

（一）我国服务贸易减让承诺的总体情况

我国对于服务贸易的各个部门都做出了广泛的承诺，具体承诺的内容被放在我国入世议定书的附件9中。在服务部门上看，我国对9大类（排除了“娱乐、文化和体育服务”“与健康相关的服务和社会服务”“其他未提及的服务”）共87个部门（我国承诺的部门并非与世贸组织的分类完全对应，因此做了调整）进行了承诺。即：商务服务24个（办公室机械维修、计算机维修列入维修服务中，口译服务列入其他服务），通信服务15个，金融服务14个，旅游服务2个，运输服务12个（其中“计算机订座系统”没有对应的CPC编号，将其列入航空支持服务中），建筑及相关工程服务6个，分销服务5个，教育服务5个，环境服务（我国的环境服务承诺有7项，而GATS中有4项）4个。未列入减让表中的服务部门或服务活动共计67个，即：商务服务21个，通信服务8个，金融服务3个，旅游服务2个，运输服务23个，以及与健康相关的服务和社会服务，娱乐、文化和体育服务，其他服务3大类服务及其10个分部门。我国的最惠国待遇豁免清单比较简单，涉及了海运、国际运输和货物旅客运输三个服务活动，这三项服务活动目前并未达成多边协议。在承诺内容上看，按照GATS的要求，我国分别对四种提供模式下的市场准入和国民待遇两个方面都进行了承诺，附加承诺比较少。

考虑到国内服务业的发展水平和承受能力，入世承诺书对履行各项承诺都规定了一定的过渡期。在综合考虑了国内服务业的发展水平、谈判对手的要求以及国家发展战略等多方面因素的基础上，对不同的服务行业开放规定了不同的过渡期。过渡期时间比较长的有商务服务，其中管理咨询、税收服务的过渡期就达到六年。此外议定书还对外资的业务范围、地域范围、企业形式的开放都规定了具体的时间安排，并且对外资的从业资格、进入门槛也做了明确的限定（具体的承诺可参见《中国入世议定书》附件9）。

（二）我国主要服务业市场开放的情况

根据国家统计局的数据，我国服务业各行业利用外资的规模已经占到了当年利用外资的一半，这说明服务业的外资进入明显加速。另外从数据中可以看出，外资对于服务业的进入是非均衡的，虽然我国的服务业种类很多，但是从引进外资的规模来看，各行业的分配差别很大。外资进入的主要是与终端消费密切相关的一些服务业。从数据上看，外商进入最多的服务业是房地产业，占总金额的46.15%；其次是批发和零售业，以及租赁和商务服务业；另外，交通运输、仓储业、科学研究技术服务以及居民服务业也是外商进入比较多的行业。表8－4是2011年中国服务业利用外资情况的行业分布。

表8－4　2011年服务业利用外资的情况

行业名称	项目数	比重	实际外资金额	比重
交通运输、仓储和邮政业	413	2.71%	319 079	5.48%
信息传输、计算机服务和软件业	993	6.53%	269 918	4.63%
批发和零售业	7 259	47.70%	842 455	14.46%
住宿和餐饮业	513	3.37%	84 289	1.45%
金融业	156	1.03%	190 970	3.28%
房地产业	466	3.06%	2 688 152	46.15%
租赁和商务服务业	3518	23.12%	838 247	14.39%
科学研究、技术服务业和地质勘探业	1357	8.92%	245 781	4.22%
水利、环境和公共设施管理业	151	0.99%	86 427	1.48%
居民服务和其他服务业	212	1.39%	188 357	3.23%
教育	15	0.10%	395	0.01%
卫生、社会保障和社会福利业	11	0.07%	7 751	0.13%
文化、体育和娱乐业	152	1.00%	63 455	1.09%
公共管理和社会组织	1	0.01%	66	0.01%

资料来源：国家统计局网站。

（三）我国服务贸易自由化程度的国际比较

作为一个新加入的国家，我国在服务贸易开放方面做出了广泛承诺。通过比较我国与其他成员国的服务贸易自由化程度（见表8－5所示），可以明确我国的服务贸易自由化程度在世界上的状况。

表8－5　中国与WTO成员方具体承诺的比较

	中　国	高收入国家	其他所有国家
市场准入			
承诺覆盖率	55	53.3	15.1
加权覆盖率	37.25	40.6	9.4
无限制覆盖率	19.51	30.5	6.4

续表

	中　国	高收入国家	其他所有国家
国民待遇			
承诺覆盖率	54.83	53.3	15.1
加权覆盖率	44.83	42.4	10.2
无限制覆盖率	34.82	35.3	8.5

资料来源：中国数据根据《中国加入世界贸易组织议定书》附件9计算，其余数据引自霍克曼和科斯茨基（Hoekman & Kostecki，1995）、盛斌（2002）。

从承诺覆盖率和加权覆盖率上来看，我国在市场准入和国民待遇方面都与高收入国家接近，但从无限制承诺方面，我国的市场准入自由化程度就比较低了。但是与发展中国家的平均水平相比，无论是在市场准入，还是在国民待遇方面，我国的各项指标都明显高于发展中国家平均水平。

观察一个国家的服务贸易自由化程度在世界上的情况，除了与平均水平比较以外，还可以与本国情况比较类似的国家进行比较。为了更准确地把握我国服务贸易自由化程度在世界上的情况，本文选取了世界各主要发展中的大国服务贸易自由化指标与中国相比较，具体情况如表8－6所示：

表8－6　我国与发展中大国的服务贸易自由化程度比较

	中国	阿根廷	巴西	墨西哥	印度	印尼	波兰	南非
市场准入								
承诺覆盖率	55	33.35	25.16	40.6	21.29	22.58	34.19	41.94
加权覆盖率	37.25	26.3	7.50	22.30	7.18	13.71	21.45	19.35
无限制覆盖率	19.51	31.35	3	12.74	2	6.7	12.74	9.5
国民待遇								
承诺覆盖率	54.83	33.55	25.16	40.6	21.29	22.58	34.19	41.94
加权覆盖率	44.83	26.37	8.55	25.90	8.39	10.81	28.31	26.77
无限制覆盖率	34.82	31.35	4.35	23.54	5	4.8	26.45	29.35
服务业比重（%）	40.1	54	56	70	52	42	64	61
人均国民收入（美元）	2 010	5 150	4 370	7 870	820	1 420	3 810	5 390

数据说明：服务业比重和人均国民收入中国为2009年数据，其余国家为2008年数据。

资料来源：中国数据根据《中国加入世界贸易组织议定书》附件9计算，服务业比重、人均国民收入数据来自国家统计局网站（http://www.stats.gov.cn/tjsj/qtsj/gjsj/2007/t20080626_402488257.htm）。

从表8－6中的数据可以看出，我国在发展中大国中的服务贸易自由化程度是比较高的，除了在市场准入的无限制覆盖率略低于阿根廷外，其他各项指标都高于其他发展中的大国。我国的服务业比重在所有国家中是最低的，人均国民收入倒数第三，服务业比重低意味着国内服务业的发展水平和地位较低，人均国民收入低意味着国内对于服务的需求低。而根据世界银行专家霍克曼（Hoekman，1995）、马顿（Matto，2001）的研究，大多数国家的服务贸易自由化程度的高低都与国内服务业比重、人均国民收入存在正向的关系。可以看出，我国与其他发展中国家相比，服务贸易的自由化程度是最高的。因此，世界贸易组织在2000年的报告中指出，中国是做出部门减让最多的发展中国家。[①] 我国的服务贸易开放程度比较高的原因是多方面的：一方面的原因是我国对于发展服务业和服务贸易重视程度的加强。由于服务业和服务贸易落后，我国生产效率的提高受到了严重的制约，国内产业结构升级难以完成也部分受服务业落后的影响。服务业落后导致服务贸易竞争力差，贸易逆差上升过快。为了尽快转变这种状况，我国希望通过提高服务贸易自由化程度来解决这些问题。另一方面的原因是入门费的缘故。我国是世界贸易组织成立以后新加入的成员，也就是1995年以后加入的国家。从各国的承诺情况来看，几乎所有的1995年后加入的国家做出的承诺都比较高，这相当于交纳了高昂的入门费。

二、我国服务业市场开放的影响

随着入世过渡期的结束，我国已经按照入世议定书的承诺开放了国内服务业市场。从目前的形势来看，在银行业、保险业、通信、旅游等服务业中，外资进入的增长势头强劲，但毕竟服务业的开放时间尚短，引进的外资在资产规模、销售收入、利润等方面的表现都没有像制造业中外资的表现那样突出，但是外资的进入对于国内的服务业还是产生了一定影响。

（一）促进了服务业法律法规体系的完善

根据入世承诺，中国政府在一些重要的服务贸易领域颁布了一系列新的关于外资市场准入的法规和条例，迄今为止已经相继颁布40多项服务贸易领域开放的法规、规章，涵盖了几乎所有的服务贸易领域。颁布的服务贸易法规规章主要涉及金融、电信、分销、直销、特许经营、拍卖、租赁、汽车品牌销售、成品油市场开放、民用航空和国际货运代理等。如《外商投资电信企业管理规定》

① WTO. Market Access Unfinished Business. Geneva 2000(www.wto.org).

《中华人民共和国外资金融机构管理条例及其实施细则》《外资保险公司管理条例》《外国律师事务所驻华代表机构管理条例》《中华人民共和国国际海运条例》《中外合作音像制品分销企业管理办法》《国务院关于修改〈旅行社管理条例〉的决定》《外资参股证券公司设立规则》《外资参股基金管理公司设立规则》《境外特别会员管理暂行规定》等一系列政策规章。此外，为促进服务业管理水平和国内企业竞争力的提高，有关部门积极完善服务业监管的法律法规体系，制定颁布了《商业银行中间业务暂行规定》《网上银行业务管理暂行办法》等一系列法规规章。

（二）加速了服务业垄断格局的改变

在我国的主要服务业中，国有服务企业处于垄断地位。随着国内服务业的开放，外资以及内资的加入，服务业中国有企业独大的局面正在发生改变。2003 年我国国有商业银行的资产占金融机构总资产的比例为 54.9%，2011 年底这一比例下降到了 51%，股份制商业银行、城市商业银行以及外资银行的资产比重上升到了 23.7%。长期以来，我国的服务企业都是国有企业为主体，产权不明晰，管理比较落后，没有建立比较完善的公司治理结构。我国服务业改革一个重点就是要尽快建立合理、完善的公司治理结构。在多数情况下，外资对于服务业的进入都采用了参股、合作、合资等形式。这样国内服务企业在引进了投资者的同时，也引进了管理技术和经验，促进了服务企业公司治理结构的完善。随着各主要银行、保险公司的成功实现上市，国有大型服务企业的公司治理结构得到了很大提高。

（三）促进了我国服务业整体水平的提高

一些有经验和有实力的外资公司在我国原先没有的服务领域进行了开拓性经营，填补了国内的空白。例如在银行服务方面，在华外资银行不仅提供传统的存贷款业务，更推出了保理业务、个人理财服务等新的服务品种。此外，市场主体的增加和市场竞争压力加大，也促进了中资服务企业产品的创新和服务质量的改善，促进了中资企业的自身发展。进入我国服务业的外资大多是国际上知名的服务业跨国公司，如银行业中的汇丰、花旗，保险业中的安联、友邦，零售业的沃尔玛、家乐福，旅游业中的希尔顿等，这些跨国公司的进入对国内服务企业形成了强大的竞争压力，使得国内服务行业主动提高服务质量、服务供给效率，这种竞争效应在国内服务业已经显现出作用。

（四）挤压了国内企业的成长空间和发展后劲

目前，外资对于国内服务市场的进入只是处于初期阶段，从总体来看外资在国内服务业中所占比重还较低，但是在一些服务行业中还是出现了国内企业成长空间被压缩的情况，特别是在商业零售行业中。按照入世协议的规定，我国的商业零售业已经在2005年全面对外开放，由于地方政府引资心切，出现了越权批准外资进入的现象，这样造成了国内市场大量被外资企业占据，国内中小商业零售企业的生存发展面临越来越大的困难。根据中华全国商业信息中心对全国近400家连锁超市的1.4万多个门店进行的调查，在大型综合超市领域占据优势地位的已经不是内资零售企业。在单店经营面积5 000平方米以上的299家超市门店中，内资企业的营业额占比不足三成。从店铺的销售额数据看，外资企业平均每平方米销售额为2.06万元，内资企业仅为1.40万元。法国家乐福和美国沃尔玛等大型外资超市不仅在国内主要中心城市而且已经在东部二级城市和西部的大城市相继建店，使得许多中小零售商纷纷倒闭，还引发了大型零售商之间的恶性竞争。外资零售企业不仅跑马圈地，而且对国内零售企业进行了一系列的收购，沃尔玛2007年收购了好又多超市、韩国乐天集团收购万客隆超市、英国特易购集团收购乐购集团等。根据国外的经验，应通过商业网点规划来统筹国内发展与对外开放，防止重复建设和过度竞争，避免盲目发展浪费资源，促进零售业可持续发展。但是根据商务部的统计，在目前我国38个省会城市和计划单列市中，只有26个城市批准了商业网点规划，而在241个地级城市中只有12个城市批准了商业网点规划。

人力资本是影响服务企业竞争力的关键因素，在中外企业争夺人才的竞争中，外资企业的优势更加明显。外资企业进入中国市场后，纷纷以优厚的待遇与内资企业展开人才争夺战，造成内资企业的管理人才和技术人才大量流失。无论是银行、保险等金融行业，还是超市、物流等流通行业，外资企业进入中国后迅速进行了本地化改造，大量从国内企业中招聘人员。随着人力资源的流失，国内企业不仅失去了市场份额，还失去了今后发展的后劲。

第三节　我国服务贸易自由化战略

对我国来说，提高服务业的发展水平是促进经济结构转型的必然选择，而服务贸易自由化为服务业和服务贸易的发展提供了机遇，因此应积极地参与全球服务贸易自由化。目前我国已经兑现了入世的承诺，并且在新一轮的谈判中，又在商业服务、运输服务的开放范围和程度上做出了新的承诺，我国的服务贸易自由化程度将进一步提高。为了更好地利用服务贸易自由化发展我国服务业与服务贸易，同时避免出现风险，应该认真考虑服务贸易自由化的战略重点选择问题。

一、加强开放中的管理与风险防范机制建设

与其他发展中国家相比，我国的服务贸易自由化程度已经处于比较高的水平，在国内监管制度还不健全、服务企业竞争能力较差、国内贸易自由化程度较低的情况下，应该加强开放中的管理和风险防范机制建设。

（一）制定和完善有关法律法规

认真清理和修改不符合 WTO 规则的涉外法律法规，建立和完善市场准入的法律法规。尽快研究制定 WTO 规则和我对外承诺所涉及、国内尚属空白的法律法规，尤其是制定和完善我国服务贸易基本法。所谓基本法是协调对外贸易和各个服务行业之间关系的基本法律框架和准则，我国颁布的《对外贸易法》已经把服务贸易作为一项重要内容纳入其中，因此将《对外贸易法》作为服务贸易的基本法是可行的。但是《对外贸易法》中主要是原则性规定比较多，还有一些与之相关的其他法律如《知识产权保护法》《税法》《公司法》《反不正当竞争法》《统计法》《票据法》等综合性法律中缺乏与之配套的经济条款。我国目前法律体系还不健全，对于服务贸易来说，一些必要的法律还有待完善，如《电信法》《反垄断法》《移民法》等配套法律。

（二）加强对外资服务企业的管理

对外资服务企业的管理主要分为市场准入资格和对经营的监管。对外资服务企业的管理目标是：保证服务企业能够健康经营、保护消费者利益，以及保障服务市场秩序。

首先就是严格市场准入资格的管理。为了保证引进外资的目标实现，对于外资的市场进入资格，特别是对金融、电信等重要服务业的外资进入资格应该制定比较明确的规定。为了尽快提高我国服务业的水平，外资企业市场准入的资格不能过低。一般情况下，符合市场进入资格的企业应该是实力雄厚且信誉良好的企业，应该是在全球本行业中排名比较靠前的企业。另外为了扩大我国

服务业的对外投资,应该多选择与我国签有互惠协议国家的企业。目前,银监会对银行引进战略投资者规定了五条标准,其中之一就是要求战略投资者必须为中资银行提供技术和网络支持。严格市场准入资格的管理可以有效地提高国内服务市场参与者的整体水平,也可以为内资企业进入海外市场创造条件。

其次是对外资进入后的管理,也就是对外资服务企业经营的监管,特别是对金融领域外资的监管是重点。由于我国服务业监管体系建设不完善,监管经验不足,对外资服务业的监管上容易出现监管不力或者是没有监管。例如,在金融业中我国目前实行分业经营和分业监管,但是有部分综合性的海外金融集团已通过各种渠道分别进入我国的保险、证券、银行等金融领域,甚至实业投资领域,对我国分业经营政策带来冲击。因此,在我国目前根本改变分业经营、分业监管原则条件还不充分成熟条件下,当务之急是要建立对金融集团控股的有效监管措施,以及建立适合我国目前状况的金融监管协调机制。我国的监管制度过分强调监管当局的外在约束,而对服务企业机构内部风险控制措施和市场约束机制重视不够。外资服务企业进入后,服务产品变得越来越复杂,监管当局对新业务的了解总是有一个过程,而且监管当局对有些业务情况的了解可能永远也赶不上被监管者,再加上监管当局人力、财力资源的有限性,因此,单靠监管当局的外部监管是远远不够的,还需借助于服务机构的内控机制及强大的市场约束。

(三)建立服务贸易进口监控体系

我国服务贸易进口逆差在 2008 年已经达到了 118 亿美元,而且服务贸易逆差有不断扩大的趋势。虽然我国的服务业已经开始引进外资,加强了国内服务业的生产能力,但是在短时间内解决国内服务需求大于供给的状况,尤其是解决运输、金融、专利特许权等服务缺口问题是不太现实的。因此,随着我国对于服务进口的限制的减少,服务贸易进口的增加是不可避免的。为了避免出现服务贸易进口激增引起贸易逆差增长过快,从而增加国际收支平衡压力的问题,国家应该建立服务贸易进口的监控体系。目前我国对于服务贸易的统计都是通过国际收支平衡表来反映的,因此可以由外汇管理局建立服务贸易进口的监控体系,定期公布服务贸易进口状况,并且对服务贸易进口激增的项目提出预警,可以对进口增加的项目所需外汇进行控制,避免出现增长过快的问题。

（四）建立服务贸易紧急保障机制

对于我国来说，建立服务贸易紧急保障机制显得尤为重要。我国服务业的竞争能力较差，在与外国服务企业竞争时处于非常不利的情况：一方面可能由于服务进口的增加，使国内的服务业受到损害；另一方面，由于开放了国内服务业市场，大量外资服务企业进入且直接在国内市场上参与竞争。从理论来说，按照世界贸易组织的定义，进入国内的外资企业所从事的经营活动属于国际服务贸易的范畴，也就是外资服务业为国内企业或消费者提供服务就是中国的进口，那么这种进口的增加有可能对国内企业造成损害。从实践中，这种进口就反映为外资服务企业在国内服务市场的份额增长过快问题。

目前中国还没有出现外资服务企业市场份额增长非常迅速的情况，之所以这样，主要是因为我国对于外资服务业的经营范围、地域以及股权等方面都还保留着一定的限制（例如，多数外资银行的市场份额增加或减少都与是否能够从事人民币业务有关），还由于外资服务业进入我国的时间比较短，对国内服务业的环境不太适应。随着我国对服务业的开放程度提高，以及外资服务企业对我国经济环境的逐步熟悉，竞争优势会逐渐显露出来，市场份额会不断提高。当然，并不能说外资企业的市场份额提高对我国服务业就会造成损害，但是如果这种份额的上升是建立在国内服务企业的市场份额受到挤压或者出现大量企业退出市场的基础上，就容易对我国服务业造成损害。

建立和使用紧急保障措施是《服务贸易总协定》赋予每一个成员国的权利，我国应充分利用这项权利。建立我国服务贸易紧急保障机制并不是对外资企业在我国国内市场份额进行限制，而只是为了避免出现国内服务企业受到严重损害而设置一种预防机制，只是针对服务贸易自由化带来的冲击设置的一种缓冲机制。

首先，建立和完善服务贸易紧急保障机制。目前我国还没有关于服务贸易紧急保障措施方面的法律和法规，尽管已于2002年颁布并实施了《紧急保障措施条例》，2004年又进行了修正。它对于防止进口激增对我国国内市场的冲击和抵制其他国家运用紧急保障措施手段限制我国产品出口将起到重要作用。不过，该条例只适用于货物贸易，并不适用于服务贸易。另外，我国《对外贸易法》中第26条规定了在六种情况下可以限制服务贸易进行，但是并没有规定对于国内产业受到服务进口的损害是否可以采取限制措施，也就是对于已经进入国内市场的外资服务业增长过快所造成的损害，是否属于国际贸易范畴，目前我国没有明确的定义。因此，有必要通过专门的《服务贸易紧急保障措施条例》，作为我国建立紧急保障机制和措施的法律基础。新条例可以参照现有的《紧急保障措施条例》来制定，与货物贸易紧急保障措施条例不同之处主要有：①紧急保障措施的形式，主要采用限制进口的措施和降低现有外资企业的国民待遇，如减少进口配额、限制经营范围等；②紧急措施的期限，因为服务贸易的进口不仅对服务业产生影响，而且还影响到其他产业，因此紧急保障措施的期限不能超过货物贸易中紧急保障措施规定的年限，即 4 年；③立案、调查、确定等工作应该由商务部为主、包括行业主管部门参加的工作小组负责，而不是完全由商务部负责。

其次，要注意合理利用紧急保障措施来保护国内服务企业的利益。合理利用紧急保障措施一方面是指当国内服务业受到损害或者损害威胁时，应积极启动紧急保障措施机制。当国外进口或者国内外资服务企业的行为对国内企业造成损害时，企业应该积极向商务部及行业主管部门提出实行紧急保障措施调查，如果损害与服务进口或者外资企业的经营行为存在因果关系，政府将援引紧急保障措施条款对进口进行限制或者对外资企业的国民待遇进行限制。另一方面，要注意不能滥用保障措施条款，尤其是对由于国内外资服务企业市场份额增长而引发的国内企业的调查应该特别慎重，不能把紧急保障措施当成保护落后的工具。

二、提高服务贸易竞争力，促进服务贸易出口

从我国外贸的发展形势来看，我国货物贸易的出口经过了 20 多年的高速增长后进入了国际协调时期。随着出口规模不断增大，贸易摩擦增多、出口增长受到国际市场制约等趋势越来越明显。我国 2011 年服务贸易对外出口额为 1 821 亿美元，已经位居世界十大服务贸易出口国之列。但是与货物贸易出口相比，服务贸易出口还有很大发展空间。为了保证外贸在国民经济增长中的拉动作用，扩大服务贸易出口是一条可行的道路。

（一）选择重点服务业，促进服务贸易出口

由于我国服务业的发展水平参差不齐，发展前景不尽相同，因此不可能全面推进服务业的对外出口，要选择重点服务业作为突破口。选择重点服务业的标准有：产业的发展前景与潜力和比较优势的大小。产业的前景和潜力代表着产业未来的发展趋势以及能够达到的水平或者规模等，代表着未来趋势。比较

优势的大小，这是决定在国际市场上能否获得一定发展空间的保障，代表着当前的发展能力。

从产业发展的前景和潜力来看，我国服务贸易出口应选择产业发展潜力大、前景好的产业作为重点。目前，以金融、保险、专业服务、信息服务等为代表的现代服务业发展前景最为看好，潜力巨大，但是这些服务业的发展对于各种要素的要求比较高，目前我国在此类服务业上大量出口的可能性比较小，因此不能选择这类服务业作为服务贸易出口的重点。以旅游、运输服务业为代表的劳动密集型服务业在国际服务贸易中的比重在下降，但是绝对数量仍然还在增加，而且随着世界经济形势的好转，人们对于旅游服务、运输服务以及货物进出口带动的服务仍然会有较大的发展空间。

从比较优势大小来看，也就是应该根据我国具体的比较优势来选择重点产业。我国的比较优势主要体现在：自然资源突出、劳动力价格优势、货物贸易规模大、资本积累比较雄厚、国内市场规模较大等方面，对于服务贸易出口来说，产业的选择应该集中在能够利用这些比较优势的产业。

（二）继续向外进行服务业投资

从发达国家和一部分发展中国家的实践来看，对外服务业投资可以带动本国的服务贸易出口。我国的服务业对外投资已经初具规模，对我国货物贸易出口和服务贸易出口都起到了重要的拉动作用，我国的银行、电信已经开始了对外投资。其中银行投资开展较早，我国四大国有银行在海外都有自己的全资子公司，另外电信对外投资发展也非常快。除了金融、电信的对外投资外，我国对外服务业投资集中在与货物贸易有关的服务业投资领域，如商务服务、货运代理等。

应继续坚持对外进行服务业投资，尽快出台合格的国内投资者标准（QDII），鼓励符合标准的企业对外进行投资。放宽对外投资企业的外汇使用额度，为企业的海外投资提供信息支持，并在贸易结算、信用保险等方面提供优惠扶持政策。同时利用多边和双边机制，加强同对方国家监管部门的沟通与交流，为我国银行、电信对外投资创造良好外部环境。目前我国对服务业海外投资中除了金融、电信外，大多是由制造业企业来完成，因此除了继续鼓励制造业对外进行服务业投资外，还要选择国内优势服务业对外进行投资，如中医、医疗保健业对外投资。目前我国中医、保健业的对外输出，基本上都采用了自然人移动的模式，缺乏规模和规范性操作，容易受到对方国家劳工标准和医疗卫生主管部门的限制，通过建立医院，可以扩大中药、按摩、针灸等诊疗服务出口，而且还可以带动中医的教育培训服务。此外要推动文化、媒体出口与海外经营，应允许文化单位将经营范围扩大到海外，鼓励更多的出版发行单位在获得出版物出口权之后到海外开办出版发行机构，鼓励有条件的媒体以独资、合资、合作的方式在海外开办报纸、电视台、广播电台，与海外传媒合办新闻频道、栏目等。

（三）积极参与区域经济合作，推动服务贸易出口

从发展中国家的实践来看，参与区域经济合作可以扩大服务贸易的规模。在我国目前参与的区域经济合作来看，无论是亚太经合组织，还是中国－东盟自由贸易区，都包含了服务贸易内容在内。另外在 CEPA 框架下，内地各省份与香港地区之间服务贸易方面的合作越来越密切。我国参与区域经济合作推动服务贸易出口的策略可以分几个层次来进行：

1. 继续加强内地与香港地区在 CEPA 框架下的服务贸易项目协作，利用香港服务业发达的优势发展内地省份的服务业，同时充分利用广东省、海南省在旅游、医疗上的优势，吸引香港人到内地消费此类服务。

2. 加强同周边国家的区域经济合作。其中有中国－东盟自由贸易区下的服务贸易合作，我国的建筑、电信、交通、环保等服务项目上具有比较优势，我国应积极与东盟国家合作，适当提高服务贸易开放程度，争取让区域化服务贸易开放度高于全球多边服务贸易开放度，推动区域服务贸易自由化程度的提高。还有东北亚区域的中日韩自由贸易区建设，在服务贸易方面主要是推动我国港口服务与物流服务的发展。在上海合作组织框架下，推动与俄罗斯、哈萨克斯坦等国的能源开采和能源管道运输服务，以及新疆、内蒙古地区与中亚国家的商贸服务上的合作。

3. 积极参与亚太经合组织的合作。亚太经合组织推动的两个核心进程是投资贸易便利化与经济合作，虽然目前亚太经合组织的这两项核心进程进展比较缓慢，但是对于我国来说，利用这一框架与区域内的国家开展服务贸易合作还是有一定前景的。

目前的形势来看，区域经济合作的重点应该放在利用 CEPA 协议加强内地与香港的服务贸易合作以及中国－东盟自由贸易区框架下的服务贸易合作上。

（四）积极参与双边、多边谈判，扩大服务贸易发展空间

我国的劳动力丰富，而且各种专业人才众多，和其他发展中国家类似，我国在自然人移动模式下的贸易具有比较优势。在新一轮多边谈判中，我国应积极联合发展中成员国要求发达国家降低自然人流动的贸易壁垒，提高劳工配额发放程序的透明度，增加劳工签证数量，同时取消对服务提供商认可、认证的附加条件。另外，也可以通过双边的谈判，与各国达成相互的认可、许可协议，降低服务贸易交易成本，促进我国自然人移动贸易规模的扩大。我国的一些优势产业（如中医、医疗保健服务的出口），往往受到发达国家和地区医疗保险制度的限制，可以在多边或者双边的谈判中提出要对方扩大医疗保险范围，这样可以增加优势产业的出口。

三、推进国内服务业的体制改革，扩大对内开放

我国服务业长期处于政企不分、政事不分、营利性机构与非营利机构不分的状态，许多服务领域至今还被认为是非生产性活动。服务业产业化水平低、市场化水平低。大多数服务行业投资仍以国家投资为主，多数服务产品的价格由政府制定或管理。服务中介机构依附于政府，中介缺乏商誉和市场开发能力。落后的服务业使我国经济发展出现了服务瓶颈，在服务贸易自由化程度不断提高的形势下，加快国内服务业的改革势在必行。

坚持市场化、产业化和社会化的方向，推进服务业的改革。对于服务业企业特别是重要服务业企业，尽快建立现代企业制度，培育真正的市场主体。以政企分开、政事分开、企业与事业分开、营利性机构与非营利性机构分开为原则，积极推进事业单位改革。加快国有企业主辅分离，进一步转变经营机制。推进机关和企事业单位的后勤改革，提高服务业发展的社会化程度。消除对服务业的歧视，改变服务业管理中存在的乱收费或收费过多的不合理状况，优化服务业发展的政策环境。

加快垄断行业管理体制改革，放宽市场准入，创造平等的市场竞争环境，鼓励社会资本投入服务业。为了促进服务业发展，必须进一步加强对电信、金融、保险、铁路运输、航空运输、广播电视等垄断性行业的改革，重点是放宽服务业市场准入，引进竞争机制。要特别强调允许进入和允许竞争并重，不应仅限于在原国有企业“分拆”之后的企业之间开展竞争，还应准许新的市场主体，特别注重激活民间企业投资，允许非国有市场主体进入本行业。虽然国家鼓励和允

许民营资本进入服务业，而由于缺乏各行业具体管理规定，民营资本进入银行、电信等行业仍然存在着较大障碍。在对外开放程度不断提高的情况下，应该尽快制定国内民营资本进入重要服务业的实施细则，鼓励民营资本进入航空、内河运输、文化等领域，允许民营资本参与国有银行、电信等服务企业的股份制改造。

案例分析

上海服务贸易"跑得快"

上海依托产业优势、区位优势、功能优势和服务业对外开放先试先行的政策优势，大力发展服务贸易，已成为我国服务贸易发展速度最快、发展潜力最大的省市之一。

上海高度重视现代服务业和服务贸易的发展。2003 年提出"服务贸易与货物贸易并举"的工作指导思想后，上海把服务贸易工作放在与货物贸易工作同等重要的位置上。上海市政府出台了加速现代服务业发展的实施纲要和政策意见，编制完成了重点领域三年行动计划，并开始推进现代服务业集聚区建设。

"十一五"期间，上海服务贸易进出口规模不断扩大，贸易结构逐步优化，相关服务产品国际竞争力有所提高。导向性目标为：服务贸易进出口额保持25%左右的年均增长率；服务贸易与货物贸易共同发展；基本形成以洋山港为依托的国际运输服务平台，逐步完善以银联卡中心为依托的国际结算服务平台，不断发展以承接离岸外包为核心的国际服务外包平台等。"十二五"期间，上海要积极迎接全球服务业产业转移，鼓励有能力的服务企业到境外投资创业，服务业"引进来"和"走出去"不断扩大规模、提高质量、优化结构、强化功能、拓宽领域。导向性目标为：服务业累计吸引外资合同金额占累计吸引外资合同总额的比重逐步接近50%；外商投资服务企业收入占外商投资企业总收入的比重逐步上升至20%左右；服务企业对外投资收入保持年均约15%的增长速度。

为进一步推动服务贸易发展，上海已安排下一步的工作计划，重点突破服务外包发展工作。以前期调研成果为基础，继续深化完善，争取尽快出台上海市鼓励服务外包发展的若干政策意见，并抓住商务部实施"十百千"工程的契机，促进上海服务外包取得快速发展。上海已制订与发布"服务贸易发展三年行动计划”,召开全市服务贸易工作会议,明确未来上海服务贸易的重点发展行业、重点贸易形式和促进政策取向。

对服务贸易行业实行分类指导。行动计划中将上海服务贸易领域分为三大类:以金融保险、运输、商贸为核心的与“四个中心”城市功能定位密切相关的基础性服务贸易领域;以旅游、计算机和信息、咨询、建筑安装承包工程等为重点的体现上海服务贸易比较优势的服务贸易领域;以专利和特许、教育、医疗保健、文化、体育等为亮点的具有潜力的服务贸易领域。

抓好重大项目、龙头企业、自主品牌和重点区域建设。依托服务业基础性、功能性设施建设和现代服务业集聚区,继续加强对服务贸易进出口重大项目的跟踪协调推进。分行业排出服务贸易进出口的重点外资企业和内资企业,将相关工作深入到企业。依托上海优先发展现代服务业的产业导向和政策支持,努力培育上海服务出口品牌。重点发展浦东新区服务贸易工作,凡是国家和上海市促进服务贸易发展的政策均放到浦东先试先行。

做好服务业吸引外资工作。继续加大力度引进跨国公司地区总部、投资性公司和研发中心落户上海;引导外资总部升级为国家级总部,鼓励跨国公司在上海设立全球总部;充分发挥总部的功能,扶持其从资金管理和服务功能上做大做强;吸引世界知名连锁企业在上海设立仓储和分拨中心,提升上海商业服务方面的功能;继续推进资产管理公司、租赁公司、担保公司、信息服务企业等的落户。

思考题

1. 上海发展服务贸易都采取了哪些措施?
2. 在发展服务贸易方面,你认为北京与上海相比有哪些优势和劣势?

课后练习题

1. 我国服务贸易的发展现状是什么?
2. 我国服务贸易市场开放的状况怎样?
3. 试述我国服务贸易自由化战略的主要内容。

专业名词中英文汇编

服务贸易壁垒(Barriers to Trade in Services)
产品移动壁垒(Product Mobility Barriers)
资本移动壁垒(Capital Mobility Barriers)
人员移动壁垒(Staff Mobility Barriers)
开业权壁垒(the Opening of Trade Barriers)
名义保护率(Nominal Rate of Protection, NRP)
有效保护率(Effective Rate of Protection, ERP)
生产者补贴等值(Producer Subsidy Equivalent, PSE)
消费者补贴等值(Consumer Subsidy Equivalent, CSE)
服务贸易自由化(the Liberalization of Trade in Services)
自然垄断(Natural Monopoly)
非对称信息(Asymmetric Information)
经济外部性(the Economic Externality)
自由贸易政策(Free Trade Policy)
保护贸易政策(Trade Protection Policy)

参考文献

中文资料：

［1］白远，罗立彬. 服务业国际直接投资［M］. 北京：中国金融出版社，2011.

［2］黄建忠，刘莉. 国际服务贸易教程［M］. 北京：对外经济贸易大学出版社，2008.

［3］陈宪，殷凤，韩太祥. 服务经济与贸易［M］. 北京：清华大学出版社，2011.

［4］林珊. 国际服务贸易壁垒研究［J］. 亚太经济，2005(6).

［5］赵海越. 国际服务贸易自由化对发展中国家的影响及对策［J］. 国际贸易问题，2002(10).

［6］郑吉昌. 国际服务贸易［M］. 北京：中国商务出版社，2004.

［7］殷凤. 中国服务业利用外商直接投资：现状、问题与影响因素分析［J］. 世界经济研究，2006(1).

［8］曲凤杰. 世界服务产业转移趋势及中国承接服务产业转移的条件［J］. 经济研究参考，2004(82)：16－29.

［9］李慧中. 贸易与投资动因：服务业与制造业的差异［J］. 复旦大学学报(社会科学版)，2004(11)：64－71.

［10］薛求知. 服务型跨国公司的出现及扩张动因［J］. 世界经济研究，2002(5)：52－57.

［11］韩玉军，等. 服务业外商直接投资研究的现状与进展［J］. 经济理论与经济管理，2006(12)：30－35.

［12］卢进勇. 国际直接投资的动机分析［J］. 国际经济合作，1994(7)：40－41.

［13］江小涓. 服务全球化的发展趋势和理论分析［J］. 经济研究，2008(2)：4－18.

［14］白玲，刘婧. 国际直接投资转向服务业趋势分析［J］. 学术论坛，2005(11)：77－80.

[15] 林张林. 中国服务业吸引国际直接投资研究[D]. 厦门:厦门大学,2007.

[16] 刘艳. 中国服务业 FDI 的技术溢出研究[D]. 广州:暨南大学,2010.

[17] 张红霞. 我国服务业 FDI 流入的经济效应分析[J]. 经济问题探索,2006(6):62-64.

[18] 江小涓. 加快服务业发展的政策思路[J]. 经济研究参考,2004(15).

[19] 赵玉娟. 服务业 FDI 对中国的经济效应研究[D]. 苏州:苏州大学,2010.

[20] 胡宗彪. 服务业 FDI 对中国服务贸易出口影响的实证研究[D]. 武汉:武汉理工大学,2011.

[21] 李玉红. 国际外包的成因及效应研究[M]. 北京:经济科学出版社,2010.

[22] 姜荣春. 国际服务外包浪潮:理论、实证与中国战略研究[M]. 北京:对外经济贸易大学出版社,2009.

[23] [英]查尔斯·盖伊,詹姆斯·艾辛格. 企业外包模式[M]. 北京:机械工业出版社,2003.

[24] [美]迈克尔·波特. 国家竞争优势[M]. 李明轩,邱如美,译. 北京:华夏出版社,2002.

[25] 任志成,张二震. 承接国际服务外包的就业效应[J]. 财贸经济,2008(6):62-66.

[26] 胡水晶. 承接研发离岸外包中知识产权风险研究[M]. 上海:上海社会科学院出版社,2012.

[27] 朱正圻. 现代服务跨国外包[M]. 上海:复旦大学出版社,2009.

[28] 蔡宏波. 国际服务贸易[M]. 北京:北京大学出版社,2012.

[29] 喻美辞. 国际服务外包、技术外溢与承接国的技术进步[J]. 世界经济研究,2008(4):50-55.

[30] 景瑞琴. 中印承接服务外包的比较优势分析[J]. 经济问题,2007(11):41-44.

[31] 陈军亚. 承接国际服务外包的影响因素分析[J]. 华中师范大学学报,2009(11):58-64.

[32] 王晓红. 中国承接国际设计服务外包的技术外溢效应研究[J]. 财贸经济,2008(8):84-89.

[33] 徐姗. 基于离岸服务外包的就业效应与技术扩散:国外研究综述与展望[J]. 国际贸易问题,2013(1):87 -95.

[34] 何俊芳,孙丹,徐兴远. 国际服务外包发展:实证与趋势分析[J]. 江西社会科学,2008(8):101 -103.

[35] 赵鸿. 国际服务外包:运行机制与效应研究[D]. 上海:上海社会科学院博士论文,2011.

[36] 王华. 世界的盛宴:国际服务外包新浪潮[M]. 南京:江苏人民出版社,2010.

[37] 景瑞琴. 人力资本与国际服务外包:基于承接国视角的分析 [M]. 北京:对外经济贸易大学出版社,2009.

[38] 魏君英. 国际服务外包的就业效应研究[M]. 成都:西南财经大学出版社,2011.

[39] [美]格利哥(Greco J. F.),鲁丹萍、肖步哲,译. 国际服务外包理论与实务[M]. 北京:清华大学出版社,2012.

[40] 李慧中. 国际服务贸易[M]. 北京:高等教育出版社,2007.

外文资料:

[1] UNCTAD. World Investment Report 2004:The Shift towards Services[R]. New York and Geneva:United Nation,2004.

[2] UNCTAD. World Investment Report:Transnational Corporations and Internationalization of R&D[R]. New York and Geneva:United Nation,2005.

[3] UNCTAD. World Investment Report 2006:FDI from Developing and Transition Economies :Implications for Development [R]. New York and Geneva:United Nation,2006.

[4] UNCTAD. World Investment Report 2007:Transnational Corporations,Extractive Industries and Development [R]. New York and Geneva: United Nation,2007.

[5] UNCTAD. World Investment Report 2008:Transnational Corporations, and the Infrastructure Challenge[R]. New York and Geneva:United Nation,2008.

[6] UNCTAD. World Investment Report 2009:Transnational Corporations, Agricultural Production and Development [R]. New York and Geneva: United Nation,2009.

[7] UNCTAD. World Investment Report 2010:Investing in a low - carbon e-

conomy[R]. New York and Geneva: United Nation, 2010.

[8] UNCTAD. World Investment Report 2011: Non - Equity Modes of International Production and Development [R]. New York and Geneva: United Nation, 2011.

[9] UNCTAD. World Investment Report 2012: Towards a New Generation of Investment Policies[R]. New York and Geneva: United Nation, 2012.

[10] U. S. Department of Commerce Bureau of Economic Analysis. Domestic Outsourcing and Imported Inputs in the U. S. Economy: Insights from Integrated Economic Accounts[R]. 2008.

[11] Linda Levine. Offshoring (or Offshore Outsourcing) and Job Loss Among U. S. Workers[R]. Congressional Research Service, 2012.

[12] Janet L. Norwood, Carol Carson, Manuel Deese, Norman J. Johnson, Franklin S. Reeder, John E. Rolph. Off - Shoring: How Big is it? [R]. National Academy of Public Administration, 2006.

[13] David Hummels, Rasmus Jorgensen, Jakob R. Munch, Chong Xiang. The Wage Effects of Offshoring: Evidence From Danish Matched Worker - Firm Data [D]. Working Paper Series, 2011.

[14] Global Insight (USA), Inc. Executive Summary: The Comprehensive Impact of Offshore IT Software and Services Outsourcing on the U. S. Economy and the IT Industry[D]. 2004.